Kohlhammer
Deutscher Gemeindeverlag

Kommunale Schriften für Nordrhein-Westfalen

herausgegeben von

Dr. Stephan Articus
Geschäftsführendes Vorstandsmitglied
des Städtetages Nordrhein-Westfalen

und

Dr. Bernd Jürgen Schneider
Hauptgeschäftsführer des Städte-
und Gemeindebundes Nordrhein-Westfalen

II

Handbuch Kommunalpolitik Nordrhein-Westfalen

herausgegeben von

Dr. Bernd Jürgen Schneider

Hauptgeschäftsführer
des Städte- und Gemeindebundes Nordrhein-Westfalen

bearbeitet von

Michael Becker
Referent, Städte- und Gemeindebund NRW

Gundolf Bork
Hauptreferent, Städte- und Gemeindebund NRW

Claus Hamacher
Beigeordneter, Städte- und Gemeindebund NRW

Dr. Andreas Kasper MBA
Referent, Städte- und Gemeindebund NRW

Klaus-Viktor Kleerbaum
Stellv. Landesgeschäftsführer, KPV-Bildungswerk e. V.

Robert Krumbeim
Stellv. Landesgeschäftsführer, SGK NRW

Martin Lehrer M.A.
Hauptreferent, Journalist und Pressesprecher,
Städte- und Gemeindebund NRW

Dr. Manfred Wichmann
Hauptreferent, Städte- und Gemeindebund NRW

Andreas Wohland
Referent, Städte- und Gemeindebund NRW

Kohlhammer
Deutscher Gemeindeverlag

ISBN 3-555-30438-0

GELEITWORT

Wir leben in einer Welt des rasanten gesellschaftlichen und politischen Wandels. Allerorten ist eine zunehmende Globalisierung und Internationalisierung der Aufgaben und Probleme politischen Handelns zu registrieren. International abgestimmte Lösungskonzepte zur Bewältigung zukünftiger Aufgaben sind gefragt, politisch notwendig und wünschenswert. Friedenssicherung und Bewahrung der Schöpfung, die Schaffung gerechter Weltwirtschaftsstrukturen, die Bekämpfung von Hunger, Armut und Not sind nicht im nationalen Alleingang lösbar.

Welche Relevanz, welche Chancen und Möglichkeiten hat eine sich in engen Grenzen vollziehende Gemeindepolitik angesichts dieser Entwicklungen und Trends? Kann Kommunalpolitik überhaupt Lösungsansätze oder gar Lösungen in einer Welt globaler Herausforderungen bieten? Welchen Stellenwert kann zukünftig noch eine Politik vor Ort in den Städten, Gemeinden, Kreisen und Bezirken haben?

Die Notwendigkeit, die verschiedensten Politikfelder in ihrer globalen und internationalen Dimension zu sehen und Problemlösungen zu erarbeiten, hat aber eine weitere Dimension. Internationalisierung und Globalität schaffen und fördern überregionale und supranationale Institutionen. Bei den Bürgern lässt sich jedoch eine zunehmende Abneigung gegenüber Megastrukturen feststellen. Mangelnde Bürgernähe sowie Kompetenzverlagerung auf höhere Ebenen und der Verlust von Entscheidungsmöglichkeiten der niedrigeren politischen Instanzen gehen anscheinend mit der Ablehnung von Großgebilden einher. Die Bürger suchen das Überschaubare, Kleine; sie suchen Bereiche, in denen sich Politik im Einzelnen vom Einzelnen konkret gestalten lässt. Mehr denn je ist Bürgernähe und die Möglichkeit direkter Partizipation gefragt.

Meine These lautet deshalb, dass mit Globalisierung, Internationalisierung und der zunehmenden Europäisierung Deutschlands der Politik in den Gemeinden und den Politikern vor Ort eine neue, veränderte Rolle und Aufgabe zufallen wird. Kommunalpolitik ist nicht obsolet geworden - im Gegenteil! Sie ist heute wichtiger und notwendiger denn je; ihre Aufgabe, ihr Stellenwert und ihre Bedeutung wird in den kommenden Jahren eher wachsen denn schrumpfen.

Insofern begrüße ich ausdrücklich das vorliegende Werk, das haupt- und ehrenamtlichen Kommunalpolitikern einen Überblick über wichtige kommunale Themen geben und mit wertvollen Hinweisen des Praktikers Hilfestellung bieten möchte. Kommunalpolitik ist heute in seiner Bandbreite vielfältig und erfordert eine immer größere Arbeitsteilung. Um verantwortliche Arbeit im Rathaus, dem Rat, in Ausschüssen und Fraktionen leisten zu können, muss jeder Kommunalpolitiker in die Lage versetzt werden, sich mit vertretbarem Aufwand in für ihn fremde Sachgebiete möglichst kurzfristig einzuarbeiten. Das vorliegende Handbuch ist dafür bestens geeignet.

Düsseldorf, im Oktober 2004

Bürgermeister Roland Schäfer, Bergkamen
Präsident des Städte- und Gemeindebundes NRW
Erster Vizepräsident des Deutschen Städte- und Gemeindebundes

VORWORT

Kommunale Selbstverwaltung bedeutet nach gängiger Definition die eigenverantwortliche Erledigung öffentlicher Angelegenheiten im Rahmen des örtlichen Wirkungskreises. Unser Gemeinwesen ist auf die Mitwirkung seiner Bürger angewiesen. Ohne ihr Engagement in den verschiedensten Politikbereichen wird unsere Demokratie stumpf und leer. Gelebte Demokratie verwirklicht sich in einer freiheitlichen Gesellschaft und funktionsfähigen Selbstverwaltung. Es gilt deshalb, die Verantwortungsfähigen verantwortungsbereit und die Verantwortungsbereiten verantwortungsfähig zu machen. Die Selbstverwaltung ist funktionsfähig, wenn die Kommunalpolitiker fähig sind, Tatsachen und Probleme rechtzeitig zu erkennen, notwendige Maßnahmen vorzubereiten und richtig zu handeln.

Dieses Buch ist bestimmt für die Kommunalpolitiker in Stadt und Land, ob sie nun hauptamtlich in der Verwaltung oder ehrenamtlich in Beschlusskörperschaften, Ausschüssen und Kommissionen tätig sind. Es will denjenigen von ihnen, die über die Sorgen des Tages hinausblicken, helfen, die Dinge vom Grundsätzlichen her zu betrachten. Der Zweck dieser Veröffentlichung ist daher ein mehrfacher: Einerseits will es den gewählten Vertretern und allen interessierten Bürgern bei der Aneignung des notwendigen Sach- und Fachwissens helfen, andererseits möchte es einen Beitrag zur Stärkung bürgerschaftlicher Selbstverwaltung und damit zur Demokratie leisten.

In den Beiträgen wird deutlich, wie sehr die Kommunen einerseits in die Politik des Gesamtstaates eingebunden sind, andererseits die Kommunen bei den wichtigen Aufgaben der Politik mitwirken, Einfluss nehmen und Anstöße geben. Den Autoren der einzelnen Beiträge gebührt deshalb mein herzlicher Dank für Ihre bereitwillige Mitarbeit. Danken möchte ich auch meinem Mitarbeiter Dr. iur. Andreas Kasper, der die Entstehung dieses Buches von der ersten Konzeption an intensiv begleitet hat.

Düsseldorf im Oktober 2004

Dr. iur. utr. Bernd Jürgen Schneider, Mag. rer. publ., Dormagen
Hauptgeschäftsführer des Städte- und Gemeindebundes Nordrhein-Westfalen

INHALTSVERZEICHNIS

Inhalt

BEARBEITERVERZEICHNIS

An dem Handbuch haben mitgewirkt:

Roland Schäfer Bürgermeister der Stadt Bergkamen Präsident des Städte- und Gemeindebundes NRW Erster Vizepräsident des Deutschen Städte- und Gemeindebundes	Geleitwort
Dr. Bernd Jürgen Schneider Hauptgeschäftsführer, Städte- und Gemeindebund NRW	Vorwort – Einleitung – Teil A
Martin Lehrer M.A. Hauptreferent, Journalist und Pressesprecher, Städte- und Gemeindebund NRW	Teil B
Klaus-Viktor Kleerbaum Stellvertretender Landesgeschäftsführer, KPV-Bildungswerk e. V.	Teil C
Robert Krumbeim Stellvertretender Landesgeschäftsführer, SGK NRW	Teil D
Gundolf Bork Hauptreferent, Städte- und Gemeindebund NRW	Teil E
Dr. Manfred Wichmann Hauptreferent, Städte- und Gemeindebund NRW	Teil F
Michael Becker Referent, Städte- und Gemeindebund NRW	Teil G
Dr. Andreas Kasper MBA Referent, Städte- und Gemeindebund NRW	Teil H
Claus Hamacher Beigeordneter, Städte- und Gemeindebund NRW	Teil I
Andreas Wohland Referent, Städte- und Gemeindebund NRW	Teil J

ABKÜRZUNGSVERZEICHNIS

a. a. O.	am angegebenen Ort
Abs.	Absatz
a. E.	am Ende
AG KJHG	Ausführungsgesetz zum KHJG
Art.	Artikel
AuslG	Ausländergesetz
BauGB	Baugesetzbuch
BauO	Bauordnung
BBauG	Bundesbaugesetz
Beschl.	Beschluss
BGB	Bürgerliches Gesetzbuch
BVerfG	Bundesverfassungsgericht
BVerfGE	Bundesverfassungsgerichtsentscheidung
BVerwG	Bundesverwaltungsgericht
BVerwGE	Bundesverwaltungsgerichtsentscheidung
bzw.	beziehungsweise
DStGB	Deutscher Städte- und Gemeindebund
DVBl.	Deutsches Verwaltungsblatt
DÖV	Die öffentliche Verwaltung
Erl.	Erläuterung
f., ff.	folgende, fortfolgende
GFG	Gemeindefinanzierungsgesetz
GemHVO	Gemeindehaushaltsverordnung
GemKVO	Gemeindekassenverordnung
GG	Grundgesetz
GmbH	Gesellschaft mit beschränkter Haftung
GO	Gemeindeordnung
GV.NW	Gesetz- und Verordnungsblatt für das Land NW
i. d. F.	in der Fassung
IM	Innenministerium
i. V. m.	in Verbindung mit
JHA	Jugendhilfeausschuss
KAG	Kommanditgesellschaft auf Aktien
KJHG	Kinder- und Jugendhilfegesetz
KPV	Kommunalpolitische Vereinigung
KWahlG	Kommunalwahlgesetz
KWahlO	Kommunalwahlordnung
MBl.	Ministerialblatt
Mitt.	Mitteilungen
n. F.	neue Fassung
NJW	Neue Juristische Wochenschrift
NVwZ	Neue Zeitschrift für Verwaltungsrecht

Abkürzungsverzeichnis

NW	Nordrhein-Westfalen
NWVBl	Nordrhein-Westfälische Verwaltungsblätter
OVG	Oberverwaltungsgericht
OVGE	Entscheidungen der Oberverwaltungsgerichte für das Land NW in Münster sowie für die Länder Niedersachsen und Schleswig-Holstein in Lüneburg – amtliche Sammlung
OWiG	Ordnungswidrigkeitengesetz
RdErl.	Runderlass
s.	siehe
S.	Seite
SchVG	Schulverwaltungsgesetz
SGK	Sozialdemokratische Gemeinschaft für Kommunalpolitik
sog.	sogenannte
StGB	Strafgesetzbuch
Urt.	Urteil
vgl.	vergleiche
VfGH	Verfassungsgerichtshof
VG	Verwaltungsgericht
VGH	Verwaltungsgerichtshof
v. H.	von Hundert
VO	Verordnung
VV	Verwaltungsvorschrift
VwVfG	Verwaltungsverfahrensgesetz
z. B.	zum Beispiel
Ziff.	Ziffer

A Kommunale Selbstverwaltung – eine Einleitung

Das spannungsreiche Kräftefeld des kommunalen Wandels lässt sich grob mit den Stichworten Globalisierung, Europäisierung, Ökonomisierung/Privatisierung, Verwaltungsreform und Demokratisierung abstecken. Dabei stehen wir eher am Anfang als am Ende der damit bezeichneten ökonomisch-gesellschaftlichen Umbrüche. Die Notwendigkeit, sich als Kommune diesem Wandel zu stellen, wird dadurch erschwert, dass dieser in Zeiten knapper Kassen stattfindet – wir erleben derzeit die bislang größte kommunale Finanzkrise seit Bestehen der Bundesrepublik.

Am Anfang des vorliegenden Handbuches sollen aber nicht die immensen Probleme stehen, mit denen die kommunale Ebene zu kämpfen hat. Vielmehr soll auf den Rahmen eingegangen werden, in dem Kommunalpolitik stattfindet: Die kommunale Selbstverwaltung.

Eine Demokratie lebt davon, dass sich die Bürger für das Gemeinwesen verantwortlich fühlen. Das war der Kern der Vorstellung von kommunaler Selbstverwaltung, wie sie Freiherr vom Stein zu Beginn des letzten Jahrhunderts entwickelt hat: Der Bürger sollte möglichst unmittelbar an der Selbstverwaltung beteiligt werden, er sollte die Angelegenheiten seiner Stadt, seiner Gemeinde zu seiner eigenen Sache machen. Dies gilt unverändert: Demokratie bleibt Stückwerk, solange sie nicht im Alltag auf örtlicher Ebene erfahrbar wird. Bürgernahe Selbstverwaltung ist ein tragendes Element jeder demokratischen Ordnung. Alexis de Tocqueville, ein großer Bewunderer der kommunalen Selbstverwaltung in den Neuenglandstaaten des frühen 19. Jahrhunderts, hat die Gemeindeeinrichtungen als Schulen der Freiheit bezeichnet, die das Volk im rechten Umgang mit der Demokratie unterweisen. Dieses Bild ist in der Tat zutreffend, weil sich am Mikrokosmos einer Gemeinde vieles über die Gesetzmäßigkeiten einer freiheitlichen Demokratie erlernen lässt und weil die Kommunalpolitik den Bürgern eine Fülle von Möglichkeiten bietet, sich aktiv politisch zu betätigen. Bürgerschaftliches Engagement kann die verschiedensten Formen annehmen: von der Teilnahme an Bürgerversammlungen und Anhörungen im Gemeinderat bis hin zu den Mitteln des Bürgerbegehrens oder des Bürgerentscheids. Notwendig ist das dauerhafte Engagement im Ehrenamt, die dauerhafte Übernahme von Verantwortung als Mitglied der kommunalen Vertretungskörperschaften oder als sachkundiger Bürger, als Deputierter in Ausschüssen. Die Bereitschaft hierzu nimmt seit einiger Zeit leider ab. Umso mehr gebührt unser Dank denjenigen Mitbürgern, die sich in ihrem örtlichen Lebensbereich im Rahmen von Ehrenämtern für ihre Mitbürger engagieren.

Dort, wo Bürger ihre Angelegenheiten in eigener Verantwortung vor Ort regeln, können Städte und Gemeinden den Menschen eine lebenswerte Heimat bieten. Bürgernahe Aufgabenerfüllung durch die Kommunen setzt ein Höchstmaß an eigener Gestaltungsfreiheit der Städte und Gemeinden voraus. Ziel muss es sein, die Eigenverantwortlichkeit der Kommunen nach Kräften zu stärken. Dies ist ein klassischer Anwendungsfall des allgemeinen Subsidiaritätsprinzips: Was die jeweils kleinere Einheit in eigener Verantwortung wirksam regeln kann, das soll der Staat nicht an sich ziehen. Es gibt Probleme, die besser, schneller und flexibler auf der untersten Ebene als vom Bund oder den Ländern gelöst werden können. Probleme, die auf kommunaler Ebene bewältigt werden müssen, sind in ihren Lösungen oftmals lebensnaher und praxisorientierter. In diesem Sinne erfüllt Kommunalpolitik eine unverzichtbare Dienstleistung für den Bürger. In einer Bürgergesellschaft, die vom Engagement und der Mitwirkung ihrer Mitglieder lebt, muss Politik und Verwaltung für den Bürger da sein und nicht umgekehrt.

Dies bedeutet auch, dass Kommunalpolitik den gleichen Rang und Stellenwert besitzt wie Bundespolitik und Landespolitik. Als die dem Bürger am nächsten stehende Repräsentanten unserer Demokratie nehmen kommunale Mandatsträger einen wichtigen Rang ein. In der modernen Demokratie steht die Kommunalpolitik gleichberechtigt neben der Bundespolitik und der Landespolitik, und das Gleiche muss auch für ihre demokratisch gewählten Repräsentanten gelten. Nach herkömmlicher Auffassung in der Staats- und Verwaltungsrechtslehre sowie der Rechtsprechung sind die Volksvertretungen in Städten, Gemeinden und Kreisen reine Verwaltungsorgane. Sie sind keine Repräsentationsorgane wie die Landtage oder der Bundestag. Zweifellos lässt sich diese Deutung auf formale Gesichtspunkte der Verfassungsinterpretation stützen; Selbstverständnis und Stellenwert der kommunalen Volksvertreter in der politischen Praxis werden dadurch jedoch nur unzureichend erfasst.

Die kommunale Demokratie unterscheidet sich vom Parlamentarismus in Bund und Ländern im Hinblick auf die Aufgaben und den Umfang der Gesetzesbindung durch höherrangiges Recht – nicht aber in ihrer Qualität. Die Volksvertretungen in den Gemeinden repräsentieren im Rahmen ihres Wirkungskreises ebenso das Volk wie die Landtage oder der Bundestag. Sie sind Gremien der politischen Willensbildung und nicht identisch mit dem Verwaltungskörper. Kommunale Mandatsträger stehen daher – unter demokratischen Gesichtspunkten gesehen – auf der gleichen Stufe wie die Abgeordneten in den Landtagen und im Bundestag.

Wenn den Kommunen heute ein Stellenwert zukommt, der weit über einen Landesannex hinausgeht, so zeigt dies deutlich, dass es ihnen gelungen ist, den theoretischen Charakter und das abstrakte Leitbild mit Leben zu erfüllen. In der über vierzigjährigen Geschichte der Bundesrepublik Deutschland haben die Gemeinden politisches Engagement vor Ort geweckt, den politischen Pluralismus wesentlich gestärkt und bürgernahe Problemlösungen in ihrem Wirkungskreis ermöglicht. Sie sind damit zu einem stabilisierenden Element des Föderalismus und zu einem Faktor geworden, der die klassische Gewaltenteilung ergänzt und fortschreibt. An der erfolgreichen und glücklichen Entwicklung unseres politischen Gemeinwesens hat die Kommunalpolitik für den Bürger vor Ort mithin einen ganz erheblichen Anteil.

Zu den wichtigen Erfahrungen, die man in der kommunalpolitischen Auseinandersetzung machen kann, gehört zudem die Erkenntnis, dass Polarisierungen in der Politik den Interessen der Bürger auf Dauer nicht dienlich sind. Wer sich in der Kommunalpolitik engagiert, der lernt, wie gut es ist, das Gespräch über parteipolitische Grenzen hinweg zu pflegen und immer wieder auch nach partnerschaftlichem Zusammenwirken zu streben. Das ändert natürlich nichts daran, dass auch auf kommunaler Ebene – genauso wie auf staatlicher Ebene – die demokratische Verteilung von Aufgaben und Verantwortung zwischen Mehrheit und Minderheit nicht verwischt werden darf.

Wie auch andere politische und gesellschaftliche Instanzen sehen sich die Gemeinden zur Zeit mit gesamtgesellschaftlichen Entwicklungen und einem Wertewandel konfrontiert, die eine gegenläufige Tendenz, die eine Abkehr vieler Bürger vom Politischen aufzeigen. Hinter dem – freilich oftmals schiefen und vielfach lediglich medienwirksam genutzten – Schlagwort einer allgemeinen Politikverdrossenheit, verbirgt sich eine abnehmende Bereitschaft, sich im politischen oder gesellschaftlichen Leben zu engagieren und organisieren.

Eine Ursache ist die Entwicklung hin zu einer vermehrten Individualisierung der verschiedensten Lebensbereiche. Menschen ziehen sich immer mehr in die eigenen vier Wände zurück und weichen der Übernahme von Verantwortung aus. Im Rückzug ins Private liegt ein allgemeines, gesamtgesellschaftliches Risiko der Politik – aber hier liegt auch die große Chance der Kommunalpolitik. Sie muss sich auf diese Strömung einstellen und sie nutzen. Im Vergleich zu den höheren politischen Instanzen besitzen die Gemeinden am ehesten die Chance, die Tendenz der „Privatisierung" aufzufangen und zu kanalisieren. Die Kommunalpolitik hat dabei etliche Trümpfe in der Hand, die sie im politischen Alltagsgeschäft ausspielen kann.

Der entscheidende Vorteil, den die Gemeinden im Vergleich zum Bund und den Ländern bieten können, ist die Unmittelbarkeit zum Bürger. Gemeindepolitik ermöglicht den Bürgern eine hohe lokale und regionale Identifikation. Ziel muss es sein, Gemeinschaftsgefühl und Gemeinschaftssinn zu wecken, zu fördern und lebendig zu halten. Die Identifikationskraft des Einzelnen mit der lokalen Einheit ist nicht zu unterschätzen. Wenn die Kommunen es schaffen, den Bürgern das Gefühl zu vermitteln, dass die Politik auf den Beitrag jedes Einzelnen zum Ausbau und zur Fortentwicklung des Gemeinwohls angewiesen ist, dann lässt sich auch das Engagement vieler wieder beleben. Der Eindruck von „Klüngel" und „Kungelei" wirkt sich dagegen fatal und kontraproduktiv aus und darf erst gar nicht entstehen. Partizipation, die als tatsächliches Angebot auch erkennbar ist, und Öffentlichkeit wirken dem Eindruck des vermeintlichen Klüngels daher am besten entgegen.

Durch die Selbstverwaltungsgarantie des Grundgesetzes ist den Gemeinden ein unentziehbarer Kernbestand an Aufgaben zugesprochen. Die politische Wirklichkeit zeigt jedoch auch eine Kehrseite. Die Funktionsfähigkeit der Selbstverwaltung wird heute nicht so sehr durch zu wenige, sie wird heute eher durch zu viele Aufgaben gefährdet. Wenn den Gemeinden zu viele Pflichtaufgaben – insbesondere im Leistungs- und Sozialbereich, aber auch als Ordnungsfunktionen – zugemutet werden, dann gerät die Selbstverwaltung durch Überforderung in Gefahr. Insbesondere dann, wenn Bund und Länder nicht für die erforderliche Finanzausstattung sorgen. Es ist deshalb an der Zeit, Bund und Land bei der unkontrollierten Übertragung von Aufgaben Einhalt zu gebieten. Dazu kann das sog. Konnexitätsprinzip beitragen, das sich nunmehr in fast allen Landesverfassungen finden lässt. Auch in Nordrhein-Westfalen gilt künftig: „wer bestellt, bezahlt".

Das Konnexitätsprinzip ist wichtig und notwendig als ein Instrument zur Disziplinierung der Politik. Denn nur mit seiner Hilfe können die Länder gezwungen werden, sich Klarheit über die Folgekosten eines Gesetzes zu machen und diese bei politischen Entscheidungen zu berücksichtigen. Das Konnexitätsprinzip verhindert so gesetzliche Wohltaten, die ansonsten von den Kommunen finanziert werden müssten. Diese erzieherische und präventive Wirkung kann deshalb gar nicht hoch genug eingeschätzt werden.

Gleichzeitig versuchen der Bundes- und die Landesgesetzgeber auf immer mehr Tätigkeitsfelder kommunalen Handelns Einfluss zu nehmen. Dies zeigt die Gesetzgebungspraxis des Bundes und der Länder in den letzten Jahren. Regelungsdichte und -tiefe der einschlägigen Gesetze und

Verordnungen erschweren es den Gemeinden zusehends, in freier Selbstbestimmung eigene Angelegenheiten den örtlichen Verhältnissen entsprechend und angemessen zu regeln. Angesichts der fortschreitenden Verrechtlichung vieler kommunaler Aufgaben, deren Wahrnehmung in die Eigenverantwortung der Kommunen gestellt war, wird deutlich, wie schmal der Grat ist zwischen der notwendigen Regelungsverantwortung der Bundesgesetzgebung einerseits und der Eigenverantwortung der Kommunen andererseits. Der Rechtsstaat verlangt Rechtssicherheit und einklagbare Ansprüche. Eigenverantwortung verlangt aber nach Gestaltungsspielraum und Ermessensausübung. Die Befürchtung der Gemeinden, dass ihnen ihre letzten Freiräume noch entzogen und die Institutionen sowie die Idee der kommunalen Selbstverwaltung dadurch letztlich untergraben werden könnte, ist nur allzu verständlich.

Bund und Länder müssen diese Sorgen ernst nehmen. Idee und Inhalt der kommunalen Selbstverwaltung werden nur dann eine Zukunft haben, wenn den Gemeinden im Rahmen einer ausreichenden Finanzausstattung substantielle Betätigungsfelder in eigener Verantwortung bleiben. Gefordert sind hier in erster Linie die Länder, die gegenüber ihren Gemeinden eine Obhutspflicht haben. Bundes- und Landesgesetzgeber sind zu einem „gemeindefreundlichen" Verhalten aufgerufen. In lokale Aufgaben sollten sie nur dann eingreifen, wenn dies aus überörtlichen Gründen des Gemeinwohls erforderlich ist. Zugegeben: Das sind Grundsätze und Formeln, die fast jeder akzeptiert und die Differenzen erst in der Konkretisierung hervorrufen. Aber die Zukunft von Kommunalpolitik hängt davon ab!

B Grundregeln der Presse- und Öffentlichkeitsarbeit in der Kommune

I. Bedeutung der Presse- und Öffentlichkeitsarbeit

Dass Presse- und Öffentlichkeitsarbeit für kommunale Führungskräfte eine entscheidende Rolle spielt, ist eine Binsenweisheit. Jeder, der durch Wahl in sein Amt gekommen ist, hat zuvor einen Wahlkampf bestritten – und dies erfolgreich. Das bedeutet, dass er oder sie eine große Anzahl Wähler und Wählerinnen davon überzeugt hat, dass man der beste Kandidat oder die beste Kandidatin für dieses Amt sei. In der heutigen Zeit, da Kommunen nicht mehr wenige hundert, sondern oft etliche tausend Einwohner umfassen, geht dies nicht ohne die Medien. Sie sind der Multiplikator der eigenen Botschaften, sie sind der Transmissionsriemen der eigenen Kampagne.

Das positive Verhältnis, welches der Kandidat oder die Kandidatin während des Wahlkampfs zu den Medien aufgebaut hat, sollte er oder sie unbedingt in die Amtszeit hinüberretten – ganz gleich, ob man Herausforderer oder Amtsinhaber mit Ambitionen auf eine weitere Amtszeit war. Daher kann folgendes als Leitsatz dienen:

> **„Man braucht die Medien nach der Wahl genauso wie vor der Wahl"**

Auch wenn sich der Status des Amtsinhabers gegenüber seinem vorherigen Status als Kandidat oder Kandidatin erheblich verbessert hat, sollte man dies die Medienvertreter im Umgang nicht spüren lassen. Ein Klima der Herzlichkeit und Offenheit, welches man im Wahlkampf – durchaus zweckrational – aufgebaut hat, sollte auch im Rathaus andauern. Wer sich jetzt abschottet und die Offenheit gegenüber den Medien wie ein nicht mehr benötigtes „Steigeisen" abschüttelt, bekommt über kurz oder lang Probleme – nicht erst in Hinblick auf eine mögliche Wiederwahl.

II. Erscheinungsformen der Presse- und Öffentlichkeitsarbeit

In diesem Rahmen sollen nicht sämtliche Methoden und Techniken der Medienarbeit in extenso erläutert werden. Zum einen gibt es dafür Spezialliteratur. Zum anderen stehen – zumindest in größeren Kommunen – den Führungskräften dafür in der Regel weitere Mitarbeiter/Innen zur Verfügung. Mit diesen sind lediglich Vereinbarungen zu treffen, welche Methoden in welchem Rhythmus anzuwenden sind und wie dafür der Arbeitsprozess zu gestalten ist. Sollte den Bediensteten der Verwaltung das nötige Fachwissen oder das Handwerkszeug fehlen, müssten diese umgehend eine Schulung oder Fortbildung erhalten. Wenn Neueinstellungen nötig oder möglich sind, sollte Bewerbern und Bewerberinnen der Vorzug gegeben werden, die über eine journalistische Ausbildung oder zumindest über Grundkenntnisse der Medienarbeit verfügen.

Presse- und Öffentlichkeitsarbeit findet im kommunalen Alltag an vielen Stellen statt – auch dort, wo man sie eigentlich nicht vermutet. Grob gesagt gibt es die formelle, organisierte Presse-

und Öffentlichkeitsarbeit – etwa durch Pressemitteilungen, Pressekonferenzen, Stammtische, Hintergrundgespräche oder Ortstermine mit Medienvertretern. Daneben vollzieht sich Presse- und Öffentlichkeitsarbeit aber auch in sämtlichen Äußerungen der Kommune gegenüber den Bürgern und Bürgerinnen – etwa in öffentlichen Bekanntmachungen, Abfall-Kalendern, Gesprächen im Bürgerbüro, selbst in Rats- und Ausschusssitzungen. Der Pressesprecher eines großen Verkehrsunternehmens im Rheinland sagte einmal über seine Medienarbeit: „Wir haben mehrere tausend Pressesprecher". Gemeint waren sämtliche Fahrer und Fahrerinnen der Busse und Bahnen, die durch ihr Auftreten im täglichen Betrieb das Image des Unternehmens bei Bürgern und Bürgerinnen wesentlich prägen.

Ähnlich ist es in der Kommune. Wenn Pressearbeit lediglich als Aufgabe eines Spezialisten – des Pressereferenten oder der Pressereferentin – angesehen wird und die übrige Verwaltung den Medien indifferent gegenübersteht, wird selbst die exzellente Arbeit der Medien-Fachleute nur begrenzte Wirkung entfalten.

III. Erfolgreiche Presse- und Öffentlichkeitsarbeit in der Kommune

Der Bürgermeister oder die Bürgermeisterin besitzt die Organisationshoheit über die Verwaltung. Diese Kompetenz qua Amt sollte man nicht unterschätzen – und gerade in puncto Presse- und Öffentlichkeitsarbeit auch weidlich ausnutzen. Als Neuling im Amt sollte man sich zunächst einen Überblick verschaffen, wie Presse- und Öffentlichkeitsarbeit in der Kommune bisher praktiziert wurde und welche Ressourcen dafür zur Verfügung stehen. In größeren Städten gibt es meist eine differenzierte, professionelle Struktur, die man ohne Gewissensbisse beibehalten oder weiterentwickeln kann.

In kleineren Kommunen kann es durchaus sein, dass für Presse- und Öffentlichkeitsarbeit kein stringentes Konzept vorhanden ist und gelegentliche Medien-Anfragen „eben 'mal so zwischendurch" – von wem auch immer – erledigt worden sind. Grund ist allemal die knappe Personaldecke in der Verwaltung kleiner Städte und Gemeinden, die es nicht erlaubt, für das Medien-Geschäft exklusiv eine Person abzustellen. Dennoch ist auch dann Konzeptionslosigkeit der schlechteste Zustand mit Blick auf erfolgreiche Presse- und Öffentlichkeitsarbeit.

Die alles entscheidende Frage in der Presse- und Öffentlichkeitsarbeit – bei Kommunen wie bei Unternehmen – ist das „Wer spricht nach außen?" Hier haben sich in der Praxis drei Grundmodelle herausgebildet, zwischen denen naturgemäß Überschneidungen und Mischformen möglich sind:

– **Das Bürgermeister-Modell**

   Hierbei äußert sich nur der Bürgermeister oder die Bürgermeisterin gegenüber den Medien.

   Vorteil: Die Verwaltung spricht mit einer Stimme, widersprüchliche Aussagen oder Doppel-Statements von unterschiedlichen Stellen der Verwaltung sind damit ausgeschlossen.

   Nachteil: Der Bürgermeister oder die Bürgermeisterin muss sich in vielen Detailfragen erst Informationen von den Fachleuten einholen. Dadurch entstehen Doppelarbeit – ein Sachverhalt wird zweimal erzählt – und Übermittlungsfehler („Stille-Post-Effekt"). Daher eignet sich dieses Modell wohl nur für kleine, überschaubare Kommunen mit einer Mini-Verwaltung.

– **Das Beigeordneten-Modell**

Hierbei geben neben dem Bürgermeister oder der Bürgermeisterin auch die Beigeordneten Auskünfte an die Medien.

Vorteil: In dem Zielkonflikt zwischen einheitlicher Außendarstellung und genauer, differenzierter Information wird eine gute Balance hergestellt. Als Wahlbeamte erkennen die Beigeordneten bei jeder Medien-Anfrage neben dem informationellen Kern auch die politische Dimension und können sich entsprechend verhalten. Der Bürgermeister oder die Bürgermeisterin sind von Routine-Anfragen entlastet und können sich auf die Top-Themen und Kern-Statements der Medien-Arbeit konzentrieren (Bewertung/Einschätzung/Ausblick).

Nachteil: Mit den Beigeordneten sind Spielregeln über Art, Häufigkeit und „Grundton" der Medien-Äußerungen zu vereinbaren. Ebenso muss sichergestellt sein, dass der Bürgermeister oder die Bürgermeisterin umgehend von Medien-Äußerungen der Beigeordneten erfährt, um für eventuelle Rückfragen gewappnet zu sein. Bekanntlich lieben die Medien nichts mehr, als unterschiedliche Sichtweisen und Darstellungen innerhalb der Verwaltung zu einem bestimmten (Streit)Thema aufzudecken. Dies muss – selbst wenn es diese unterschiedlichen Positionen gibt – in der Außendarstellung unbedingt vermieden werden.

– **Das Pressesprecher/Innen-Modell**

Hierbei obliegt es allein dem Pressesprecher oder der Pressesprecherin, Informationen an die Medien zu geben oder sich auf Medien-Anfragen hin zu äußern – in enger Abstimmung mit dem Bürgermeister oder der Bürgermeisterin oder auf dessen/deren Anweisung hin.

Vorteil: Einheitlichkeit in der Außendarstellung wird kombiniert mit professioneller, mediengerechter Aufbereitung des Stoffs. Sämtliche Führungskräfte der Verwaltung sind entlastet von Medien-Anfragen, die mitunter viel Zeit erfordern.

Nachteil: Der Pressesprecher oder die Pressesprecherin muss sehr genau informiert werden über sämtliche Sachverhalte und Vorgänge in der Verwaltung, da er oder sie nicht auf eigene Praxiserfahrung zurückgreifen kann. Nichts ist peinlicher für die Außendarstellung der Kommune als eine unwissende Pressestelle. Zudem entfiele dann der Entlastungseffekt, wenn die Medien notgedrungen bei denen nachfragen, die etwas wissen: Bürgermeister oder Bürgermeisterin sowie Beigeordnete.

Bei allen Modellen muss auf jeden Fall die Schnittstelle zwischen den Akteuren der Presse- und Öffentlichkeitsarbeit klar definiert sein. Der Bürgermeister oder die Bürgermeisterin steht dabei in einer zusätzlichen Verantwortung. Er oder sie muss parteipolitische Neutralität wahren. Dies kann vor allem in Wahlkampfzeiten schwierig sein. Was dabei zulässig ist und was nicht, wird in dem Beitrag von Manfred Wichmann „Der Bürgermeister als Beamter" (S. 65 ff.) näher ausgeführt. Auch sollte man sich davor hüten, Medien, die einem von der politischen

Grundausrichtung näher stehen, bevorzugt zu behandeln oder andere, kritisch eingestellte, eher nachrangig zu bedienen. Um ihrer Informationspflicht als öffentliche Verwaltung zu genügen, muss die Kommune sämtliche Medien in gleichem Umfang informieren. Zudem kann man in Zeiten harten Konkurrenzkampfes zwischen den Medien ohnehin nicht mehr auf das erhoffte „politische Wohlverhalten" rechnen.

Dem Ideal einer einheitlichen Kommunikation seitens der Kommune steht häufig die Realität des politischen Alltags entgegen. Die Kommune teilt sich auf in Bürgermeister respektive Bürgermeisterin, Verwaltung und Rat. Da der Verwaltungschef/die Verwaltungschefin in Nordrhein-Westfalen direkt gewählt ist, können sich Interessengegensätze zwischen diesem/dieser und den politischen Gremien ergeben. Pluralistische Medienarbeit sollte dann in angemessenem Umfang beide Sichtweisen kommunizieren und nicht das Ratsgeschehen ausblenden zugunsten einer einheitlichen Außendarstellung aus der Perspektive der Verwaltung oder des Stadtoberhauptes. Sonst entsteht leicht eine Gegenöffentlichkeit, genährt von den unzufriedenen Kräften im Rat.

Man darf nicht übersehen, dass die einstige technische Überlegenheit einer Verwaltungs-Pressestelle gegenüber den „Freizeit-Politikern" im Zeitalter von Internet und E-Mail längst verflogen ist. Jede Bürgerinitiative kann heute höchst wirkungsvoll und professionell Kampagnen aufziehen – von Parteien und Ratsfraktionen ganz zu schweigen. Diese können im Extremfall die Medienarbeit der Verwaltung konterkarieren oder ganz lahm legen. Dies sollte unter allen Umständen vermieden werden. Denn auch Medienarbeit dient letztlich dem Globalauftrag der Kommune, Konsens unter den Bürgern zu fördern und Dissens abzubauen.

IV. Kommunikation im Krisenfall

Eine Krise – sprich: Katastrophe oder Großschadensereignis auf der Gemarkung – erfordert besondere Maßnahmen. Innerhalb weniger Stunden, oft nachts oder an Wochenenden, müssen die Medien-Aktivitäten erheblich ausgeweitet werden. Entsprechend ist ein Kommunikationszentrum aufzubauen, das räumlich und organisatorisch eng mit dem Lagezentrum zur Bewältigung der Krise verzahnt ist.

Ein schwerer Verkehrsunfall im Innenstadtbereich, eine Explosion auf einem Werksgelände, Hochwasser oder ein spektakuläres Gewaltverbrechen – all dies zieht die Medien wie ein Magnet an. Rasch hat man es mit einem Dutzend TV-Teams zu tun, die sich – sofern die Krise mehrere Tage andauert – auch gleich häuslich einrichten.

Für diese Eventualitäten ist es sinnvoll, vorab eine Art Notfallplan zu entwerfen in dem Sinne „Wer benachrichtigt wen – wo trifft man sich zur Erst-Information – wer kann bei der Betreuung der Medien zusätzlich helfen". Auch empfiehlt es sich, zusammen mit dem örtlichen Katastrophenschutz vorab entsprechende Räume (Turnhallen, Versammlungshäuser etc.) auszuwählen, wo im Ernstfall ein Medien-Briefing stattfinden kann und wo die Medienvertreter arbeiten können (Tische, Stromanschluss, Telefon, Internet-Zugang, Toiletten). Zudem ist mit den übrigen Behörden der Region, die im Krisenfall zusammenarbeiten müssen, abzusprechen, wer auskunftsberechtigt ist und wer die Kommunikation mit den Medien steuert.

Das Argument „Wir sind eine kleine Gemeinde – auf uns wird doch keiner aufmerksam" zieht in einer globalisierten Medienwelt nicht mehr. Wenn irgendwo die aufregende, quotenträchtige Story winkt, ist den TV-Sendern aus dem In- und Ausland kein Weg zu weit. Wo sich in kurzer Zeit an Orten, die dafür im Grunde nicht geeignet sind, hunderte von Journalisten und TV-Technikern einfinden, könnte dies sogar eine Aufgabe für den kommunalen Ordnungsdienst werden. Zusammenballungen von Menschen müssen behutsam entzerrt, Privateigentum von Bürgern und Bürgerinnen muss diskret beschützt werden. Auch hier sollte man möglichst vor dem Fall X im Interesse einer reibungslosen Berichterstattung mit den Verantwortlichen Kontakt aufnehmen und klären, wie viele Personen für eine solche begleitende – sprich: ordnende – Medienarbeit zur Verfügung stehen.

Ebenso wichtig wie die technischen Voraussetzungen ist die Philosophie der Krisen-PR. Bei jeder Katastrophe stellt sich unvermittelt die Frage nach den Ursachen und dem Verschulden. Auch wenn diese Fragen meist nicht sofort beantwortet werden können, sollte man sie in der internen Recherche und im Gespräch mit den Medien ernst nehmen. Alles, was zu einem bestimmten Zeitpunkt über Auslöser, Ursachen und Randbedingungen eines Unglücks bekannt ist – auch wenn es später widerlegt werden könnte – sollte mitgeteilt werden, um Spekulationen den Nährboden zu entziehen.

Überhaupt zahlt sich Offenheit in der Informations-Weitergabe aus, ebenso wie Verheimlichen, Verharmlosen oder Kleinreden schwer auf die Beteiligten zurückfällt. Die Analyse unzähliger Krisen und Katastrophen hat ergeben, dass nicht tatsächliche oder vermeintliche Fehler eines Unternehmens oder einer Institution bleibende Image-Schäden verursachen, sondern vielmehr Pannen und Unterlassungen in der Kommunikation.

V. Der Beitrag der Person zum Erfolg der Presse- und Öffentlichkeitsarbeit

Der Bürgermeister oder die Bürgermeisterin kann nicht alles machen – auch nicht die gesamte Medienarbeit. Aber er oder sie kann gewissermaßen den Takt und die Grundstimmung für Medienkontakte vorgeben. An ihm oder ihr liegt es maßgeblich, ob ein offenes, partnerschaftliches Klima entsteht oder ob die örtlichen Medien die Verwaltung eher als Festung, die es zu erobern gilt, wahrnehmen.

Sofern man die Spielregeln für Medienkontakte in der Stadt oder Gemeinde neu festgesetzt hat oder überhaupt erst eine Struktur in die Medienarbeit bringt, sollte man dies den örtlichen Medien frühzeitig mitteilen – etwa in Form eines Hintergrundgesprächs. Wurde eine neue Person in der Verwaltung mit der Pressearbeit betraut, sollte man diese explizit den Medienvertretern und -vertreterinnen vorstellen („Herr/Frau xxx steht Ihnen künftig für alle Fragen über yyy zur Verfügung – Telefonnummer/Durchwahl/Mobiltelefon").

Ist die Medienarbeit einmal an einen Mitarbeiter oder eine Mitarbeiterin delegiert oder zumindest auf mehrere Schultern verteilt, sollte sich auch der Verwaltungschef respektive die Verwaltungschefin an diese Arbeitsteilung halten. Wer Medienauskünfte gibt – vor allem zu Beginn dieser Tätigkeit – muss sich bei den Journalisten und Journalistinnen ein Standing erst erarbeiten. Das geht nicht, wenn der Bürgermeister oder die Bürgermeisterin allzu häufig interveniert mit der Begründung „Das ist ein Top-Thema – dazu spreche ich selbst". Wenn der Pressereferent oder die Pressereferentin nur noch einfachste technische Auskünfte geben darf („Die Schul-Renovierung kostet xxx Euro"), verliert er oder sie das Interesse an dieser Aufgabe. Dann wäre eine solche Person überflüssig – und an anderer Stelle in der Verwaltung sinnvoller sowie ökonomischer einzusetzen.

Insofern hat erfolgreiche Medienarbeit viel mit Psychologie und Menschenführung zu tun. Zuvörderst muss der Bürgermeister oder die Bürgermeisterin eine klare Struktur für die Medienarbeit errichten und dafür die Zustimmung der Führungsebene in der Verwaltung (Beigeordnete, Amtsleiter, Fachbereichsleiter und -innen) erringen. Steht diese Struktur, sollte der Bürgermeister oder die Bürgermeisterin den Bediensteten auch das nötige Vertrauen entgegenbringen, dass sie gegenüber den Medien das Richtige zur richtigen Zeit sagen – und gegebenenfalls bestimmte Dinge nicht nach außen tragen. Ein halbjähriger verwaltungsinterner Rückblick auf die Medienarbeit und das Medienecho hilft, das Funktionieren der Struktur zu überprüfen, Schwachstellen aufzudecken sowie das Procedere zu optimieren.

Entsprechend den Anforderungen des Amtes wird der Bürgermeister oder die Bürgermeisterin am häufigsten die Kommune in der Öffentlichkeit vertreten. Daraus resultiert auch eine hohe Medienpräsenz. Es ist nicht anstößig oder ehrenrührig, einmal über die eigene Erscheinung nachzudenken. Passt die Kleidung zu meinem Amt? Auch leichte Korrekturen an Brille oder Frisur sollten nicht tabu sein. Wer bei sich Unzulänglichkeiten in der Aussprache oder Vortragsweise wahrnimmt, sollte durchaus über ein Rhetorik-Training nachdenken. Das ist beileibe keine Koketterie. Ein erheblicher Teil der Botschaft – das haben Kommunikations-Wissenschaftler längst herausgefunden – wird nicht durch die Worte selbst und deren Sinn, sondern durch nonverbale Signale wie Gestik, Mimik oder Aussprache übermittelt. Wenn da etwas im Argen liegt, kommt der schönste Redetext nicht an.

Freilich sollten der eigene Charakter, die eigenen Besonderheiten nicht einem Phantom „mediengerechter Bürgermeister" oder „mediengerechte Bürgermeisterin" geopfert werden. Das eigene Auftreten muss auf jeden Fall authentisch sein und darf nicht einstudiert wirken. Auch wie weit man sich in skurrile Situationen und Posen begibt und dabei noch filmen oder fotografieren lässt – der Verwaltungschef auf dem neuen Klettergerüst –, muss jeder für sich selbst entscheiden. Die Medien sind dankbar für solche Szenen und werden sie gern senden respektive abdrucken. Wo die Grenze zwischen Bürgernähe und Klamauk liegt, ist manchmal schwer auszumachen. Auf keinen Fall muss ein Vertreter der Verwaltung jeden noch so ausgefallenen Wunsch der Medienvertreter und -vertreterinnen erfüllen, um sein positives Image zu bewahren. Ein Rest von Seriosität und Zurückhaltung ist eher dazu angetan, das Ansehen bei den Medien zu stärken.

VI. Maßnahmen gegen falsche oder diskreditierende Berichterstattung

Selbst wenn man über Jahre hinweg ein gutes Verhältnis zu den Medien aufgebaut hat und ein fairer, partnerschaftlicher Umgang die Regel ist, kann es in der Berichterstattung zu Verzerrungen, Übertreibungen oder zu handfesten Fehlern kommen. Diese mögen aus Nachlässigkeit oder Schludrigkeit (Zeitdruck), Unwissen (Berufsanfänger/Innen), aber auch Böswilligkeit entstanden sein. Um die Glaubwürdigkeit und das Ansehen der Verwaltung bei den Bürgern und

Bürgerinnen zu schützen, muss die Verwaltung gegen offensichtlich falsche oder diskreditierende Berichterstattung vorgehen. Dies hat nichts mit Kleingeisterei oder Überheblichkeit gegenüber Journalisten und Journalistinnen zu tun.

Die schwierigste Aufgabe liegt darin, unter dutzenden Medien-Äußerungen die wenigen Regelverstöße herauszufiltern. Dies erfordert viel Fingerspitzengefühl und Augenmaß auf Seiten des Bürgermeisters/der Bürgermeisterin oder der anderen Personen, die Medienauskünfte geben. Denn das Geschäft der Medien ist naturgemäß die Vereinfachung, Zuspitzung und exemplarische Darstellung von Sachverhalten. Sonst wären sie einer breiten Öffentlichkeit nicht verständlich. Vieles, was aus Expertensicht als Sinn entstellende und fehlerhafte Verkürzung erscheint, entspringt in Wahrheit ganz normalem journalistischem Handwerk.

Gute Redaktionen achten darauf, dass diese handwerklichen Regeln – Fakten richtig wiedergeben, Trennung zwischen Nachricht und Kommentar, alle Seiten zu Wort kommen lassen – eingehalten werden. Der Produktionsdruck in Zeitungen, Rundfunksendern und vor allem in den Online-Medien führt – besonders im ländlichen Raum – dazu, dass diese Regeln manchmal etwas nachlässig angewandt werden.

Ist einmal etwas Falsches oder Herabwürdigendes über die Verwaltung und ihr Personal geschrieben worden, gibt es drei Schritte, dagegen etwas zu unternehmen:

– die Falschbehauptung richtig stellen, um der Desinformation der Bürger und Bürgerinnen entgegenzuwirken

– verhindern, dass diese Falschbehauptung weiter verbreitet wird

– die Ursachen für das Entstehen von Falschbehauptungen aufspüren und beseitigen

Nicht immer muss der Bürgermeister oder die Bürgermeisterin als Repräsentant der Verwaltung dabei zu rechtlichen Schritten gegen einzelne Medien oder deren Journalisten und Journalistinnen greifen. Auf die Richtigstellung falscher Information sollte die Verwaltung auf jeden Fall bestehen – allein im Interesse der Bürger und Bürgerinnen, die wissen wollen, was Sache ist in ihrer Kommune. Das kann auch ohne Gesichtsverlust der Medien geschehen – etwa in Form einer kleinen Meldung „….in dem Bericht in der gestrigen Ausgabe/in dem gestern gesendeten Beitrag über xxx hat sich ein Fehler eingeschlichen. Richtig muss es heißen yyyy". Dabei kann verschwiegen werden, wer letztlich für den Fehler verantwortlich ist.

Hält sich der Image-Schaden der Kommune durch eine solche Falschinformation in Grenzen, ist eine Wiedergutmachung im rechtlichen Sinne nicht nötig. Meist reicht ein Gespräch mit dem Journalisten oder der Journalistin, der oder die den Beitrag verfasst hat, respektive mit der Redaktionsleitung. Man erläutert, wo der Fehler entstanden ist, und bittet um größere Sorgfalt bei künftiger Berichterstattung. Ist das Verhältnis zu den Medien gut, werden deren Mitarbeiter und Mitarbeiterinnen dies auch einsehen und beherzigen.

Oft ergibt sich für den Bürgermeister/die Bürgermeisterin oder die übrigen Akteure der Medienarbeit dabei die Gelegenheit zu einem Kuhhandel – in dem Sinne „jetzt haben wir etwas gut bei Euch". Dann kann man die Journalisten und Journalistinnen dazu bewegen, einen Bericht, der die Kommune in positivem Licht erscheinen lässt, größer zu ziehen oder überhaupt sperrige Themen aufzugreifen sowie Berichttermine wahrzunehmen, aus denen aller Wahrscheinlichkeit nach eine positive Berichterstattung für die Kommune hervorgeht. Auf diese Weise wird die Scharte elegant ausgewetzt, ohne dass die breite Öffentlichkeit etwas davon erfährt.

Diese sanfte Methode hat den Vorteil, dass dabei oft Schwachstellen in der eigenen Kommunikation aufgedeckt werden: Haben wir ausreichend informiert? Haben wir verständlich erklärt? Haben wir etwa zuviel Vorkenntnisse oder Spezialwissen vorausgesetzt? Wiewohl Lokaljournalisten und -journalistinnen meist über profunde Orts- und Sachkenntnis verfügen, mag dennoch hier und dort eine Informationslücke auftauchen.

Wenn eine gütliche Einigung nicht möglich und der Image-Schaden beträchtlich ist, sollte man vor rechtlichen Schritten nicht zurückscheuen. Die wichtigsten sind:

– **Gegendarstellung**

Bei der Gegendarstellung geht es nicht darum, der Öffentlichkeit die Wahrheit zu übermitteln, sondern eine – aus Sicht des Betroffenen falsche – Tatsachenbehauptung durch eine – aus Sicht der Betroffenen richtige – Tatsachenbehauptung zu korrigieren.
Die Gegendarstellung muss bestimmten formalen Ansprüchen genügen. Sie muss dem Verlag, der die falsche Tatsachenbehauptung gedruckt oder gesendet hat, unverzüglich in Schriftform und unterschrieben zugeleitet werden – mit der Aufforderung, diese innerhalb von zwei Tagen zu veröffentlichen. Eine Gegendarstellung darf nicht länger sein als der beanstandete Beitrag. Folgt das Medien-Unternehmen der Aufforderung nicht, muss der Anspruch auf Gegendarstellung vor Gericht durchgesetzt werden.
Einer Gegendarstellung zugänglich sind im Übrigen auch Kommentare – also subjektive Meinungsäußerungen –, wenn darin Fakten postuliert werden, die aus Sicht des Betroffenen nicht der Wahrheit entsprechen.

– **Unterlassungserklärung**

Die Unterlassungserklärung hat zum Ziel, dass eine aus Sicht des Betroffenen unzutreffende Tatsachenbehauptung oder herabwürdigende Kritik („Schmähkritik") nicht wiederholt wird. Dazu ist zunächst das Medien-Unternehmen, welches die Falschmeldung verbreitet hat, abzumahnen – sprich: zur Abgabe einer strafbewehrten Unterlassungsverpflichtungserklärung aufzufordern. Verpflichtet sich das Unternehmen aber nicht von sich aus, die Verbreitung der beanstandeten Meldung zu unterlassen, muss die Kommune vor Gericht eine einstweilige Verfügung beantragen. Dabei kommt jedes Gericht im Verbreitungsgebiet des betreffenden Medien-Unternehmens infrage.

– **Schadensersatzklage**

Ist der Kommune durch unrichtige Tatsachenbehauptungen ein Schaden entstanden, kann sie das verantwortliche Medien-Unternehmen – soweit dort die publizistische Sorgfaltspflicht verletzt wurde – auf Schadensersatz verklagen. Dies ist etwa denkbar, wenn Investoren sich in einer sensiblen Phase von Verhandlungen mit der Kommune plötzlich zurückziehen, weil über die Verwaltung oder ihre Führungskräfte kritisch berichtet worden ist („…Finanzierung wacklig …", „… Bereicherung einzelner …", „… Prestigeprojekt ohne Nutzen …"). Einen ursächlichen Zusammenhang zwischen Berichterstattung und Verhandlungsabbruch nachzuweisen, dürfte in der Praxis jedoch schwer fallen.

Noch ein Wort zum Abschluss: Man hüte sich vor pauschaler, undifferenzierter Medienschelte in der Manier „… die schreiben und senden eh' nur Schlechtes oder Falsches". Wenn Fehler vorkommen, müssen diese gezielt benannt und bereinigt werden – mit dem soeben genannten Instrumentarium. Ansonsten sollte man davon ausgehen, dass die Medien ihren Job im Rahmen ihrer Möglichkeiten gut machen und sich dabei Mühe geben.

Auch die örtlichen Medien können kein Interesse daran haben, den Standort ihrer Berichterstattung – die Stadt oder Gemeinde sowie deren Verwaltung – ständig nur schlecht zu machen. Denn sie leben von diesem Standort und ihre Existenz hängt davon ab, dass es diesem Standort gut geht. Wer seine Berichterstattung ausschließlich auf Fehler, Mängel und Probleme des öffentlichen Lebens konzentriert, läuft Gefahr, dass Kunden und Kundinnen weghören oder das Abonnement kündigen. Wer will schon ständig Negatives über seine Heimat gesagt bekommen?

Insofern sind Verwaltung und Medien – trotz aller Interessengegensätze – aufeinander angewiesen. Wer diese naturgegebene Partnerschaft aktiv gestaltet, hat im kommunalen Alltag die besseren Karten.

C Der Bürgermeister und sein Verhältnis zu Rat und Verwaltung

I. Der „neue" Bürgermeister

Mehr als 10 Jahre nach Einführung der neuen Kommunalverfassung mit der Beseitigung der so genannten Doppelspitze (ehrenamtlicher Bürgermeister – hauptamtlicher Gemeindedirektor) und der Einführung der Direktwahl hat sich die kommunalpolitische Wirklichkeit grundlegend geändert.

Nachdem am 26. September 2004 in fast allen 396 Städten und Gemeinden Nordrhein-Westfalens die zweite allgemeine Direktwahl der hauptamtlichen Bürgermeister – in kreisfreien Städten „Oberbürgermeister" – stattgefunden hat, ist die Stellung und Funktion der Bürgermeister im demokratischen Leben der nordrhein-westfälischen Kommunen mittlerweile fest verankert.

1. Auswirkungen der Kommunalverfassungsreform

Soweit ersichtlich gibt es niemanden, der behauptet, die neue Kommunalverfassung mit der Einführung der sog. „Einheitsspitze" sei gescheitert. Niemand stellt ersichtlich Forderungen auf, zum alten System – auch als Schönwetter-Verfassung[1] bezeichnet – zurückzukehren.[2]

Ebenso ist sich die kommunalrechtliche und -politische Praxis einig, dass aufgrund der vorliegenden Erfahrungen durchaus weitergehender Handlungsbedarf besteht. Zu diesem Ergebnis kommt auch der „Kommissionsbericht über Änderungsnotwendigkeiten der Gemeindeordnung Nordrhein-Westfalen" aus dem Jahre 2002, der im Auftrage des Innenministeriums erstellt worden ist.[3]

Hinsichtlich der Stellung, Funktion und Aufgaben des Bürgermeisters wird die Reformdiskussion bestimmt von der Verlängerung der Amtszeit der Bürgermeister, der Entkoppelung der Wahlzeit der Bürgermeister von der Ratsperiode, der (weiteren) Stärkung seiner Kompetenzen durch die Zuweisung von unentziehbaren Aufgaben und personalrechtlichen Entscheidungen sowie der unterschiedlichen Stellung der Bürgermeister im Verhältnis zur Rechtsposition des Ratsmitgliedes in der Gemeindevertretung.[4]

Neben den veränderten rechtlichen Rahmenbedingungen hat sich mit der Einführung der Direktwahl des Bürgermeisters auch seine kommunalpolitische Rolle wesentlich verändert. Der Bürgermeister trägt nunmehr uneingeschränkt die Verantwortung für das Handeln der hauptamtlichen Verwaltung, muss die Rats- und Ausschussentscheidungen vorbereiten und entsprechend umsetzen. Zugleich ist er Mitentscheider.

---

1 so Innenminister Behrens in „Der Landkreistag", 4/2004, S. 138
2 vgl. Riotte, „Die neue Kommunalverfassung in Nordrhein-Westfalen – Erwartungen und Erfahrungen", NWVBl. 4/2002, 129 (131)
3 Kommissionsbericht über Änderungsnotwendigkeiten der Gemeindeordnung NRW, Düsseldorf, Januar 2002
4 vgl. hierzu Ausschussprotokoll 13/942 des Landtags-Ausschusses für Kommunalpolitik vom 17.09.2003

Damit erhält der Bürgermeister im kommunalpolitischen Entscheidungsprozess eine viel stärkere Stellung als seine Vorgänger in der Funktion des ehrenamtlichen Bürgermeisters bzw. hauptamtlichen Gemeindedirektors.

Abhängig von der jeweiligen konkreten kommunalpolitischen Situation vor Ort ist der Bürgermeister durch die reformierte Kommunalverfassung mit einer nicht zu unterschätzenden Machtfülle ausgestattet. Dem (neuen) Amt kommt eine große – wenn nicht sogar herausragende – politische Verantwortung und Bedeutsamkeit zu, weil der Bürgermeister je nach eigener Befähigung und Geschick den kommunalpolitischen Vorberatungs- und Entscheidungsprozess von Anfang bis Ende maßgeblich steuern kann.

Die Kommunalverfassungsreform hat zwei wesentliche Ziele erreicht: Die klare Kompetenzabgrenzung und Zuordnung zwischen Rat und Bürgermeister, die insbesondere im Spannungsfeld zwischen den Beteiligten Handlungsfähigkeit und eindeutige Verantwortungen garantieren, sowie die Stärkung der Rechtsstellung des Bürgermeisters. Der direktgewählte Bürgermeister ist nunmehr für alle einzelnen Verfahrensschritte im kommunalpolitischen Entscheidungsprozess abschließend zuständig.

Die Verhältnisse sind klar. Maßgebliche Kompetenzen und die Verantwortung für das Verwaltungshandeln liegen nunmehr beim Bürgermeister, wie es die Bürgerinnen und Bürger schon früher – da aber noch fälschlicherweise – angenommen haben.

2. Rechtsstellung des Bürgermeisters

Die neue Kommunalverfassung verleiht dem Bürgermeister neben dem Rat die wichtigste Stellung innerhalb der kommunalen Selbstverwaltung.[5] Obgleich die Gemeindeordnung an dem Prinzip der Allzuständigkeit des Rates festgehalten hat, ist die Position des Bürgermeisters im Gemeindeverfassungsgefüge deutlich gestärkt worden. Der Bürgermeister ist nicht nur Vorsitzender im Rat und Hauptausschuss sowie repräsentativer Vertreter des Rates und der Bürgerschaft, sondern als Hauptverwaltungsbeamter auch Leiter der Gemeindeverwaltung und rechtlicher Vertreter der Gemeinde. Er erhält mit seiner Wahl den Status eines kommunalen Wahlbeamten und wird von den Bürgern in allgemeiner, unmittelbarer, freier, gleicher und geheimer Wahl auf die Dauer von fünf Jahren – gemeinsam mit dem Rat – gewählt. Insoweit wird auch von „verbundener Bürgermeisterwahl" gesprochen. Scheidet ein Bürgermeister allerdings mehr als neun Monate vor Ablauf der Wahlperiode aus seinem Amt aus (z. B. aus Altersgründen oder durch Tod), wird der Nachfolger durch die Bürgerschaft bis zum Ablauf der Wahlzeit des nächsten Rates gewählt. Deshalb kann die Wahlzeit von Bürgermeistern im Ausnahmefall bis nahezu 10 Jahre betragen (§ 65 Abs. 2 und 3 GO NRW).

Zum Bürgermeister wählbar ist nach § 65 Abs. 3 GO NRW grundsätzlich jeder, der am Wahltag Deutscher im Sinne des Artikel 116 Abs. 1 GG ist oder wer die Staatsbürgerschaft eines Mitgliedstaates der Europäischen Gemeinschaft besitzt und eine Wohnung in der Bundesrepublik Deutschland inne hat (EU-Bürger mit Wohnsitz im Inland), am Wahltag 23 Jahre alt ist und nicht vom Wahlrecht ausgeschlossen ist, sowie die Gewähr dafür bietet, dass er jederzeit für die freiheitliche Grundordnung im Sinne des Grundgesetzes eintritt. Nicht wählbar ist, wer am

---

5 vgl. zum Ganzen Kleerbaum/Sommer/Venherm, Der (Ober-)Bürgermeister/Landrat in Nordrhein-Westfalen, 1. Aufl. 2003

Wahltag infolge Richterspruchs die Wählbarkeit oder die Fähigkeit zur Bekleidung öffentlicher Ämter nicht besitzt.

Die obere Altersgrenze (Wählbarkeitsgrenze) ist der 68. Geburtstag (§ 195 Abs. 4 LBG). Dieser Tag ist zugleich der Zeitpunkt, den das Gesetz zwingend für das Ausscheiden des Bürgermeisters aus seinem Dienstverhältnis festlegt.

Weitere formale Qualifikationen in Bezug auf die Berufsbildung oder Aus- bzw. Vorbildung verlangen weder die Gemeindeordnung noch das Kommunalwahlgesetz.

Das Amtsverhältnis des direktgewählten Bürgermeisters beginnt mit der Annahme der Wahl, frühestens mit dem Beginn der Wahlzeit der Vertretung. Einer Ernennung bedarf es nicht (§ 195 Abs. 3 LBG). Damit wird die Besonderheit dieses Dienstverhältnisses als kommunales Wahlbeamtenverhältnis mit dem direkten Bezug zwischen der Bürgerschaft und dem Bürgermeister Rechnung getragen.[6]

Nach der Annahme der Wahl wird der Bürgermeister vom Altersvorsitzenden in einer Ratssitzung nach allgemeinen beamtenrechtlichen Grundsätzen vereidigt und in sein Amt eingeführt (§ 65 Abs. 5 GO NRW).

Die Gemeindeordnung sieht für den Bürgermeister keinen Dienstvorgesetzten vor, insbesondere ist der Rat nicht der Dienstvorgesetzte des Bürgermeisters. Dies trägt der eigenverantwortlichen Stellung des direktgewählten Bürgermeisters Rechnung. Ein Rangverhältnis zwischen Rat und Bürgermeister wird vermieden.

In der Regel scheidet der Bürgermeister mit Ablauf der Wahlzeit aus seinem Amt aus. Das Dienstverhältnis kann aber auch (vorzeitig) aus anderen Gründen (z. B. durch Tod, Eintritt in den Ruhestand, Entfernung aus dem Dienst oder durch einen Dienstwechsel) beendet werden.

Neben den allgemeinen, persönlichen oder dienstrechtlichen Gründen des Ausscheidens aus dem Amt eröffnet die Gemeindeordnung dem Rat und der Bürgerschaft auch die Möglichkeit, den Bürgermeister unter bestimmten Voraussetzungen abzuwählen (§ 66 GO NRW). Durch einen entsprechenden Abwahlantrag des Rates sowie anschließender Abstimmung durch die Bürger kann die Abberufung des Bürgermeisters jederzeit eingeleitet und durchgeführt werden. Im Verhältnis zur Durchführung allgemeiner Bürgerbegehren und Bürgerentscheide sind bei der Abwahl des Bürgermeisters allerdings strengere Voraussetzungen vorgesehen (§ 66 GO NRW).

3. Der Bürgermeister in der kommunalen Praxis

Die kommunale Praxis hat mittlerweile ein eigenes Bild vom „Bürgermeister" – unabhängig von seiner rechtlichen Stellung im Gemeindeverfassungsgefüge – entwickelt.

Auf der Skala des Anforderungsprofils an den Bürgermeister setzen die Bürger die Eigenschaften der Glaubwürdigkeit, der Führungsqualität und der Bürgernähe an vorderste Stelle. Ihnen folgt die positive Darstellung und Vertretung der Gemeinde im täglichen Verwaltungsgeschäft.

---

6   vgl. Ausführungen und Hinweise des Innenministeriums NRW zum Thema „Wahl und Aufgaben hauptamtlicher Bürgermeisterinnen und Bürgermeister"; Internetadresse www.im.nrw.de/aktuell

Vorhandene Verwaltungserfahrung von Bürgermeistern sehen die Bürger kleinerer und mittlerer Städte und Gemeinden ebenfalls als wichtige Kompetenz an.

Bei der zeitlichen Ausübung der Amtsgeschäfte durch den Bürgermeister überwiegt – nach vorliegenden Erfahrungswerten – die Verwaltungstätigkeit im Verhältnis zu repräsentativen Aufgaben eindeutig. „Der „Full-Time-Job" Bürgermeister verlangt dem Amtsinhaber nicht nur in zeitlicher, sondern auch in persönlicher, familiärer Hinsicht sehr viel ab. Mit der Amtsausübung sind in der Regel sehr große Einschränkungen verbunden. Der „neue" Bürgermeister ist „rund um die Uhr" Ansprechpartner für Bürger, Mitarbeiter und Kommunalpolitiker.

Die veränderte Rollenverteilung zwischen Bürgermeister und Rat mit der Direktwahl des Hauptverwaltungsbeamten findet in der Bürgerschaft – soweit ersichtlich – durchaus Akzeptanz. Hinweise auf gesetzlich zu regelnde Handlungsbedarfe zur fachlichen Qualifikation oder versorgungsrechtlichen Stellung von Bürgermeistern sollten aber im Rahmen der weiteren Diskussion zur Reform der Gemeindeordnung und der Reformierung der Rats- und Ausschussarbeit[7] zurückgestellt werden.

II. Der Bürgermeister und sein Verhältnis zum Rat

Die Gemeindeordnung verleiht dem Bürgermeister neben dem Rat die bedeutendste Stellung innerhalb der kommunalen Selbstverwaltung. Die Verteilung der vielfältigen Verwaltungsaufgaben einerseits auf den Rat, andererseits auf die hauptamtliche Verwaltung erfordert, dass sich beide in einem ständigen Balanceakt auf die eigenen Aufgaben beschränken und nicht in das Handlungsfeld des anderen eingreifen.

In diesem Spannungsfeld kommt dem Bürgermeister gegenüber dem Rat aufgrund seiner unterschiedlichen Funktion als Leiter der Verwaltung und rechtlicher Vertreter der Gemeinde einerseits sowie als Vorsitzender und Repräsentant des Rates und der Bürgerschaft andererseits besondere Bedeutung zu.

1. Der Bürgermeister als Vorsitzender des Rates

Der Rat ist das wichtigste Organ einer Gemeinde. Er ist für alle Angelegenheiten der Gemeinde zuständig, soweit die Gemeindeordnung nichts anderes festlegt (sog. Allzuständigkeit des Rates – § 41 Abs. 1 GO NRW). Wichtige Angelegenheiten wie z. B. die allgemeinen Grundsätze, nach denen die Verwaltung geführt werden soll, die Wahl von Beigeordneten oder die Festsetzung von öffentlichen Abgaben muss der Rat abschließend selbst entscheiden.[8] Andere Aufgaben kann er auf Ausschüsse oder den Bürgermeister zur Entscheidung übertragen, soweit sie nicht bereits aufgrund ihrer Bedeutung als Geschäfte der laufenden Verwaltung dem Bürgermeister zugewiesen sind (§ 41 Abs. 1 und 2 GO NRW). Allerdings ist der Rat berechtigt, übertragene Aufgaben jederzeit in seine Zuständigkeit zurückzuholen (sog. Vorbehalts- oder Rückholrecht – § 41 Abs. 3 GO NRW).

---

7 vgl. hierzu Pröhl/Osner (Hrsg.) „Ratsarbeit besser machen", Handbuch der Bertelsmann Stiftung, 3. erweit. Aufl. 2004, sowie Kleerbaum/Brunner „Das kommunale Mandat", 1. Aufl. 2004
8 vgl. Ausschließlichkeitskatalog in § 41 Abs. 1 GO NRW

Im Verhältnis zum Rat ist es die Aufgabe des Bürgermeisters, dessen Beschlüsse vorzubereiten und sie nach der Entscheidung des Rates unter seiner Kontrolle auszuführen (§ 62 Abs. 2 GO NRW). Parallel hierzu hat der Bürgermeister den Rat regelmäßig über alle wichtigen Angelegenheiten zu unterrichten (§ 55 Abs. 1 GO NRW).

Im Rat führt der Bürgermeister den Vorsitz, ohne allerdings selbst Ratsmitglied zu sein. Die Gemeindeordnung führt hierzu aus: *„Den Vorsitz im Rat führt der Bürgermeister. Der Bürgermeister hat im Rat das gleiche Stimmrecht wie ein Ratsmitglied...“* (§ 40 Abs. 2 Sätze 3, 4 GO NRW).

Aus dieser Regelung wird deutlich, dass der Bürgermeister aufgrund seiner Direktwahl und seiner besonderen Funktion im Gemeindeverfassungsgefüge auch im Vergleich zu den ehrenamtlich tätigen Ratsmitgliedern eine Sonderstellung erhält. Praktische Bedeutung hat diese Unterscheidung insbesondere deshalb, weil der Bürgermeister bei bestimmten Angelegenheiten nach der Gemeindeordnung im Rat nicht mit abstimmen darf. Des Weiteren obliegen ihm aufgrund seiner unterschiedlichen Funktionen gerade nicht die Rechte und Pflichten, die die Stellung des Ratsmitgliedes (z. B. bei der Fraktionsbildung, der Ausschussbesetzung, der Freistellung etc.) kennzeichnen.

Als Vorsitzender des Rates hat der Bürgermeister insbesondere die Aufgabe, die Sitzung des Rates zu leiten, d. h. die Sitzung zu eröffnen und zu schließen sowie die Verhandlungsleitung während der Ratssitzung auszuüben. Hierzu gehört u. a. auch die Ausübung des Ordnungs- und Hausrechtes während der Ratssitzung (§ 51 GO NRW).

Darüber hinaus hat der Bürgermeister – als formeller Abschluss der jeweiligen Sitzung – auch die Niederschrift über die Ratssitzung zu unterzeichnen (§ 52 GO NRW).

Nicht zur Funktion des Ratsvorsitzenden gehören die Einladung zu den Ratssitzungen sowie die Aufstellung der Tagesordnung. Bei diesen Aufgaben handelt es sich nicht um Aufgaben der Sitzungsleitung, sondern um Aufgaben, die dem Bürgermeister in seiner Funktion als Leiter der Verwaltung und damit als Verwaltungsaufgabe zustehen. Wichtig ist diese Unterscheidung für die Vertretung des Bürgermeisters, weil die – aus dem Kreis der ehrenamtlichen Ratsmitglieder gewählten – stellvertretenden Bürgermeister den Bürgermeister nur in seiner Funktion als Leiter der Ratssitzung vertreten dürfen (§ 67 Abs. 1 Satz 2 GO NRW), während im Übrigen der allgemeine (Verwaltungs-) Vertreter zur Vertretung berufen ist (§ 68 Abs. 1 Satz 1 GO NRW).

2. Stimmrecht des Bürgermeisters im Rat

Die besondere Stellung des Bürgermeisters wirkt sich auch auf sein Stimmrecht im Rat aus. Grundsätzlich hat er das gleiche Stimmrecht wie ein Ratsmitglied. Das gilt für alle Sachbeschlüsse, die eine einfache Mehrheit erfordern, ebenso wie für Abstimmungen, bei denen die Wahl aus der Mitte des Rates erfolgen soll (z. B. § 67 Abs. 1 GO NRW: Wahl der stellvertretenden Bürgermeister) oder die eine qualifizierte Mehrheit der Mitglieder des Rates verlangen (z. B. § 7 Abs. 3 Satz 3 GO NRW: Beschluss über Erlass oder Änderung der Hauptsatzung).

Auch bei den gesetzlichen Anforderungen an die Beschlussfähigkeit, an die Antragsvoraussetzungen und bei der Mehrheitsbildung ist der Bürgermeister gemäß § 40 Abs. 2 Satz 5 GO NRW wie ein Ratsmitglied zu berücksichtigen.

Das im Grundsatz bestehende Stimmrecht des Bürgermeisters erfährt jedoch Ausnahmen, die in § 40 Abs. 2 Satz 6 GO NRW abschließend geregelt sind.

Der Ausnahmekatalog umfasst die Fälle, in denen der Bürgermeister selbst beteiligt ist, sich die Entscheidung gegen ihn selbst richtet oder aber das Recht des Rates zur Selbstorganisation betroffen ist. Infolgedessen hat der Bürgermeister in folgenden Fällen kein Stimmrecht:

– für den Fall der Einberufung des Rates, wenn ein Fünftel der Ratsmitglieder oder eine Fraktion unter Angabe der zur Beratung zu stellenden Gegenstände dies verlangt (§ 47 Abs. 1 GO NRW);

– bei einem Beschluss über die Erweiterung der Tagesordnung in der Sitzung, wenn es sich um Angelegenheiten handelt, die keinen Aufschub dulden oder die von äußerster Dringlichkeit sind (§ 48 Abs. 1 GO NRW);

– bei der Wahl von Ausschussmitgliedern nach § 50 Abs. 3 GO NRW oder bei der Bestellung der Mitglieder von Gremien gemäß § 50 Abs. 4 GO NRW;

– bei der Geltendmachung von Ansprüchen der Gemeinde gegen den Bürgermeister bzw. bei Beschlüssen über die Amtsführung des Bürgermeisters (§ 53 Abs. 2 GO NRW);

– bei dem Beschluss des Rates über die Gewährung von Akteneinsicht zugunsten eines zu benennenden Ratsmitgliedes (§ 55 Abs. 4 GO NRW);

– bei der Zusammensetzung der Ausschüsse sowie bei der Festlegung des Verfahrens in den Ausschüssen (§ 58 Abs. 1, 3 und 5 GO NRW);

– beim Einleitungsantrag sowie beim Einleitungsbeschluss für das Abwahlverfahren des Bürgermeisters (§ 66 Abs. 1 GO NRW);

– bei der Verpflichtung des Bürgermeisters durch ein Fünftel der Ratsmitglieder, zu einem Tagesordnungspunkt Stellung zu nehmen (§ 69 Abs. 1 Satz 2 GO NRW);

– bei der Entscheidung über die Entlastung des Bürgermeisters (§ 94 Abs. 1 Satz 2 GO NRW).

Rechtlich ungeklärt ist bislang, in welchen Fällen das Stimmrecht des Bürgermeisters wegen der Besorgnis der Befangenheit ausgeschlossen ist, weil die Vorschrift des § 31 GO NRW nur für Ratsmitglieder gilt. Die bestehende Regelungslücke kann allerdings dadurch geschlossen werden, dass die Vorschrift in entsprechender Weise für die Tätigkeit des Bürgermeisters im Rat und im Hauptausschuss angewendet wird. Sinn und Zweck der Befangenheitsregelung sprechen in diesem Fall für eine Gleichbehandlung.

Sofern der Bürgermeister an anderen Verwaltungsverfahren und -entscheidungen beteiligt ist (z. B. Erlass eines Bescheides oder Abschluss eines öffentlich-rechtlichen Vertrages), ergibt sich das Mitwirkungsverbot bereits aus §§ 20, 21 Verwaltungsverfahrensgesetz (VwVfG) und aufgrund seines Rechtsverhältnisses als kommunaler Wahlbeamter (§ 62 LBG NRW).

3. Der Bürgermeister und die Ratsausschüsse

Aufgrund seiner Sonderstellung im Vergleich zu den Ratsmitgliedern kann der Bürgermeister – mit Ausnahme seiner Vorsitzfunktion im Hauptausschuss – nicht Mitglied anderer Ausschüsse werden. Die Gemeindeordnung weist ihm lediglich gemäß § 58 Abs. 1 Satz 3 GO NRW das Recht (unter Verlangen des jeweiligen Ausschusses die Pflicht) zu, mit beratender Stimme an den Sitzungen der Ausschüsse teilzunehmen und auf Verlangen das Wort erteilt zu erhalten.

Darüber hinaus steht ihm das Recht zu, gegen Beschlüsse von Ausschüssen mit Entscheidungsbefugnis Einspruch einzulegen (§ 57 Abs. 4 Satz 2 GO NRW).

4. Vorsitz im Hauptausschuss

Neben dem Vorsitz im Rat führt der Bürgermeister auch den Vorsitz im Hauptausschuss. Hier hat er ebenfalls Stimmrecht wie im Rat. Allerdings ist das in § 57 Abs. 3 Satz 2 GO NRW geregelte Stimmrecht des Bürgermeisters im Hauptausschuss von dem Ausnahmekatalog des § 40 Abs. 2 Satz 6 GO NRW nicht betroffen (so z. B. die Entscheidung im Hauptausschuss über die Erweiterung der Tagesordnung gemäß § 58 Abs. 2 i.V.m. § 48 Abs. 1 GO NRW oder der Beschluss über die Hinzuziehung von Einwohnern und Sachverständigen zu den Beratungen des Ausschusses gemäß § 58 Abs. 3 Satz 6 GO NRW).

Im Unterschied zum Rat gilt im Hauptausschuss auch eine andere Vertretungsregelung. Im Verhinderungsfall des Bürgermeisters obliegt nicht zwangsläufig seinen ehrenamtlichen stellvertretenden Bürgermeistern die Sitzungsleitung. Vielmehr wählt der Hauptausschuss aus seiner Mitte einen oder mehrere Vertreter des Vorsitzenden, die nicht nur für die Sitzungsleitung, sondern auch für die Einladung und Festsetzung der Tagesordnung zuständig sind.

5. Widerspruchsrecht des Bürgermeisters

In seiner Funktion als Vorsitzender des Rates steht dem Bürgermeister weiterhin das Recht zu, Ratsbeschlüssen zu widersprechen, die nach seiner Auffassung das Wohl der Gemeinde gefährden (§ 54 Abs. 1 GO NRW). Dieses Widerspruchsrecht gehört – anders als das Beanstandungsrecht bei rechtswidrigen Beschlüssen nach § 54 Abs. 1 GO NRW – nicht zu den Rechten des Bürgermeisters als Verwaltungschef, sondern sind Ausfluss seiner Funktion als Sitzungsleiter. Demzufolge steht im Verhinderungsfall auch den stellvertretenden Bürgermeistern – und nicht dem allgemeinen Vertreter – das Recht auf Widerspruch zu. In der Praxis wird allerdings eher selten vom Widerspruchsrecht Gebrauch gemacht.

6. Repräsentationsaufgaben

Zusammen mit dem Rat repräsentiert der Bürgermeister die Bürgerschaft (§ 40 Abs. 2 Satz 1 GO NRW). Ihm obliegt die repräsentative Vertretung des Rates nach außen (§ 40 Abs. 2 Satz 2 GO NRW). Hierzu gehören insbesondere Aufgaben der politischen Vertretung der Gemeinde bei Empfängen, Jubiläen, Veranstaltungen der Gemeinde selbst oder einladender Verbände, Vereine, Institutionen und Einrichtungen.

Im Verhinderungsfall nehmen die stellvertretenden ehrenamtlichen Bürgermeister die Repräsentationspflicht wahr. Die Gemeindeordnung sieht insoweit eine strenge hierarchische Vertretungsfolge vor.

7. Stellvertretung des Bürgermeisters im Vorsitz des Rates und bei der Repräsentation

Soweit der Bürgermeister bei der Leitung von Ratssitzungen oder bei der Repräsentation des Rates verhindert ist, nehmen die stellvertretenden ehrenamtlichen Bürgermeister seine Funktionen wahr. Sie werden vom Rat aus seiner Mitte ohne weitergehende Aussprache gewählt (§ 67 Abs. 1 Satz 1 GO NRW). Aus dem Wortlaut ist abzuleiten, dass der Rat mindestens zwei ehrenamtliche stellvertretende Bürgermeister wählen muss. Es bleibt ihm allerdings unbenommen, weitere Ratsmitglieder zu stellvertretenden Bürgermeistern zu wählen. Die Wahl erfolgt nach den Grundsätzen der Verhältniswahl in einem Wahlgang (§ 67 Abs. 1 und 2 GO NRW). Unter bestimmten Voraussetzungen besteht für den Rat die Möglichkeit, die Stellvertreter des Bürgermeisters wieder abzuberufen (§ 67 Abs. 4 GO NRW).

Bei der Aufgabenwahrnehmung durch die stellvertretenden Bürgermeister ist nach strenger hierarchischer Rangfolge vorzugehen. Die Reihenfolge der gewählten Stellvertreter kann nicht beliebig verändert werden. Nur wenn der erste Stellvertreter in diesen Fällen ebenfalls verhindert ist, kann der zweite stellvertretende Bürgermeister die anstehenden Aufgaben übernehmen. Eine Arbeitsaufteilung zwischen den stellvertretenden Bürgermeistern oder eine Übergehung des ersten stellvertretenden Bürgermeisters – z. B. aus politischen Gründen – ist rechtlich nicht zulässig.

III. Der Bürgermeister und sein Verhältnis zur Verwaltung

Der Bürgermeister ist als Verwaltungschef (§ 62 Abs. 1 Satz 2 GO NRW) verantwortlich für die Leitung und Beaufsichtigung des Geschäftsganges der gesamten Verwaltung. In dieser Funktion obliegt ihm die volle Verantwortung für das Funktionieren der Verwaltung und die Einheitlichkeit der Verwaltungsführung. Darüber hinaus ist er als Verwaltungschef auch rechtlicher Vertreter der Gemeinde.

1. Der Bürgermeister als Leiter der Verwaltung

Als Leiter der Verwaltung hat der Bürgermeister im Grundsatz die Alleinverantwortung für die Organisation und das Personal sowie die Leitung und Beaufsichtigung der Geschäftsgänge der gesamten Verwaltung. Er leitet und verteilt die Geschäfte innerhalb der hauptamtlichen Verwaltung und ist zuständig für die Erledigung der so genannten laufenden Geschäfte, d. h. für die Geschäfte in der Verwaltung, die häufig und regelmäßig in eingefahrenen Abläufen erledigt werden. Dies ist jeweils im Einzelfall unter Berücksichtigung der Größe sowie der Finanzkraft der Gemeinde zu beurteilen.

Die Gemeindeordnung weist dem Bürgermeister darüber hinaus ein Entscheidungsrecht hinsichtlich all derjenigen Angelegenheiten zu, die ihm – vorbehaltlich des Rückholrechtes des Rates – kraft Gesetzes oder durch Beschluss vom Rat bzw. von den Ausschüssen übertragen werden (§ 62 Abs. 2 Satz 3 GO NRW). In Fällen äußerster Dringlichkeit steht ihm dabei – im Einvernehmen mit einem Ratsmitglied – auch ein generelles Entscheidungsrecht hinsichtlich aller Angelegenheiten zu, um im Eilfall Schaden von der Gemeinde abwenden zu können (§ 60 Abs. 1 Satz 2 GO NRW).

Im Rahmen seiner Aufgabenerledigung steht ihm neben der Teilnahmemöglichkeit an Rats- und Ausschusssitzungen mit dem Beanstandungsrecht bei rechtswidrigen Rats- und Ausschussbeschlüssen ein weiteres wesentliches Kontrollrecht zu.

Die vorgenannten Regelungen geben dem Bürgermeister als Leiter der Verwaltung die Möglichkeit, seine vielfältigen Aufgaben im täglichen Verwaltungsgeschäft – insbesondere gegenüber der Bürgerschaft – reibungslos und eigenverantwortlich zu erledigen.

Zu seinen wichtigsten Aufgabenfeldern im kommunalen Entscheidungsprozess gehören die inhaltliche Vorbereitung der Beschlüsse des Rates und der Ausschüsse sowie deren Umsetzung. Damit eng verknüpft ist sein Teilnahmerecht an Rats- und Ausschusssitzungen sowie seine Verpflichtung zur regelmäßigen Unterrichtung des Rates und des Hauptausschusses.

Die vielfältigen Aufgaben und Kompetenzen des Bürgermeisters als Verwaltungsleiter sind nachfolgend aufgeführt:

– die Befugnis zur Erledigung der laufenden Verwaltungsgeschäfte im Rahmen der Leitung der Gemeindeverwaltung nach Maßgabe des § 41 Abs. 3 GO NRW;

– das Entscheidungsrecht in allen Angelegenheiten, die dem Bürgermeister kraft Gesetzes oder durch Beschluss vom Rat bzw. von den Ausschüssen zugewiesen werden (§ 62 Abs. 2 Satz 3 GO NRW);

– die Befugnis zur Entscheidung über die Pflichtaufgaben zur Erfüllung nach Weisung und Auftragsangelegenheiten nach Maßgabe des § 62 Abs. 2 Satz 2 und Abs. 3 GO NRW;

– das Entscheidungsrecht in Fällen äußerster Dringlichkeit, z. B. in Angelegenheiten, die bei Zeitverzug zu erheblichen Nachteilen für die Gemeinde führen, im Einvernehmen mit einem Ratsmitglied (§ 60 Abs. 1 Satz 2 GO NRW);

– die allgemeine Unterrichtungspflicht gegenüber dem Rat und dem Hauptausschuss, z. B. durch Mitteilungen in den Sitzungen (§§ 55 Abs. 1, 61 Satz 2, 62 Abs. 4 GO NRW);

– die Pflicht zur inhaltlichen Vorbereitung der Beschlüsse des Rates und der Ausschüsse sowie Bezirksvertretungen nach Maßgabe des § 62 Abs. 2 Satz 1 GO NRW, z. B. durch Erstellen der Verwaltungs- und Beschlussvorlagen;

– das Recht – und die Pflicht – zur Einberufung des Rates (§ 47 GO NRW);

– das Recht – und die Pflicht – zur Festsetzung der Tagesordnung des Rates (§ 48 GO NRW);

– die Aufgabe, Beschlüsse ordnungsgemäß durchzuführen, z. B. durch Abschluss von Verträgen, Bekanntmachung von Satzungen, Erstellung von Berichten, Erlass von Verwaltungsakten (§ 62 Abs. 2 Satz 2 GO NRW);

– das Teilnahmerecht bzw. die Teilnahmepflicht an Rats- und Ausschusssitzungen nach Maßgabe des § 69 GO NRW;

– das Beanstandungsrecht im Hinblick auf rechtswidrige Beschlüsse des Rates und der Ausschüsse (§ 54 Abs. 2 und 3 GO NRW).

2. Innere Organisation der Verwaltung

Im Rahmen seiner inneren Organisationsbefugnis in der Gemeindeverwaltung hat der Bürgermeister weitreichende Rechte zur Geschäftsleitung und -verteilung, indem er personelle und inhaltliche Regelungen – nach Maßgabe der Grundsatzentscheidungen des Rates – treffen kann. Um seiner Verantwortung gegenüber dem Rat und den Bürgern gerecht werden zu können, weist die Gemeindeordnung dem Bürgermeister zur Verwaltungs- und Bedienstetenführung folgende Rechte zu:

– das Recht zur Regelung der inneren Organisation der Gemeindeverwaltung, d. h. der Geschäftsleitung und Verteilung nach den Richtlinien des Rates, z. B. durch Besetzung der Ämter sowie den Erlass von Dienstanweisungen und Arbeitsanordnungen (§§ 41 Abs. 1 lit. a, 62 Abs. 1 Satz 2 und 3 GO NRW);

– das personalrechtliche Entscheidungsrecht für Gemeindebedienstete nach Maßgabe des § 74 Abs. 1 GO NRW. Vorbehaltlich einer anderen Regelung in der Hauptsatzung trifft der Bürgermeister die beamten-, arbeits- und tarifrechtlichen Entscheidungen. Arbeitsverträge und beamtenrechtliche Urkunden werden deshalb unter Geltung der Bürgermeisterverfassung allein vom Bürgermeister unterzeichnet;

– die Funktion als Dienstvorgesetzter aller Bediensteten der Gemeindeverwaltung (Beamte, Angestellte und Arbeiter) gemäß § 73 Abs. 2 GO NRW i. V. m. § 3 Abs. 4 LBG NRW (zuständig z. B. für Umsetzung, Urlaub, Nebentätigkeiten), als Disziplinarvorgesetzter der Gemeindebediensteten (zuständig für disziplinarische Maßnahmen, z. B. Verweis, Geldbuße, Entfernen aus dem Dienst);

– die Pflicht zur Beratung aller wichtigen Angelegenheiten im Verwaltungsvorstand nach Maßgabe des § 70 GO NRW;

– das Feststellungsrecht zum Entwurf der Haushaltssatzung (§ 79 Abs. 1 und 2 GO NRW);

– das Recht zur Beauftragung des Rechnungsprüfungsamtes nach Maßgabe des § 104 Abs. 1 GO NRW.

Der Rat hat im Verhältnis zur Verwaltungsleitung des Bürgermeisters zwar nur begrenzte, aber durchaus sehr gewichtige Rechte. Ihm obliegt z. B. das Recht zur Festlegung der Grundzüge, nach denen die Verwaltung geführt werden soll, oder das Recht zur Wahl und Festlegung der Geschäftskreise der Beigeordneten (§§ 40 Abs. 1, 73 Abs. 1 GO NRW). Er kann sich – sehr weitgehende – personalrechtliche Entscheidungen nach Maßgabe des § 74 Abs. 1 GO NRW vorbehalten sowie übertragene oder dem Bürgermeister zugewiesene Aufgaben „zurückholen" (§ 41 Abs. 3 GO NRW).

3. Beigeordnete – Verwaltungsvorstand

Zur Unterstützung des Bürgermeisters bei der Verwaltungsleitung können – in Gemeinden ab ca. 10.000 Einwohnern – vom Rat auf die Dauer von acht Jahren Beigeordnete gewählt werden, deren Anzahl in der Hauptsatzung festgelegt wird (§ 71 Abs. 1 GO NRW).

Die Beigeordneten sind als kommunale Wahlbeamte hauptamtlich tätig und müssen die für ihr Amt erforderlichen fachlichen Voraussetzungen erfüllen und eine ausreichende Erfahrung für das Amt nachweisen.[9]

Den Beigeordneten wird durch den Rat ein bestimmter Geschäftskreis (z. B. der Bau-, Schul- oder Sozialbereich) zugewiesen. In diesem Geschäftsbereich vertreten die Beigeordneten den Bürgermeister allgemein. Ungeachtet dieser Regelung verbleibt allerdings dem Bürgermeister das Recht, sich bestimmte Aufgaben aus dem Geschäftsbereich der Beigeordneten selbst vorzubehalten und die Bearbeitung einzelner Angelegenheiten selbst zu übernehmen (§ 62 Abs. 1 Satz 2 GO NRW).

Hat der Rat einen oder mehrere Beigeordnete bestellt, so bilden sie zusammen mit dem Bürgermeister, dem Kämmerer oder dem für das Finanzwesen zuständigen Beamten den Verwaltungsvorstand, in dem der Bürgermeister den Vorsitz führt.

Zur Erhaltung der Einheitlichkeit der Verwaltung ist der Bürgermeister verpflichtet, regelmäßig den Verwaltungsvorstand zur gemeinsamen Beratung einzuberufen. Er wirkt insbesondere mit bei

– den Grundsätzen der Organisation und der Verwaltungsführung (Erstellung von Geschäftsverteilungs-, Organisations- und Stellenplänen),
– der Planung von Verwaltungsaufgaben mit besonderer Bedeutung,
– der Aufstellung des Haushaltsplanes – unbeschadet der Rechte des Kämmerers,
– den Grundsätzen der Personalführung und Personalverwaltung (§ 70 Abs. 2 GO NRW).

Bei Meinungsverschiedenheiten entscheidet der Bürgermeister. Die Beigeordneten sind berechtigt, ihre abweichende Meinung in Angelegenheiten ihres Geschäftsbereiches dem Hauptausschuss vorzutragen. Dieses haben sie dem Bürgermeister vorab mitzuteilen (§ 70 Abs. 3 und 4 GO NRW).

4. Die Vertretung der Gemeinde durch den Bürgermeister

Die Gemeindeordnung bestimmt den Bürgermeister zum – alleinigen – gesetzlichen Vertreter der Gemeinde in allen Rechts- und Verwaltungsgeschäften. Damit steht ihm – unabhängig von den Entscheidungsbefugnissen des Rates und der Ausschüsse – die Befugnis zu, gegenüber Dritten mit Wirkung für und gegen die Gemeinde zu handeln. Soweit der Bürgermeister folglich im allgemeinen Rechtsverkehr Erklärungen für die Gemeinde abgibt (z. B. bei Vertragsabschlüssen) oder entsprechende Handlungen im Rahmen der Umsetzung von Ratsentscheidungen oder im Rahmen von laufenden Geschäften vornimmt (Erlass von Bescheiden), sind diese für die Gemeinde rechtsverbindlich (§ 63 Abs. 1 Satz 1 GO NRW).

---

9 vgl. im Einzelnen § 71 GO NRW

Die Gemeindeordnung stellt allerdings im Hinblick auf die Abgabe von Erklärungen und den Abschluss von Verträgen – je nach der Bedeutung des Rechtsgeschäftes – weitergehende formelle Voraussetzungen (z. B. das Schriftformerfordernis oder die gemeinsame Vertretung) auf (§ 64 GO NRW). Sonderregelungen gelten beispielsweise auch im Rahmen arbeitsvertraglicher oder beamtenrechtlicher Vorgänge (§ 74 Abs. 3 GO NRW).

Eine besondere Regelung trifft die Gemeindeordnung bei der Befugnis zur Vertretung der Gemeinde in Organen von juristischen Personen oder Personenvereinigungen (§ 113 Abs. 2 und 3 GO NRW).

Es bleibt grundsätzlich dem Ermessen des Rates überlassen, welche Personen die Gemeinde in Organen oder sonstigen Gremien von juristischen Personen oder Personenvereinigungen, insbesondere Unternehmen, vertreten soll. Sofern allerdings zwei oder mehr Gemeindevertreter zu bestellen sind, muss zwingend der Bürgermeister oder ein von ihm vorgeschlagener Beamter oder Angestellter der Gemeinde zu den Vertretern zählen (§ 113 Abs. 2 Satz 2 und Abs. 3 Satz 3 GO NRW).

Die Bestellung der gemeindlichen Vertreter ist nach den Grundsätzen der Verhältniswahl gemäß § 50 Abs. 4 GO NRW vorzunehmen.

Für den Fall des vorzeitigen Ausscheidens eines Bestellten oder Vorgeschlagenen regelt § 50 Abs. 4 Satz 2 GO NRW, dass der Nachfolger für die restliche Zeit durch Mehrheitswahl bestimmt wird.[10]

5. Die Vertretung des Bürgermeisters in seiner Funktion als Verwaltungsleiter

Im Unterschied zur Stellvertretungsregelung im Rahmen seiner Aufgaben als Ratsvorsitzender und Repräsentant der Gemeinde, bei denen der Bürgermeister im Verhinderungsfall durch ehrenamtliche Ratsmitglieder vertreten wird, erfolgt die Stellvertretung – auch als „Vertretung im Amt" bezeichnet – in der Funktion als Verwaltungsleiter durch Mitarbeiter der hauptamtlichen Verwaltung.

Zum allgemeinen Vertreter des Bürgermeisters bestellt der Rat in größeren Gemeinden (ab ca. 10.000 Einwohnern) einen Beigeordneten.

Sind mehrere Beigeordnete gewählt, so sind die übrigen Beigeordneten zur allgemeinen Vertretung des Bürgermeisters nur dann berufen, wenn der zur allgemeinen Vertretung bestellte Erste Beigeordnete verhindert ist. Die Reihenfolge bestimmt der Rat (§ 68 Abs. 1 GO NRW).

In kleineren Gemeinden, in denen in der Regel kein Beigeordneter gewählt wird, übernimmt durch entsprechenden Ratsbeschluss ein Laufbahnbeamter – häufig der Hauptamtsleiter – die allgemeine Vertreterfunktion (§ 68 Abs. 1 GO NRW).

---

10 zum wechselnden Stimmrecht des Bürgermeisters vgl. Kleerbaum/Sommer/Venherm, „Der (Ober-) Bürgermeister/Landrat in Nordrhein-Westfalen", 1. Aufl. 2003, S. 34f.

Die Stellung des Bürgermeisters in Rat und Verwaltung

(Ober-)Bürgermeister

Vorsitzender des Rates	Leiter der Verwaltung
Repräsentant des Rates	**Rechtlicher Vertreter der Gemeinde**
Vertretung:	**Vertretung:**
stellvertretende Bürgermeister (ehrenamtliche Ratsmitglieder)	(Erster) Beigeordneter bzw. Verwaltungsmitarbeiter als „allgemeiner Vertreter"
Aufgaben:	**Aufgaben:**
→ Sitzungsleitung → Widerspruchsrecht gegenüber Rats- und Ausschussbeschlüssen aus Gemeinwohlinteresse → Repräsentanz/Vertretung des Rates und der Bürgerschaft	→ Leitung der Verwaltung, Verteilung und Erledigung der Geschäfte im Rahmen der vom Rat bzw. der GO NRW vorgegebenen Grundsätze (Organisations-/Personalhoheit) → Pflicht zur Vorbereitung der Rats- und Ausschussentscheidungen und deren Umsetzung → Beanstandungspflicht bei rechtswidrigen Beschlüssen
Stellung:	**Stellung:**
→ Vorsitz im Rat – kein Ratsmitglied → Eingeschränkte) Stimmrecht → Vorsitz und Stimmrecht im Hauptausschuss → Keine Mitgliedschaft in weiteren Ausschüssen	→ Kommunaler Wahlbeamter → Dienst- / Disziplinarvorgesetzter der Verwaltungsmitarbeiter → Vorsitz im Verwaltungsvorstand

Beispiel für die Verwaltungsgliederung einer mittleren kreisangehörigen Gemeinde (Stadt)

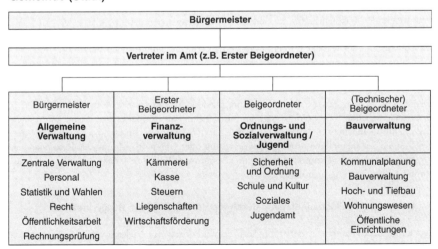

Quelle: „Kommunalverfassung NW", Eckhardt/Kleerbaum/Klieve, KPV-Bildungswerk e.V. (Hrsg.), 1. Aufl. 1999, S. 110

Klaus-Viktor Kleerbaum

IV. Stellung des Bürgermeisters im kommunalpolitischen Entscheidungsprozess

Die starke Stellung des Bürgermeisters aufgrund seiner unterschiedlichen Funktionen als Ratsvorsitzender, Repräsentant und Verwaltungsleiter sowie rechtlicher Vertreter der Gemeinde verleiht ihm auch im kommunalpolitischen Entscheidungsprozess eine wesentliche, wenn nicht sogar die wichtigste Rolle. Seine Funktionen – ergänzt um eigene Fähigkeiten und Qualifikationen – versetzen ihn in die Lage, politische Prozesse vor Ort in der Vorbereitungs-, Entscheidungs- und Ausführungsphase in Gang zu setzen und zu steuern. Im Verhältnis zum Rat erhält er durch die Direktwahl zudem eine wesentlich unabhängigere Stellung. Ob und inwieweit er sich – wie früher der ehrenamtliche Bürgermeister – in parteipolitische Konzeptionen und Vorgaben „seiner Fraktion" einbindet, bleibt seiner eigenen Entscheidung vorbehalten. Auch insoweit hat er eine – wenn auch oftmals begrenzte – Unabhängigkeit von parteipolitischen Vorgaben. Gestärkt wird seine Position auch dadurch, dass es ihm unbenommen ist, für seine Vorhaben entsprechende Mehrheiten im Rat zu suchen oder über die Bürgerschaft entsprechenden Druck auf die Fraktionen auszuüben.

Andererseits hat er immer auch die gesamtpolitische Situation zu berücksichtigen. Aufgrund der rechtlichen Möglichkeiten kann die Mehrheit im Rat dem Bürgermeister nach wie vor „Daumenschrauben" anlegen.

Dennoch kann der Bürgermeister mehr denn je politikgestaltend wirken, weil er aufgrund des erheblichen Wissensvorsprunges seiner Fachleute in der Verwaltung und dem eigenen stetigen Bürgerkontakt die günstigste Ausgangsposition im kommunalpolitischen Entscheidungsprozess zur Entwicklung der Gemeinde vor Ort hat.

Hinzu kommt, dass es ihm aufgrund seines Wissens- und Informationsvorsprunges sowie ggf. seines strategischen und taktischen Geschickes obliegt, die maßgeblichen Spitzenpolitiker, Fraktionen, die Ratsmehrheit oder auch die Bürgerschaft für sein Anliegen zu gewinnen.

Ob bzw. wann oder wie der Bürgermeister in den kommunalpolitischen Beratungs- und Entscheidungsprozess eingreift oder ihn zielgerichtet auslöst, hängt jeweils von seiner politischen Zielsetzung ab.

Der Prozess ist in zwei wesentliche Teile untergliedert: Er umfasst einerseits das Initiativrecht, d. h. die Möglichkeit, ein bestimmtes kommunales Problem zum Gegenstand einer politischen Entscheidung machen zu können, und andererseits das formalistische Verfahren nach den Regelungen der Gemeindeordnung, Hauptsatzung oder Geschäftsordnung des Rates, das den Umgang mit einem bestimmten Antrag, einer bestimmten Beschlussvorlage mit anschließender formaler Entscheidung beinhaltet.

1. Kommunalpolitische Initiativen durch die Verwaltung (den Bürgermeister)

Der kommunalpolitische Entscheidungsprozess wird durch eine Vielzahl von Interessen unterschiedlicher Personen und Personengruppen beeinflusst, so dass sich die Entscheidung selbst letztendlich als Abwägungsergebnis unterschiedlicher Interessenlagen darstellt.

Ausgangspunkt für politische Initiativen sind die Interessen von Bürgern, Verbänden, Vereinen, Unternehmen, Medien oder Parteien sowie die Interessen der „Selbstverwaltungsträger" (Rat, Ausschüsse, Fraktionen, einzelne Ratsmitglieder, Bürgermeister, Verwaltung). Alle Personen und Personengruppen haben dabei regelmäßig die gemeinsame Zielvorgabe, insoweit Einfluss zu nehmen, als sich die Selbstverwaltungsgremien mit einer bestimmten Problemlage auseinandersetzen und Entscheidungen mit einem „interessengerechten Ergebnis" treffen sollen. Das wiederum setzt voraus, dass in der Regel ein zu behandelnder Antrag in die Ausschuss- und Ratsgremien einzubringen ist, der das formalisierte Verfahren „Antrag – Beschlussvorlage – Entscheidung – Umsetzung der Entscheidung durch die Verwaltung" in Gang setzt.

Das frühzeitige „Erkennen" von örtlichen Problemstellungen und zukunftsorientierten Entwicklungen, das „Besetzen" dieser Felder sowie deren Lösung ist wesentliche Aufgabe der Kommunalpolitik.

Aufgrund des Wissens- und Informationsvorsprunges der Verwaltung, der durch die Nähe zum Bürger, durch verwaltungsinterne Kontakte zu Aufsichts- und Bewilligungsbehörden und Rechtskenntnisse gekennzeichnet ist, kommt der Verwaltung und somit dem Bürgermeister eine besondere Rolle als „Initiativkraft" im Rahmen des kommunalpolitischen Prozesses vor Ort zu.

In der Praxis führt dies dazu, dass die weit überwiegende Zahl der Initiativen vom Fach- und Sachverstand der hauptamtlichen Verwaltung ausgeht. Mehr als 90 % aller kommunalpolitischen Entscheidungen werden auf Initiative der Verwaltung getroffen.

2. Beratungsprozess durch Vorentscheider

In wichtigen kommunalpolitischen Angelegenheiten erfolgt regelmäßig ein umfassender verwaltungsinterner Klärungsprozess, in dem sog. Vorentscheider, insbesondere der Bürgermeister und seine Verwaltungsfachleute ggf. unter Einbindung politischer Meinungsführer, die Situation vorberaten und ggf. auch vorentscheiden. Der verwaltungsinterne Klärungsprozess umfasst dabei je nach Bedeutung der konkreten Angelegenheit die Vorberatung in verwaltungsinternen Arbeitsgruppen oder Dienstbesprechungen mit dem Bürgermeister und ggf. weiterer kommunalen Spitzenbeamten, die Hinzuziehung von Gutachtern oder sonstigen Sachbearbeitern oder aber auch die Einbindung anderer kommunaler (Aufsichts-) Behörden, um Rechts-, Finanz- oder Planungsfragen vorab zu klären.

Der Klärungsprozess erhält deshalb eine besondere Bedeutung, weil Alternativen entwickelt und ggf. verworfen werden und das Ergebnis des Prozesses letztlich regelmäßig in einer formalen Beschlussvorlage für die kommunalpolitischen Gremien endet. Zudem hat er eine Filterwirkung im Hinblick auf die Lösung von anstehenden Problemen.

In der Praxis erfolgt die verwaltungsmäßige Vorbereitung einer wichtigen kommunalpolitischen Entscheidung in der Regel im Verwaltungsvorstand, in dem neben dem Bürgermeister, die Beigeordneten und der zuständige Kämmerer – soweit er nicht selbst bereits Beigeordneter ist – vertreten sind. Der Verwaltungsvorstand tagt unter Vorsitz des Bürgermeisters im regelmäßigen Turnus, um die „Politik der Verwaltung" abzustimmen.

Bei bedeutsamen Angelegenheiten wird die Verwaltung in diesem Stadium des Beratungsprozesses ggf. auch auf die politischen Meinungsführer innerhalb der Fraktionen (Fraktionsvorsitzende, stellvertretende Bürgermeister etc.) zurückgreifen.

Den Meinungsführern in den Fraktionen kommt dabei eine zentrale Stellung im Informationsfluss zwischen Rat und Bürgermeister zu. In wichtigen kommunalpolitischen Angelegenheiten bezieht sie der Bürgermeister deshalb oftmals schon in den verwaltungsinternen Klärungsprozess mit ein, um das gemeinsam erarbeitete Ergebnis in den Fraktionen „mehrheitsfähig" machen zu können.[11]

Im Rahmen des kommunalpolitischen Entscheidungsprozesses spielt der verwaltungsinterne Klärungsprozess unter Einbindung der Vorentscheider auch insoweit eine wesentliche Rolle, als er den zeitlichen Aufwand für die Vorbereitung politischer Entscheidungen erheblich reduziert.

Dabei ist zu beachten, dass der Prozess oftmals auch nur zu einer sog. „Nichtentscheidung" führen kann, so dass erst gar keine Beratung im Rat oder in den Ausschüssen stattfindet.

Je nach dem Verhältnis des Bürgermeisters zu den einzelnen Fraktionen und stellvertretenden Bürgermeistern vor Ort findet darüber hinaus oftmals ein regelmäßiger „informeller" Gedankenaustausch im sog. „Ältestenrat" oder auf dem „kurzen Dienstweg" statt. In vielen Gemeinden nimmt der Bürgermeister auch regelmäßig an den Sitzungen „seiner Fraktion" teil, um den aktuellen Informationsaustausch sicherzustellen.

3. Formelles Beschlussverfahren

Das formelle Beratungs- und Entscheidungsverfahren (Antrag – Beschlussvorlage – Beratung – Entscheidung) wird maßgeblich durch die Verwaltung bestimmt.

Aufgrund ihrer Fachkompetenz und Aufgabenstellung nimmt dabei oftmals die Verwaltung durch den Bürgermeister bzw. die Beigeordneten von sich aus die Initiative wahr, indem sie eigene Vorlagen und Anträge erarbeitet oder im laufenden Geschäftsbetrieb auftragsgemäß für den Rat und dessen Ausschüsse erstellt.

Im Rahmen der Sitzungsvorbereitung trägt die Verwaltung letztendlich dafür Sorge, dass die Anträge an die zuständigen Stellen weitergeleitet werden, wobei die Verwaltung in der Regel durch ihre Fachämter zu den einzelnen Anträgen entsprechende Beschlussvorlagen erstellt, die mit weiteren Informationen (z. B. Stellungnahmen von Behörden, Bürgern, Fachleuten) und einem Beschlussvorschlag versehen sind, damit die Rats- und Ausschussmitglieder umfassend informiert werden und auf der Grundlage der konkreten Verwaltungsvorlage beraten und entscheiden können.

Insoweit obliegt der Verwaltung bei der Sitzungsvorbereitung eine umfassende Informations- und Koordinationspflicht, zumal die Vorbereitungshandlung auch mit dem Bürgermeister bzw. dem (Ausschuss-) Vorsitzenden, der die Sitzung einberuft, abgestimmt werden müssen. For-

---

11 vgl. zum Ganzen Kleerbaum/Klieve, „Die Fraktion und ihre Mitglieder", 1. Aufl. 1998, KPV-Bildungswerk (Hrsg.)

melle Vorgaben für die Verwaltungsmitarbeiter werden regelmäßig in der „Dienstanweisung über die Vorbereitung und Durchführung der Sitzung des Rates und der Ausschüsse" durch den Bürgermeister erlassen.

Weil die Beratung aller kommunalpolitischen Angelegenheiten durch den Rat schon aus zeitlichen Gründen nicht möglich ist, sieht die Gemeindeordnung die Bildung von entsprechenden Ausschüssen vor, die die Angelegenheiten des Rates vorberaten und teilweise auch eigene Entscheidungsbefugnisse besitzen.

Das Verfahren in den Rats- und Ausschusssitzungen erfolgt – wie der gesamte Beratungs- und Entscheidungsprozess – nach festgelegten Regelungen der Gemeindeordnung, Hauptsatzung und Geschäftsordnung des Rates, in denen die einzelnen Rechte und Pflichten der Beteiligten und auch die verfahrensrechtlichen Grundlagen (von der Einberufung der Sitzung über die Sitzungsleitung, die Abhandlung der Tagesordnung sowie die entsprechende Niederschrift) dargelegt sind.

Die inhaltliche Entscheidung über den jeweiligen Tagesordnungspunkt ist u. a. von der Nachvollziehbarkeit der konkreten Verwaltungsvorlagen abhängig.

In der Praxis werden mehr als 95 % aller Beschlüsse im Rat bzw. in den Ausschüssen einstimmig gefasst.

Auf der Grundlage der Vorberatungen in den Ausschüssen erfolgt schließlich in den wichtigen kommunalpolitischen Angelegenheiten eine Entscheidung in der Ratssitzung, deren Umsetzung wiederum der Verwaltung unter Leitung des Bürgermeisters obliegt.

Die kommunalen Gremien haben wiederum die Aufgabe, die ordnungsgemäße Ausführung der Beschlüsse durch entsprechende Nachfragen, Wahrnehmung des Akteneinsichtsrechtes oder des Rechtes auf Information und Berichterstattung zu kontrollieren.

**Entscheidungsprozess in der kommunalen Selbstverwaltung im Überblick
(Willensbildung und Entscheidungsfindung)**

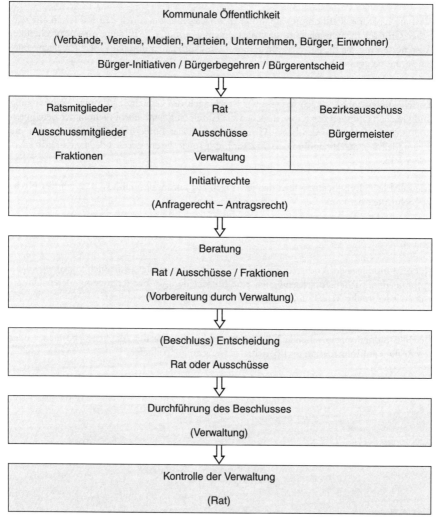

Kommunale Öffentlichkeit

(Verbände, Vereine, Medien, Parteien, Unternehmen, Bürger, Einwohner)

Bürger-Initiativen / Bürgerbegehren / Bürgerentscheid

Ratsmitglieder	Rat	Bezirksausschuss
Ausschussmitglieder	Ausschüsse	Bürgermeister
Fraktionen	Verwaltung	

Initiativrechte

(Anfragerecht – Antragsrecht)

Beratung

Rat / Ausschüsse / Fraktionen

(Vorbereitung durch Verwaltung)

(Beschluss) Entscheidung

Rat oder Ausschüsse

Durchführung des Beschlusses

(Verwaltung)

Kontrolle der Verwaltung

(Rat)

Quelle: „Gemeinde- und Kreisordnung Nordrhein-Westfalen", KPV-Bildungswerk (Hrsg.), Lübken/Kleerbaum, 1. Aufl. 2001, S. 30

D Der Rat und seine Mitglieder

Im Gegensatz zu Parlamenten, in denen die Betonung unterschiedlicher politischer Positionen zumeist im Vordergrund steht, ist die Entscheidungsfindung in kommunalen Räten auch heute noch in den meisten Feldern vom Streben nach Konsens geprägt. Einstimmigkeit von Rats- und Ausschussbeschlüssen ist daher immer noch das häufigste Abstimmungsergebnis.

Im Sinne einer optimalen Aufgabenerledigung in einer Gemeinde sollten die Verwaltung und der Rat insgesamt einen Weg der vertrauensvollen Zusammenarbeit auch über Parteigrenzen hinweg finden. Ob hierfür die Hinwendung zu einem System urgewählter Bürgermeister hilfreich war oder eher ein Störfaktor ist, wird sich noch erweisen müssen. „Sonnenkönige" gab es auch schon zu Zeiten der Stadt- und Gemeindedirektoren, aber die für eine Wiederwahl entscheidende Akzeptanz des neuen Bürgermeisters durch die Bürgerinnen und Bürger und die hierfür regelmäßig erforderliche Unterstützung durch eine Partei drängen diesen oft stärker zu einer parteilichen Profilierung, als dies bei vom Rat gewählten Gemeinde- oder Stadtdirektoren der Fall war.

I. Die Zuständigkeit des Rates

1. Der Rat als oberstes Gemeindeorgan

Der Rat ist nach der Gemeindeordnung das oberste Verwaltungsorgan einer Gemeinde. So oblag es bis 1994 ausschließlich ihm, die Bürgerschaft zu vertreten, nach deren Willen die Gemeinde verwaltet werden soll. Dies ist eine entscheidende Ausprägung der verfassungsrechtlich garantierten kommunalen Selbstverwaltung. Die unmittelbare Legitimation des Rates durch eine freie und allgemeine Wahl gehört dabei zu den Grundlagen des demokratischen Staatsaufbaus. Mit der im Jahr 1994 in Kraft getretenen Reform der Gemeindeordnung steht nun ein ebenfalls unmittelbar vom Wahlvolk gewählter Bürgermeister an seiner Seite und vertritt mit ihm gemeinsam die Bürgerschaft.

Die wichtigsten Entscheidungen zur Verwaltung der Gemeinde sind dem Rat vorbehalten. Nach § 41 GO NRW ist der Rat sogar grundsätzlich für alle Angelegenheiten der Gemeindeverwaltung zuständig, soweit in der Gemeindeordnung keine andere Regelung getroffen wurde. Diese Allzuständigkeit des Rates ist durch die Gemeindeordnung aber sehr differenziert ausgeprägt. So enthält das Gesetz einen Katalog von besonders wichtigen Entscheidungen, die der Rat grundsätzlich selber treffen muss, wie z. B. Beschlüsse über Satzungen, den Haushalts- und Stellenplan, abschließende Entscheidungen in Bauleitplanverfahren und wichtige Personalentscheidungen wie die Wahl von Beigeordneten oder die Bestellung des Leiters und der Prüfer des Rechnungsprüfungsamtes. Ansonsten ist es ihm freigestellt, Entscheidungskompetenzen auf Ausschüsse oder den Bürgermeister zu übertragen. Mit der grundlegenden Novellierung der Gemeindeordnung 1994 wurde der Katalog um einiges reduziert, um den Räten mehr Freiheit für Delegationen und damit schnellere Entscheidungswege einzuräumen.

Sinnvollerweise wird ein Rat zu Beginn seiner Amtszeit einen grundlegenden Beschluss zur Arbeit und Zuständigkeit von Ausschüssen und sonstigen Gremien fassen. Hierbei ist es insbesondere wichtig, zu einer klaren Abgrenzung von Aufgaben zu kommen und Doppelbehandlungen ein und desselben Themas in unterschiedlichen Gremien im Sinne einer effizienten Arbeit, oder aber Streit um die Kompetenzen unterschiedlicher Gremien, nach Möglichkeit zu vermeiden.

2. Geschäfte der laufenden Verwaltung und das Rückholrecht des Rates

Geschäfte der laufenden Verwaltung gelten nach § 41 Abs. 3 GO NRW im Namen des Rates als auf den Bürgermeister übertragen, sofern dieser nicht sich oder einem Ausschuss für bestimmte Geschäfte oder einen Einzelfall die Entscheidung vorbehält. (Nachträgliches Rückholen?)

Die Abgrenzung dessen, was als ein solches Geschäft ohne Beteiligung des Rates und seiner Ausschüsse erledigt werden kann, ist nicht immer einfach und führt gelegentlich zu Auseinandersetzungen zwischen Rat (oder Teilen des Rates) und Bürgermeister. Kennzeichnend für Geschäfte der laufenden Verwaltung ist deren häufiges Vorkommen, also z. B. die Erteilung von Genehmigungen, die Erstellung von Abgabebescheiden oder die Beschaffung von Verwaltungsmitteln im üblichen Umfang. Mehr Klarheit vermag auch hier eine Zuständigkeitsordnung zu bringen, in der für abstrakte Gruppen von Aufgaben Wertgrenzen als Abgrenzungskriterium durch den Rat festgelegt werden können. So kann dieser die Vergabe von Aufträgen ab einer bestimmten Summe, die je nach Gemeindegröße unterschiedlich hoch sein wird, einem Ausschuss übertragen oder sich selbst vorbehalten.

Eine besondere Regelung für die Abgrenzung der Aufgaben zwischen dem Rat und dem Bürgermeister für Personalentscheidungen enthält § 74 GO NRW. Diese weist das Gesetz zwar im Grundsatz dem Bürgermeister zu, es enthält aber zugleich die Ermächtigung des Rates, eine andere Regelung in der Hauptsatzung zu treffen. Soweit von dieser Regelung Gebrauch gemacht wird, erfolgt dies häufig in Form einer Festlegung, dass Einstellungen oder Beförderungen ab einer gewissen Besoldungsstufe oder für bestimmte Aufgaben durch den Rat selbst oder einen Ausschuss erfolgen. Keinen Einfluss hat ein Rat jedoch auf die Frage, welcher Mitarbeiter welche konkrete Arbeit macht. Hier hat das Direktionsrecht des Bürgermeisters als Vorgesetzter aller Mitarbeiterinnen und Mitarbeiter der Verwaltung den Vorrang.

Entscheidungen, die einem Ausschuss oder dem Bürgermeister übertragen wurden, kann der Rat im Einzelfall wieder an sich ziehen und selbst entscheiden. Dies gilt auch dann, wenn eine Entscheidung bereits getroffen wurde. Soweit die Delegation durch eine Satzung (z. B. die Hauptsatzung) erfolgte, bedarf es aber hierzu zunächst des formellen Verfahrens zur Änderung dieser Satzung, es sei denn, in der Satzung ist ein solches Rückholrecht im Einzelfall bereits abgesichert.

3. Hauptsatzung und Geschäftsordnung

Zu den wichtigsten Aufgaben des Rates gehört der Erlass von Satzungen. Eine besondere Rolle spielt hierbei die Hauptsatzung, zu deren Erlass jede Gemeinde nach § 7 Abs. 3 GO NRW verpflichtet ist und die nur mit der qualifizierten Mehrheit der gesetzlichen Anzahl der Ratsmitglieder geändert werden kann. An zahlreichen Stellen verweist die Gemeindeordnung auf diese Hauptsatzung wenn es darum geht, grundlegende Entscheidungen zu treffen. Dabei ist der Rat teilweise verpflichtet, solche Regelungen zu treffen, teilweise stellt die Gemeindeordnung ihm dies in der Sache frei, bestimmt aber die Hauptsatzung zum Regelungsort. So ist in ihr beispielsweise die Einteilung des Gemeindegebietes in Bezirke zu regeln, wenn der Rat von der Möglichkeit der Bildung von Bezirksausschüssen oder der Bestellung von Ortsvorstehern nach § 39 GO NRW Gebrauch machen will. In der Hauptsatzung ist auch das Verfahren für die Behandlung von Anregungen und Beschwerden nach § 24 GO NRW zu regeln, ebenso ein Abweichen von der gesetzlichen Regelung des § 74 GO NRW für die dort beschriebenen Personalentscheidungen. Zentrale Bedeutung hat die Hauptsatzung auch für finanzielle Aspekte der Mandatsausübung, da in ihr die Art der Aufwandsentschädigung (nur Pauschale oder Pauschale und Sitzungsgeld), die maximale Höhe des zu gewährenden Verdienstausfalls und der Regelstundensatz sowie die Erstattung von Kosten für Kinderbetreuung, eine mögliche Begrenzung der Anzahl von Fraktionssitzungen für die Sitzungsgelder gezahlt werden, und die Frage, ob auch für die Sitzungen anderer Gremien als denen des Rates, seiner Ausschüsse und der Fraktionen solche Sitzungsgelder gezahlt werden sollen (§ 45 GO NRW).

Weiterhin sind in der Hauptsatzung Regelungen für die nach § 27 GO NRW zu bildenden Ausländerbeiräte, insbesondere deren Größe oder deren freiwillige Einrichtung, zu treffen und die Form der öffentlichen Bekanntmachungen zu konkretisieren, zu denen die Gemeinde z. B. bei Satzungen oder der Einladung zu einer Ratssitzung verpflichtet ist (§ 7 Abs. 5 GO NRW in Verbindung mit § 4 Abs. 2 der Bekanntmachungsverordnung). Und nicht zuletzt bedarf das in § 55 Abs. 2 GO NRW vorgesehene Akteneinsichtsrecht der Ausschussvorsitzenden der Konkretisierung in der Hauptsatzung.

Auch die Festlegung der Anzahl der Beigeordneten, die gewählt werden sollen, muss in der Hauptsatzung erfolgen (§ 71 Abs. 1 GO RW).

Auch wenn die Geschäftsordnung formal nicht den Rang einer Satzung hat, regelt sie doch zentrale Punkte für die Arbeit des Rates und seiner Ausschüsse. So sind hier insbesondere die Einladungs- und Antragsfrist für Ratssitzungen, die Form der Einladung, Abgrenzungen für Angelegenheiten, über die in nichtöffentlicher Sitzung beraten wird, Redezeiten, Regelungen zum Fragerecht der Ratsmitglieder, Maßnahmen zur Ordnung des Sitzungsverlaufes, Bestimmungen über das Abfassen der Niederschrift sowie Formalien zur Bildung von Fraktionen festzulegen. Auch die Frist, binnen derer ein Fünftel der Ausschussmitglieder gegen einen Beschluss desselben Einspruch einlegen können, ist nach § 57 Abs. 4 in der Geschäftsordnung zu regeln. Durch die Geschäftsordnung kann Ausschussmitgliedern auch das Recht eingeräumt werden, an den nichtöffentlichen Teilen einer Ratssitzung teilzunehmen (§ 48 Abs. 4 GO NRW).

Sowohl für die Geschäftsordnung als auch für die Hauptsatzung haben die kommunalen Spitzenverbände Muster entwickelt, die hier eine gute Orientierung geben.

4. Der Sonderfall der dringlichen Entscheidungen

Eine die normalen Zuständigkeitsregeln durchbrechende Vorschrift enthält die Gemeindeordnung für die in § 60 vorgesehenen dringlichen Entscheidungen. Hiernach kann der Hauptausschuss anstelle des Rates entscheiden, wenn dessen Einberufung nicht rechtzeitig möglich ist. Dabei ist jedoch die Möglichkeit einer Sondersitzung stets zu prüfen und nicht nur auf die möglicherweise in einer Jahresplanung festgelegten Sitzungstermine des Rates abzuheben.

Der zweite Fall der dringlichen Entscheidung durch den Bürgermeister und ein Ratsmitglied darf nur beschritten werden, wenn auch der Hauptausschuss nicht rechtzeitig einberufen werden kann und durch einen Aufschub der Entscheidung erhebliche Nachteile oder Gefahren entstehen könnten. In der Praxis hat es sich eingebürgert, dass in diesen eher seltenen Ausnahmefällen der Bürgermeister ein Ratsmitglied beteiligt, das der Opposition angehört. Rechtlich vorgeschrieben ist dies jedoch nicht. Eine zeitnahe Information über die Herbeiführung eines derartigen Dringlichkeitsbeschlusses an die Fraktionen oder den gesamten Rat sollte selbstverständlich sein.

5. Die Kontrolle der Verwaltung

Um seine Kontroll- und Überwachungsrechte gegenüber der hauptamtlichen Verwaltung wahrnehmen zu können, bedarf der Rat einer umfassenden Information. Hierzu enthält die Gemeindeordnung an unterschiedlichen Stellen Regelungen. So ist der Bürgermeister nach §§ 55 Abs. 1 und 62 Abs. 4 GO NRW gleich doppelt verpflichtet, den Rat über alle wichtigen Gemeindeangelegenheiten zu unterrichten. § 61 fordert die regelmäßige und frühzeitige Information des Hauptausschusses über die Planung der Verwaltungsaufgaben von besonderer Bedeutung, da diese der Beschlussfassung des Ausschusses unterliegen.

Nach § 55 Abs. 3 GO NRW obliegt dem Rat die Überwachung der Durchführung sowohl seiner als auch der Beschlüsse der Ausschüsse und des Ablaufs der Verwaltungsangelegenheiten. Diese Aufgabe wird in der Praxis oft nur unzureichend wahrgenommen. Strukturierte und auf der Basis von Computerdatenbanken funktionierende Systeme zur Beschlusskontrolle stellen gegenwärtig eher die Ausnahme dar. Gerade in dem Feld der Berichte bedarf die Zusammenarbeit von Rat und Verwaltung vielfach noch einer Neuausrichtung. Diese sollte sich an einer stärkeren Selbstständigkeit und der Übertragung von Entscheidungskompetenz auf die jeweils fachlich zuständige Verwaltungsorganisation orientieren, im Gegenzug aber ein wirksames, transparentes und überschaubares Berichtswesen zur Bedingung haben. Um zu erfahren, was zur Durchführung eines Rats- oder Ausschussbeschlusses seitens des Bürgermeisters und der Verwaltung veranlasst wurde, darf man ein Ratsmitglied nicht auf Anfragen aus eigener Initiative verweisen. Die Darlegung des entsprechenden Verwaltungshandelns muss zur Selbstverständlichkeit werden und dürfte im Zeitalter moderner Kommunikation für Mitglieder des Rates zu einer erheblichen Vereinfachung ihrer Aufgaben führen.

Als schärfstes Mittel der Kontrolle sieht die Gemeindeordnung unterschiedliche Möglichkeiten der Akteneinsicht vor. So haben Ausschussvorsitzende ein Recht zur Akteneinsicht in Angelegenheiten ihres Aufgabenbereichs (§55 Abs. 2 GO NRW).

Der Rat kann einem Ausschuss oder einzelnen beauftragten Mitgliedern das Recht zur Akteneinsicht nach § 55 Abs. 3 GO NRW einräumen, um seiner Pflicht zur Überwachung der Durchführung der Beschlüsse nachzukommen.

In Einzelfällen muss auch auf Beschluss des Rates oder auf Antrag eines Fünftels der Ratsmitglieder einem jeweils zu benennenden Ratsmitglied Akteneinsicht gewährt werden. Dies ermöglicht es auch der Opposition in einem Stadtrat Erkenntnisse zu bekommen, die ihr ansonsten vorenthalten würden. Das Recht auf Akteneinsicht auf Antrag eines Fünftels der Ratsmitglieder gehört zu den stärksten Minderheitenrechten der Gemeindeordnung.

Das Akteneinsichtsrecht bezieht sich im Grundsatz auf alle Vorgänge der Gemeindeverwaltung. Der Bürgermeister ist daher verpflichtet, alle Verwaltungsvorgänge zum jeweiligen Sachverhalt vollständig vorzulegen. Ein dem Verfahren bei parlamentarischen Untersuchungsausschüssen vergleichbarer Bereich „nicht ausforschbarer Willensbildung der Regierung" ist aufgrund der unterschiedlichen staatsrechtlichen Konstruktion, die den Rat als oberstes Verwaltungsorgan sieht, nicht denkbar.

II. Die Wahl der Ratsmitglieder

Die Mitglieder des Rates werden nach § 42 GO NRW in einer allgemeinen, unmittelbaren, freien, gleichen und geheimen Wahl für die Dauer von fünf Jahren gewählt[1]. Zu den näheren Verfahrensbestimmungen verweist die Gemeindeordnung auf das Kommunalwahlgesetz (KWahlG). Während das aktive Wahlrecht jedem Deutschen und jedem EU-Bürger, der das 16. Lebensjahr vollendet hat und seit mindestens drei Monaten seinen Hauptwohnsitz im Wahlgebiet hat, zusteht, muss man, um für den Rat zu kandidieren, das 18. Lebensjahr vollendet haben.

1. Die Größe der Räte

Die Anzahl der in einer Gemeinde zu wählenden Ratsmitglieder ist nach Einwohnerzahlen gestaffelt. Nach § 3 des Kommunalwahlgesetzes reicht sie von 20 Mitgliedern in Gemeinden mit bis zu 5000 Einwohnern bis zu 90 Mitgliedern in Städten mit mehr als 700.000 Einwohnern. Sie werden je zur Hälfte in Wahlbezirken und über die Reservelisten gewählt. Der Rat kann aber auch eine Verringerung der Anzahl um bis zu sechs Ratsmitgliedern beschließen, solange dabei die Mindestgröße von 20 nicht unterschritten wird.

2. Unvereinbarkeit des Ratsmandats (Inkompatibilität)

In § 13 KWahlG hat der Gesetzgeber noch eine Anzahl von Fällen geregelt, in denen eine Mitgliedschaft im Rat nicht zulässig ist. Dies gilt für Beamte und Angestellte der Gemeinde selbst, des Kreises oder eines Zweckverbandes, dem die Gemeinde angehört, und des Landes, soweit sie bei einer Behörde beschäftigt sind, die allgemeine oder fachaufsichtliche Aufgaben wahrnimmt. Auch leitende Angestellte von Gesellschaften, an denen die Gemeinde mehrheitlich beteiligt ist, fallen unter die Inkompatibilität.

---

1 Die Wahlzeit der am 26. September 2004 gewählten Räte wurde durch Gesetz bis zum 20. Oktober 2009 verlängert. Dies geschah insbesondere im Hinblick auf die teilweise sehr späten Schulferientermine.

3. Der Verlust des Ratsmandats

Ein Ratsmitglied verliert sein Ratsmandat durch Verzicht, Verlust der Wählbarkeit, beispielsweise durch den Wegzug aus der Gemeinde, oder auch den nachträglichen Eintritt der Unvereinbarkeit. Der Verzicht auf das Ratsmandat kann nur durch persönliche Erklärung zur Niederschrift gegenüber dem Wahlleiter oder dessen Beauftragten erfolgen (§ 38 KWahlG).

Keine Auswirkungen auf das Ratsmandat hat der Austritt aus einer Partei oder Fraktion. Das ausgeschiedene Ratsmitglied wird durch einen Vertreter aus der Reserveliste der Partei oder Gruppierung ersetzt, für die er bei der Wahl aufgetreten ist. Daran ändert auch ein zwischenzeitlicher Wechsel zu einer anderen Partei oder Gruppierung nichts. Bei der Besetzung des freigewordenen Mandats aus der jeweiligen Reserveliste bleiben Bewerber, die zwischenzeitlich die Partei oder Gruppierung verlassen oder auf ihre Anwartschaft verzichtet haben, unberücksichtigt.

III. Rechte und Pflichten der Ratsmitglieder

Die Arbeit der Ratsmitglieder, die nach § 43 GO NRW ihre Tätigkeit ausschließlich nach dem Gesetz und ihrer freien, nur durch die Rücksicht auf das öffentliche Wohl bestimmten Überzeugung erfüllen sollen und an Aufträge nicht gebunden sind, wird oft als vergleichbar mit der Funktion von Abgeordneten gesehen. Hier bestehen jedoch gravierende Unterschiede. So fehlt Ratsmitgliedern nicht nur der Schutz durch Immunität und Indemnität[2], sondern sie sind aufgrund ihrer Tätigkeit als Teil eines Verwaltungsorgans auch Amtsträger im strafrechtlichen Sinne. Dies ist durch aktuelle Rechtsprechung des Bundesgerichtshofes mittlerweile rechtlich weitestgehend anerkannt. In der Folge haben vor allem Fragen der Bestechlichkeit und Vorteilsnahme bei der Mandatswahrnehmung zu zahlreichen Diskussionen geführt. Hier ist den Stadt- und Gemeinderäten dringend zu empfehlen, für die Mandatsträger Klarheit durch möglichst präzise Antikorruptionskonzepte oder Ehrenordnungen zu schaffen.

1. Mitwirkungsrechte der Ratsmitglieder an der Arbeit des Rates

Die Gemeindeordnung regelt an unterschiedlichen Stellen die Mitwirkungsrechte der Ratsmitglieder. Selbstverständlich und nicht näher geregelt ist, dass jedes Ratsmitglied das Recht hat, sich an den Debatten im Rat zu beteiligen und an Abstimmungen teilzunehmen (soweit kein Ausschließungsgrund vorliegt, siehe unten). Auch Anträge zu den in der jeweiligen Tagesordnung behandelten Punkten kann jedes einzelne Ratsmitglied sowohl zur Sache als auch zum Verfahren stellen. Bei Anträgen auf Behandlung eines bestimmten Tagesordnungspunktes ist der Bürgermeister jedoch nicht verpflichtet diesen aufzunehmen. Eine solche Verpflichtung besteht nur für Anträge von Fraktionen oder eines Fünftels der Ratsmitglieder (§ 48 GO NRW). Gleichwohl ist es allgemeine Praxis, auch die Anträge einzelner Ratsmitglieder bei der Aufstellung der Tagesordnung zu berücksichtigen.

---

2 Immunität bedeutet den Schutz vor strafrechtlicher Verfolgung und Indemnität ist der Schutz vor gerichtlicher Verfolgung wegen der Mandatsausübung.

Die Aufnahme eines Antrages in die Tagesordnung stellt jedoch nicht sicher, dass über diesen auch in der Sache entschieden wird. Der Rat kann bei Eintritt in die Sitzung mit Mehrheit die Tagesordnung ändern und einzelne Punkte absetzen. Hierbei ist dem Antragsteller aber zumindest im Rahmen einer Geschäftsordnungsdebatte die Gelegenheit einzuräumen, sein Anliegen zu begründen.

2. Das Fragerecht der Ratsmitglieder

Inhalt und Umfang des Fragerechts der Ratsmitglieder ist nach § 47 GO NRW in der Geschäftsordnung zu regeln. Diese Regelung ist so zu verstehen, dass im Sinne eines geordneten Sitzungsverlaufs die Anzahl der Fragen oder die zeitliche Dauer eines entsprechenden Tagesordnungspunktes begrenzt werden können. Auch eine Regelung, nach der Anfragen mit bestimmten Fristen vor der Sitzung an den Bürgermeister zu richten sind, kann der Rat im Rahmen seiner Geschäftsordnungsautonomie treffen. Die Geschäftsordnung darf jedoch das gesetzlich jedem Ratsmitglied zustehende Fragerecht nicht derart einschränken, dass sein Sinn, die Information der Ratsmitglieder auf deren eigene Initiative sicherzustellen, nicht mehr erfüllt würde. Mit dem Recht der Ratsmitglieder Fragen zu stellen, korrespondiert die Pflicht des Bürgermeisters, diese wahrheitsgemäß, sachgerecht und zeitnah zu beantworten. Hier muss man die Verwaltungskraft der jeweiligen Gemeinde und den Umfang möglicher Fragen in ein ausgewogenes Verhältnis setzen.

3. Freistellungsrecht der Ratsmitglieder und Verdienstausfall

Die Gemeindeordnung regelt im Grundsatz die Freiheit der Mandatsausübung für Ratsmitglieder. So sichert sie zu, dass niemand gehindert werden darf sich um ein kommunales Mandat zu bewerben und es auszuüben. Insbesondere sind Benachteiligungen am Arbeitsplatz oder die Kündigung wegen der Bewerbung bzw. der Ausübung des Mandates unzulässig. Soweit es die Ausübung des Mandates erfordert, sind Ratsmitglieder von der Arbeit freizustellen. Diese als reine Konfliktnorm zwischen den Erfordernissen der Mandatsausübung und arbeitsvertraglichen Pflichten gedachte Regelung führt in Zeiten zunehmender Flexibilisierung von Arbeitszeiten schnell an Grenzen. Wo Kernarbeitszeiten, bei denen diese reine Kollisionsnorm greifen würde, zugunsten von flexiblen Arbeitszeitkonten zurückgefahren werden, wird es vor allem für Mandatsträger in großen Städten oder Kreisen, wo Sitzungen oft früh beginnen und lange dauern, schwer, das kommunale Ehrenamt mit den beruflichen Pflichten zu vereinen. Dies trifft insbesondere für herausgehobene Funktionen, wie stellvertretende Bürgermeister und Fraktions- oder Ausschussvorsitzende zu. Als weiteres Problem erweist sich in diesem Zusammenhang, dass die Verdienstausfallregelung in Nordrhein-Westfalen (§ 45 GO NRW) mögliche Nachteile der Ratsmitglieder nur unzureichend abdeckt. Zwar sieht das Gesetz für abhängig Beschäftigte eine Erstattung des Verdienstausfalls vor, der jedoch in den meisten Städten und Gemeinden durch eine restriktive Festsetzung des Höchstbetrages in der Hauptsatzung konterkariert wird. Die Festsetzung eines Höchstbetrages von 20 Euro pro Stunde und weniger gleicht kaum noch den Verdienstausfall eines durchschnittlichen Arbeitnehmers aus, da man die Kosten der Sozialversicherungsbeiträge berücksichtigen muss. Der Anspruch auf Verdienstausfallentschädigung kann auch an den Arbeitgeber abgetreten werden, so dass die Gemeinde diesem die entsprechenden Beträge überweist.

Bis zu einer besseren gesetzlichen Regelung dieses Sachverhaltes sollten die Räte die Festsetzung der Höchstsätze an den realen Gehaltskosten einschließlich der Sozialversicherungsbeiträge orientieren und ihre oft rigide Zurückhaltung aufgeben. Dem einzelnen Ratsmitglied bleibt nur die Möglichkeit, sich mit seinem Arbeitgeber über die Modalitäten zu verständigen und eine ausgewogene Individualregelung zwischen den Interessen der Mandatsausübung und denen des Arbeitgebers zu erzielen.

4. Entschädigung für die Mandatsausübung

Die Aufwandsentschädigung, die Rats- und Ausschussmitglieder für ihre ehrenamtliche Arbeit erhalten, wird seit 1994 durch eine Verordnung des Innenministers konkret festgesetzt und ist damit der Beschlussfassung der Räte entzogen. Damit wurde dem teilweise zu beobachtenden gegenseitigen Unterbietungswettbewerb bei den früher geltenden Höchstsätzen ein Riegel vorgeschoben. Dem Vorstoß einer Stadt, die Entschädigungen für Ratsmitglieder vor dem Hintergrund der finanziell schwierigen Lage der Kommunalfinanzen durch eine Ausnahmegenehmigung nach der Experimentierklausel (§ 126 GO NRW) zu reduzieren, wurde nach der einhelligen Ablehnung durch die kommunalen Spitzenverbände und die kommunalen Vereinigungen der Parteien vom Innenminister zu Recht nicht stattgegeben.

Die in der Entschädigungsverordnung geregelten monatlich oder je Sitzung zu zahlenden Beträge sind nach Gemeindegrößen gestaffelt[3]. Die Verordnung lässt den Räten eine Entscheidungsfreiheit in der Frage, ob nur eine Monatspauschale oder eine Kombination aus Monatspauschale und Sitzungsgeld gezahlt wird. Die Beträge wurden zuletzt zum 1. Januar 2002 angepasst. Die Gemeindeordnung sieht eine regelmäßige Anpassung dieser Aufwandsentschädigung auf der Basis der Preisentwicklung ausgewählter Waren und Leistungen im Preisindex für die Lebenshaltung aller privaten Haushalte vor. Dass der Gesetzeswortlaut nur von einer Anpassung nach Ablauf der Hälfte der Wahlzeit spricht, ist ein Redaktionsversehen. Aus den Gesetzesmaterialien ergibt sich eindeutig, dass auch eine Anpassung zu Beginn der jeweiligen Wahlperiode gewollt war. Insofern wird die nächste Anpassung zum 1. Januar 2005 erfolgen.

Sachkundige Bürger und sachkundige Einwohner erhalten ein Sitzungsgeld. Auch dieser Betrag ist nach Gemeindegrößen gestaffelt[4].

Für bestimmte Funktionen sehen die Gemeindeordnung und die Entschädigungsverordnung zusätzliche Aufwandsentschädigungen vor. So erhalten der erste Stellvertreter des Bürgermeisters und die Vorsitzenden von Fraktionen mit mehr als 10 Mitgliedern den 3-fachen Satz, Fraktionsvorsitzende kleinerer Fraktionen den 2-fachen Satz, die weiteren Stellvertreter des Bürgermeisters den 1,5-fachen Satz und stellvertretende Fraktionsvorsitzende, soweit für sie die Bedingungen des § 46 GO NRW erfüllt sind[5], den einfachen Satz. Hierbei werden jeweils die

---

3   Von 179,– bis 486,– Euro bei ausschließlicher Pauschale und 96,– bis 402,– Euro Pauschale und 16,50 Euro Sitzungsgeld bei der Kombination.
4   Von 16,50 bis 34,– Euro
5   Hiernach erhalten stellvertretende Fraktionsvorsitzende eine zusätzliche Aufwandsentschädigung wenn die Fraktion aus mindestens 10 Mitgliedern besteht. Ab 20 Mitgliedern gilt diese Regelung für 2 Stellvertreter, ab 30 Mitgliedern für drei.

Beträge zugrunde gelegt, die als ausschließliche Pauschale in der Entschädigungsverordnung festgelegt sind.

Neben diesen Aufwandsentschädigungen haben die Rats- und Ausschussmitglieder auch Anspruch auf die Erstattung ihrer Fahrtkosten von der Wohnung zum Sitzungsort. Dieser Anspruch kann durch die Gestellung von Tickets für den Personennahverkehr abgegolten werden. Für die Erstattung der Fahrtkosten bei Benutzung eines Kraftfahrzeuges können die Höchstsätze nach Landesreisekostenrecht, derzeit 0,30 Euro je gefahrenen Kilometer, zugrunde gelegt werden. Um den Verwaltungsaufwand derartiger Abrechnungen zu begrenzen, können die Erstattungssätze auf der Basis von über einen bestimmten Zeitraum ermittelter Durchschnittswerte pauschaliert werden (§ 5 EntschVO).

Zur steuerlichen Behandlung der Aufwandsentschädigung hat der Finanzminister einen umfangreichen Erlass veröffentlicht[6].

5. Pflichten der Ratsmitglieder

Die besondere Treuepflicht, die § 32 der Gemeindeordnung für alle Inhaber eines kommunalen Ehrenamtes fordert, gilt durch den Verweis in § 43 Abs. 2 im Wesentlichen auch für Ratsmitglieder. Insbesondere dürfen sie nicht Ansprüche Dritter gegen die Gemeinde rechtlich geltend machen, es sei denn, sie handeln als deren gesetzlicher Vertreter.

Ratsmitglieder sind nach § 30 in Verbindung mit § 43 Abs. 2 GO NRW auch zur Verschwiegenheit in vertraulichen Angelegenheiten verpflichtet. Vertraulich zu behandeln sind danach Sachverhalte, deren Mitteilung an Dritte dem Gemeinwohl oder den berechtigten Interessen einzelner Personen zuwiderlaufen würde. Auch die Verwertung derart vertraulicher Kenntnisse zu seinem persönlichen Vorteil ist Ratsmitgliedern untersagt. Ein Verstoß gegen die Verschwiegenheitspflicht kann, soweit dieser nicht einen Straftatbestand verwirklicht, seitens des Rates mit der Verhängung eines Ordnungsgeldes geahndet werden. Daneben kann ein derartiger Verstoß auch eine zivilrechtliche Schadensersatzpflicht nach sich ziehen.

Die Verschwiegenheitspflicht erstreckt sich aber nicht automatisch auf alle Sachverhalte, die im nichtöffentlichen Teil einer Sitzung behandelt werden. Im Einzelfall bedarf es immer einer materiellen Prüfung, ob ein Sachverhalt vertraulich zu behandeln ist. Insofern sind Einlassungen von Ratsmitgliedern oder des Bürgermeisters oder deren Abstimmungsverhalten in nichtöffentlichen Sitzungen nicht schon deshalb vertraulich, weil die Öffentlichkeit ausgeschlossen war.

Um eine unparteiische und sachgerechte Arbeit des Rates sicherzustellen sieht, § 31 in Verbindung mit § 43 Abs. 2 GO NRW in bestimmten Fällen den Ausschluss eines Ratsmitgliedes von der Beratung und Entscheidung bestimmter Angelegenheiten vor. Hierzu hat sich der Begriff der Befangenheit eingebürgert. Als befangen gilt ein Ratsmitglied, wenn die Entscheidung in einer Angelegenheit ihm selbst, einem seiner Angehörigen oder einer von ihm kraft Gesetz oder

---

6   Runderlass vom 24.04.2002 S 2337 – 3 –V B 3, zu finden im Internet unter: www.sgk-nrw.de im Bereich Service/ Themenportal/Verfassung, Allgemeine Verwaltung

kraft Vollmacht vertretenen juristischen oder natürlichen Person einen unmittelbaren Vorteil oder Nachteil bringen kann. Das Mitwirkungsverbot gilt auch, wenn ein Ratsmitglied Mitglied im Vorstand, Aufsichtsrat oder in sonstiger leitender Stellung eines Unternehmens ist, und dieses einen Vor- oder Nachteil durch eine Entscheidung erwarten kann. Um eine derartige Konstellation transparent zu machen sieht die Gemeindeordnung in § 43 Abs. 3 die Pflicht der Rats- und Ausschussmitglieder vor, gegenüber dem Bürgermeister Auskunft über ihre wirtschaftlichen und persönlichen Verhältnisse zu geben, soweit diese für die Ausübung des Mandates von Bedeutung sein können. Einzelheiten dieser Auskunftspflicht hat der Rat, normalerweise in Form einer Ehrenordnung, zu regeln. Die nach der Ehrenordnung zu erteilenden Auskünfte sind, mit Ausnahme des Berufs und anderer vergüteter oder ehrenamtlicher Tätigkeiten, die veröffentlicht werden dürfen, vertraulich zu behandeln.

Wer annehmen muss, von der Mitwirkung ausgeschlossen zu sein, hat den Ausschließungsgrund unaufgefordert anzuzeigen, im Rat dem Bürgermeister und im Ausschuss dessen Vorsitzenden, und sich der Mitwirkung an der Beratung zu enthalten. Soweit es um Angelegenheiten geht, die in nichtöffentlicher Sitzung beraten werden, hat das Mitglied den Sitzungsraum zu verlassen. Ansonsten sollte durch eine räumliche Trennung, z. B. den Wechsel in den Zuschauerbereich, die Nichtmitwirkung dokumentiert werden. Bestehen unterschiedliche Ansichten über die mögliche Befangenheit eines Mitgliedes, so entscheidet der Rat oder der Ausschuss dies mit Mehrheit ohne die Beteiligung des Betroffenen. Eine solche Entscheidung eines Ausschusses oder des Rates ist jedoch durch die Verwaltungsgerichte überprüfbar.

Insbesondere bei Bauleitplanverfahren haben Fragen des Mitwirkungsverbotes früher eine große Bedeutung gehabt, da eine zu Unrecht erfolgte Beteiligung eines Ratsmitgliedes die Nichtigkeit entsprechender Satzungen nach sich zog. Durch die Änderung der Gemeindeordnung im Jahr 1990 ist die Beteiligung eines befangenen Rats- oder Ausschussmitgliedes heute nur noch dann erheblich, wenn sie für das Abstimmungsergebnis entscheidend war (§ 31 Abs. 6 GO NRW). War die Beteiligung entscheidungserheblich, ist ein so gefasster Beschluss und ein darauf basierendes weiteres Verfahren nichtig. Entsteht der Gemeinde aus einer verbotenen Mitwirkung ein Schaden, so haftet das Rats- oder Ausschussmitglied hierfür (§ 43 Abs. 4 GO NRW).

Auch vorsätzliche oder grob fahrlässige Pflichtverletzungen können zur Haftung von Ratsmitgliedern führen. Da jedoch der Bürgermeister ein derartiges Verhalten – soweit es sich um Beschlüsse handelt – im Zuge der durch ihn vorzunehmenden Rechtskontrolle beanstanden müsste, sind solche Fälle nur als Ausnahmen denkbar.

IV. Formalien der Sitzung des Rates

1. Einladung und Tagesordnung

Die Leitung der Sitzungen des Rates und deren Einberufung obliegt dem hauptamtlichen Bürgermeister. Er stellt die Tagesordnung auf und sorgt für deren Zugang an die Ratsmitglieder binnen der in der Geschäftsordnung vorgesehenen Frist. Da der Bürgermeister auch für die

Vorbereitung der Beschlüsse zuständig ist, wird er der Tagesordnung auch weitere Unterlagen (Verwaltungsvorlagen) beifügen, die für die Information und Vorberatung einer Angelegenheit erforderlich sind und in der Regel einen konkreten Beschlussvorschlag enthalten. Die Qualität solcher Vorlagen ist oft sehr unterschiedlich. Als Mindestforderung an die Vorbereitung von Beschlüssen ist jedoch zu fordern, dass der zur Entscheidung stehende Sachverhalt umfassend und verständlich darzulegen ist und insbesondere hiermit möglicherweise verbundene Kosten für den gemeindlichen Haushalt transparent zu machen sind.

Bei der Aufstellung der Tagesordnung hat der Bürgermeister Anträge von Fraktionen oder eines Fünftels der Ratsmitglieder, die ihm innerhalb der in der Geschäftsordnung vorgesehenen Frist zugegangen sind, zu berücksichtigen. Er wird dies nach pflichtgemäßem Ermessen auch mit Anträgen einzelner Ratsmitglieder so handhaben.

Die Tagesordnung sowie Zeit und Ort der Sitzung sind öffentlich bekannt zu machen. Hiermit soll allen Einwohnern der Gemeinde die Möglichkeit gegeben werden, die Entscheidungsfindung des Rates zu beobachten. Die Vorschrift dient, wie auch der Grundsatz der Öffentlichkeit der Sitzungen, der Transparenz der Kommunalverwaltung. Ein Ausschluss der Öffentlichkeit kann im Rahmen der Geschäftsordnung des Rates für bestimmte Arten von Beratungsgegenständen erfolgen, aber auch im Einzelfall auf Antrag eines Ratsmitgliedes. Über einen solchen Antrag entscheidet der Rat.

§ 48 Abs. 1 Satz 5 GO NRW sieht auch die Möglichkeit der Erweiterung der Tagesordnung für den Fall vor, dass es sich bei einem Beratungsgegenstand um eine Angelegenheit äußerster Dringlichkeit handelt oder die keinen Aufschub duldet. Hierüber entscheidet der Rat mit Mehrheit, unabhängig von der Frage, ob die Behandlung der Sache von einer Fraktion verlangt wird oder auf Anregung des Bürgermeisters erfolgen soll. In der Praxis wird von dieser Möglichkeit häufig Gebrauch gemacht, ohne dass die materielle Eilbedürftigkeit immer in ausreichender Form hinterfragt wird. Die Möglichkeit der Erweiterung der Tagesordnung darf jedenfalls nicht dazu missbraucht werden, den Mitgliedern des Rates oder eines Ausschusses eine angemessene Vorberatung einer Angelegenheit abzuschneiden. Man sollte auch berücksichtigen, dass derart nachgeschobene Tagesordnungspunkte dem Transparenzgebot gegenüber den Einwohnern nicht gerecht werden. Insofern sollte eine Änderung der veröffentlichten Tagesordnung nur in Ausnahmefällen erfolgen.

Der Rat kann auch ohne ausdrückliche gesetzliche Regelung einzelne Punkte mit Mehrheit von der Tagesordnung absetzen. Dies führt insbesondere dann zum Streit, wenn die Ratsmehrheit – womöglich wiederholt – Anträge von Oppositionsgruppen nicht debattieren will. In solchen Fällen ist jedoch den Antragstellern zumindest innerhalb der Geschäftsordnungsdebatte über die Absetzung des Tagesordnungspunktes Gelegenheit zu geben ihre Gründe für den Antrag darzustellen.

2. Die Leitung der Sitzung

Die Sitzungen des Rates werden vom Bürgermeister geleitet. Er erteilt den Ratsmitgliedern das Wort, sorgt für den ordnungsgemäßen Ablauf der Sitzung und schließt die Sitzung, wenn alle

Tagesordnungspunkte behandelt wurden. Insbesondere obliegt ihm die Handhabung der in Geschäftsordnung aufgestellten Regeln, wie z. B. die Einhaltung von Redezeiten, die ordnungsgemäße Durchführung von Abstimmungen wozu auch die Entscheidung darüber gehört, welcher Antrag als der weitergehende zuerst zur Abstimmung zu stellen ist. Ihm steht auch das Hausrecht im Sitzungsraum zu. Zu seinen Aufgaben gehört es auch, die Beschlussfähigkeit des Rates zu überwachen, die nur gegeben ist, solange mehr als die Hälfte der gesetzlichen Mitglieder anwesend sind.

Zur Durchführung von Abstimmungen und Wahlen enthält die Gemeindeordnung Grundregeln, die teilweise durch die Geschäftsordnung auszufüllen sind. Die Regel ist dabei die offene Abstimmung durch Handzeichen. Auf Antrag von einem Fünftel der (anwesenden) Ratsmitglieder ist eine Abstimmung geheim, also mittels Stimmzettel durchzuführen. In der Geschäftsordnung muss festgelegt werden, bei welchem Antragsquorum eine namentliche Abstimmung durchzuführen ist. Hier wird die Stimmabgabe jedes einzelnen Ratsmitgliedes in der Niederschrift namentlich dokumentiert. Werden zugleich Anträge auf namentliche und geheime Abstimmung gestellt, so hat letzterer den Vorrang, wenn er das erforderliche Quorum von Antragstellern hat. Ein Beschluss kommt zustande, wenn er die mehrheitliche Unterstützung der Ratsmitglieder erhält. Bei Stimmengleichheit ist ein Beschluss abgelehnt.

Im Unterschied zu den Beschlüssen reicht bei Wahlen schon der Widerspruch eines einzelnen Ratsmitgliedes, um diese geheim durchführen zu müssen. Soweit mehrere Vorschläge vorliegen ist diejenige Person gewählt, die die Mehrheit der gültigen Stimmen erhalten hat. Erreicht keiner der Kandidaten diese Mehrheit, findet zwischen den Personen, die die beiden höchsten Stimmzahlen erhalten haben, eine Stichwahl statt. Bei einer Stimmengleichheit im zweiten Wahlgang erfolgt ein Losentscheid. Die früher strittige Frage, ob bei nur einem Kandidaten Nein-Stimmen gültig sind, hat der Gesetzgeber zwischenzeitlich positiv geregelt. Erhält der einzige Kandidat einer Wahl im ersten Wahlgang mehr Nein- als Ja-Stimmen ist die Wahl gescheitert. Eine weitere Abstimmung findet dann nicht mehr statt. Ungültige Stimmen und Stimmenthaltungen werden sowohl bei Abstimmungen als auch bei Wahlen für die Berechnung der Mehrheit nicht berücksichtigt.

Es entspricht einer alten demokratischen Tradition, dass die Leitung einer Sitzung möglichst neutral und sachlich erfolgen sollte. Im Vorfeld der Novellierung der Gemeindeordnung 2004 ist daher auch überlegt worden, die Leitung der Sitzung einem eigens hierzu gewählten Organ zu übertragen, wie dies in anderen Bundesländern der Fall ist. Aus Sorge, hier könnte wieder eine neue „Doppelspitze" entstehen, hat man jedoch letztlich hiervon Abstand genommen. Ob sich dies auf Dauer als richtig erweisen wird, hängt in einem hohen Maße von der Amtsausübung der Bürgermeister ab. Er ist in den Sitzungen eben nicht nur der „unparteiische" Leiter, sondern als Verwaltungschef auch Partei für seine Vorschläge und wird sich für die Zustimmung hierzu einsetzen.

3. Die Niederschrift

Für die Niederschrift der Ratssitzung sieht die Gemeindeordnung nur die Aufnahme der gefassten Beschlüsse und eine Unterzeichnung durch den Bürgermeister und einen vom Rat zu bestellenden Schriftführer vor. Über diesen reinen Wortlaut hinaus wird man auch die Dokumentation der Teilnehmer einer Ratssitzung sowie deren Zeit und Ort zum Pflichtinhalt zählen müssen. Alle weiteren Fragen wie die Wiedergabe von Wortbeiträgen, das Recht auf die Protokollierung persönlicher Stellungnahmen oder die Aufnahme gestellter Anträge, die nicht beschlossen wurden, sind dagegen in der Geschäftsordnung zu regeln. Auch ohne ausdrückliche gesetzliche Regelung ist die Niederschrift jedem Ratsmitglied zuzustellen.

4. Vertretung durch die stellvertretenden Bürgermeister

Zur Unterstützung des hauptamtlichen Bürgermeisters und für den Fall seiner Verhinderung wählt der Rat zu Beginn seiner Wahlzeit ehrenamtliche stellvertretende Bürgermeister aus seiner Mitte (§ 67 GO NRW). Deren Anzahl steht im Ermessen des Rates, wobei der im Gesetzestext verwendete Plural zumindest die Wahl von zwei Personen vorschreibt. Die Vertretungsfunktion der stellvertretenden Bürgermeister ist nach der Gemeindeordnung auf die Leitung der Ratssitzung und die Repräsentation beschränkt. Dabei darf der vom Gesetzgeber gewählte Begriff der Leitung nicht zu einengend verstanden werden. Insofern umfasst die Vertretungskompetenz alle Funktionen, die dem Bürgermeister als Vorsitzendem des Rates zukommen, also auch die Aufstellung der Tagesordnung, die Unterzeichnung der Niederschrift und das Recht, gegen einen unter seiner Leitung zustande gekommenen Ratsbeschluss binnen drei Tagen Widerspruch nach § 54 GO NRW einzulegen, wenn er der Auffassung ist, dass der Beschluss das Wohl der Gemeinde gefährdet. Die Wahl der stellvertretenden Bürgermeister erfolgt in einem geheimen Wahlgang nach den Grundsätzen der Verhältniswahl. Dieses Verfahren, das auch als d´Hondtsches Höchstzahlverfahren bekannt ist, ist im Grundsatz § 50 Abs. 3 GO NRW geregelt und findet auch bei der Besetzung von Ausschüssen oder weiterer Funktionen Anwendung. Hierzu werden zunächst für die unterschiedlichen Wahlvorschläge Höchstzahlen gebildet, die sich aus der Teilung der Stimmenzahl für den jeweiligen Wahlvorschlag durch die Zahlen 1, 2, 3 usw. ergeben. Nun werden die zu besetzenden Funktionen der jeweils größten Höchstzahl solange zugeordnet, bis alle besetzt sind.

Hierzu ein Beispiel:

Der Rat der Gemeinde besteht aus 50 Mitgliedern. Für die Wahl von drei stellvertretenden Bürgermeistern werden drei Vorschlagslisten eingereicht, auf die folgende Stimmenzahlen entfallen und Höchstzahlen gebildet werden:

Liste	Stimmen	1. Höchstzahl	2. Höchstzahl	3. Höchstzahl
A	31	**31**	**15,5**	10,3
B	14	**14**	7	4,67
C	5	5	2,5	1,67

Da drei Funktionen zu besetzen sind ist die erste Person aus der Liste A als erster Stellvertreter gewählt, die zweite Person aus dergleichen Liste (Höchstzahl 15,5) an zweiter Stelle und schließlich die erste Person der Liste B als dritter Stellvertreter (Höchstzahl 14). Die Liste C findet hier keine Berücksichtigung. Hätten die Ratsmitglieder, die für die Listen B und C gestimmt haben, sich auf eine gemeinsame Liste geeinigt und diese dann insgesamt 19 Stimmen erhalten, so hätte deren erster Personalvorschlag die Funktion des 2. Stellvertreters besetzt.

V. Die Bildung von Ausschüssen

1. Aufgaben der Ausschüsse

Zu Beginn einer Wahlzeit bildet der Rat Ausschüsse, um die Arbeit aufzuteilen und eine schnelle und fachlich qualifizierte Aufgabenerledigung sicherzustellen. Hierzu gibt es in den Gemeinden unterschiedlichste Lösungen. Dabei gehen viele Räte mit der Einführung des Neuen Steuerungsmodells dazu über, die früher sehr kleinteilige fachliche Aufteilung von Aufgaben auf eine Vielzahl von Ausschüssen oder Mischsysteme aus ortsteil- und fachbezogen Ausschüssen zugunsten von wenigen Ausschüssen mit einer breiteren Zuständigkeit zu ändern. Die Grundsätze, nach denen Rat und Verwaltung ihre jeweiligen Aufgaben erledigen, sollten gut koordiniert sein und nach Möglichkeit einen breiten Konsens finden. Die Zuständigkeit von Ausschüssen und die Organisation der hauptamtlichen Verwaltung in Ämter – oder neuerdings Fachbereiche – sollten tunlichst Doppelzuständigkeiten und Überschneidungen vermeiden. Insbesondere unter Berücksichtigung des Neuen Steuerungsmodells und zunehmender Budgetierung bedürfen Entscheidungskompetenzen der (Fach-)Verwaltung und der Ausschüsse einer klaren Regelung. Dabei kann es keinen Sinn machen, wenn unterschiedliche Ausschüsse Zugriff auf ein und dasselbe Budget haben.

Die Gemeindeordnung (§ 57 Abs. 2) sieht heute mit dem Hauptausschuss, dem Finanzausschuss und dem Rechnungsprüfungsausschuss nur noch drei Pflichtausschüsse vor. Die Aufgaben des Finanzausschusses können aber auch – was vielfach geschieht – dem Hauptausschuss übertragen werden.

Wesentliche Aufgabe des Hauptausschusses ist die Koordination der Arbeit aller Ausschüsse. Der Finanzausschuss bereitet die Haushaltssatzung der Gemeinde vor und begleitet die Ausführung des Haushaltsplanes, wohingegen der Rechnungsprüfungsausschuss die Aufgabe der nachgehenden Finanzkontrolle wahrnimmt.

Neben diesen Ausschüssen gibt es noch fachgesetzliche Regelungen zur Bildung von Pflichtausschüssen, wie beispielsweise der Bildung eines Jugendhilfeausschusses in Gemeinden mit einem eigenen Jugendamt. Die Pflicht zur Bildung von eigenständigen Schulausschüssen ist mit der Novellierung des Schulverwaltungsgesetzes im Jahr 2003 aufgehoben worden, so dass die Aufgaben, die die Gemeinde als Schulträgerin zu erledigen hat, auch mit anderen Aufgaben von einem Ausschuss gemeinsam erledigt werden können. Dabei ist jedoch zu beachten, dass für schulische Fragen nach wie vor bestimmte Besetzungsregeln für weitere beratende Ausschussmitglieder im Schulverwaltungsgesetz (§ 12) festgelegt sind.

Weitere spezialgesetzliche Vorschriften regeln die Bildung von Wahl- und Wahlprüfungsausschüssen (§§ 2 und 40 Kommunalwahlgesetz), des Umlegungsausschusses (§ 3 der Durchführungsverordnung zum Baugesetzbuch) oder von Werks- und Krankenhausausschüssen (§ 5 Eigenbetriebsverordnung bzw. §§ 1 und 7 Gemeindekrankenhausbetriebsverordnung).

2. Die Wahl der Ausschussmitglieder

Soweit Klarheit über die Aufgaben der einzelnen Ausschüsse geschaffen wurde, muss der Rat sodann deren Größe festlegen. Auch hierbei ist dringend dazu zu raten, sich im Kreis der Fraktionen über die Mitgliederzahlen zu einigen, wobei eine Abwägung zwischen der Arbeitsfähigkeit des Gremiums und der Beteiligung möglichst vieler Fraktionen und Gruppen in der Ausschussarbeit erzielt werden sollte. Auch die Frage der Wahl von beratenden sachkundigen Einwohnern und deren Anzahl ist an dieser Stelle zu klären. Erst wenn die Entscheidung über die Größe der Ausschüsse getroffen bzw. vorbesprochen ist, können die Fraktionen und Gruppen die konkreten Personen für die Mitarbeit intern bestimmen. Soweit es also zu einer Einigung unter allen Ratsmitgliedern kommt, werden die Ausschüsse nach § 50 Abs. 3 GO NRW dann durch einen einstimmigen Ratsbeschluss gebildet.

Eine solche Einigung erfolgt natürlich vor dem Hintergrund der Konfliktregelung der Gemeindeordnung. Diese sieht vor, dass die Ausschussmitglieder auf der Basis von Wahlvorschlägen der Fraktionen oder Gruppen im Rat nach dem d′Hondtschen Verfahren gewählt werden. Die hierbei in der Vergangenheit übliche Bildung von Listenverbindungen ist durch neuere Rechtsprechung des Bundesverwaltungsgerichts stark eingeschränkt worden[7]. Nach diesem Urteil ist die Bildung von gemeinsamen Listen verschiedener Fraktionen bei der Besetzung von Ausschüssen unzulässig, wenn dies der Erlangung eines zusätzlichen Sitzes zu Lasten einer anderen Fraktion dient, die nicht an der Listenverbindung beteiligt ist. Das OVG Münster hatte in seiner vorlaufenden Entscheidung dagegen Listenverbindungen, auch wenn sie zu einem anderen Ergebnis führen als die Abstimmung nach einzelnen Fraktionen, für zulässig gehalten.

Das Innenministerium und der Landesgesetzgeber haben bislang keine Neigung erkennen lassen, auf diese neue Lage durch Änderung der Gemeindeordnung zu reagieren.

Die Auffassung des Bundesverwaltungsgerichts lässt die Räte jedoch in einem gewissen Dilemma zurück. Fraktionen oder Gruppen ist es nach wie vor unbenommen, beliebig zusammengesetzte Listen einzureichen. Nicht diese Listen, sondern erst das Ergebnis der Abstimmung über sie, ist einer rechtlichen Überprüfung auf eine ordnungsgemäße Bildung der Ausschüsse zugänglich. Entspricht dieses Ergebnis nicht der vom Bundesverwaltungsgericht geforderten strengen Abbildung der Stärkeverhältnisse des Rates auch in seinen Ausschüssen, so wird der Bürgermeister diesen Beschluss beanstanden müssen. Die Ausschüsse könnten also ihre Arbeit nicht aufnehmen und – bei sich möglicherweise mehrfach wiederholenden gleichen Abstimmungen – könnte die Arbeit lange Zeit verzögert werden. Unklar bleibt letztlich auch, wie eine z. B. durch Abwesenheit einiger Ratsmitglieder bei der Wahl der Ausschüsse entstandene Verzerrung der Stärkeverhältnisse durch das Bundesverwaltungsgericht bewertet würde. Die Leipziger Richter haben in ihrer rechtlichen Würdigung offensichtlich sehr stark das Bild der Ausschussbildung im Bundestag und den Landtagen vor Augen gehabt, wo die Mitglieder unmittelbar durch die Fraktionen nach der jeweiligen Stärke entsandt werden. Ob dieses Modell, das in anderen Bundesländern ansatzweise auch im kommunalen Bereich eingeführt

---

7   Urteil vom 10. Dezember 2003, Aktenzeichen: 8 C 18.03

ist[8], auch für Nordrhein-Westfalen tauglich sein kann oder hier wieder das Problem einer vermeintlich fehlenden demokratischen Legitimation auftaucht[9], bleibt abzuwarten.

Fraktionen, nicht aber Gruppen unterhalb der Fraktionsstärke, die nicht mit einem ordentlichen Sitz in einem Ausschuss vertreten sind, haben das Recht ein beratendes Mitglied zu benennen. Daneben steht jedem Ratsmitglied, das nicht über seine Fraktion die Möglichkeit zur Mitarbeit in einem Ausschuss hat, das Recht zu, in einem Ausschuss seiner Wahl beratend mitzuwirken.

3. Die Bestimmung der Ausschussvorsitzenden

Auch bei der Besetzung der Ausschussvorsitzenden kann und sollte man sich in der Regel unter den Fraktionen einigen. Kommt eine solche Einigung nicht zustande oder wird ihr von einem Fünftel der Ratsmitglieder widersprochen, ordnet die Gemeindeordnung das Zugreifverfahren an (§ 58 Abs. 5 GO NRW). Im Gegensatz zur Ausschussbesetzung ist Grundlage dieses Verfahrens keine Abstimmung im Rat, sondern die Stärke der Fraktionen, wobei sich Fraktionen hier – dank ausdrücklicher gesetzlicher Regelung unbelästigt durch Urteile des Bundesverwaltungsgerichts – zusammenschließen können. Die Zuteilung der einzelnen Zugriffe erfolgt dann wieder nach dem bewährten d'Hondtschen Verfahren. Der Zusammenschluss von Fraktionen für dieses Verfahren erfolgt durch formlose Erklärung durch die Vorsitzenden in der entsprechenden Ratssitzung. Soweit diese Erklärungen die Klarheit über die Rangfolge erbracht haben, benennen die jeweiligen Fraktionen die von ihnen gewählten Vorsitzenden. Für den Fall des Ausscheidens eines Vorsitzenden aus dem Ausschuss oder der Niederlegung der Funktion bestimmt die Fraktion, der er angehört, einen Nachfolger.

Der Vorsitz im Hauptausschuss ist durch die Gemeindeordnung dem Bürgermeister vorbehalten (§ 57 Abs. 3 GO NRW). Ein oder mehrere Stellvertreter werden aus der Mitte des Ausschusses gewählt. Auch der Jugendhilfeausschuss und Bezirksausschüsse wählen ihre Vorsitzenden aus dem Kreis der ihnen angehörenden Ratsmitglieder, nehmen also am Zugreifverfahren nicht teil.

4. Behandlung von Ausschussbeschlüssen

Die Ausführung der Beschlüsse von Ausschüssen mit Entscheidungsbefugnis obliegt ebenso wie deren rechtliche Überprüfung dem Bürgermeister. Ihm, aber auch einem Fünftel der Ausschussmitglieder steht auch das Recht des Einspruchs zu, mit dem sie den Rat zu einer Überprüfung des Beschlusses veranlassen können. Die Frist für einen solchen Einspruch muss in der Geschäftsordnung des Rates geregelt werden, wobei diese entweder an den Tag der Sitzung oder die Zustellung des Protokolls anknüpfen kann. Soweit ein Ausschuss nur vorberatende Funktion hat, stellt der Bürgermeister sicher, dass dessen Beratungsergebnis dem Rat mitgeteilt wird. Dies erfolgt regelmäßig durch die Zustellung des entsprechenden Protokolls.

---

8 Zum Beispiel in Hessen, § 62 Gemeindeordnung oder Niedersachsen, § 51 der Gemeindeordnung
9 So noch das Bundesverfassungsgericht, Az: II BvR 134/76, NJW 1978, S. 1967

VI. Bildung und Aufgabe der Fraktionen

Mit der Novellierung der Gemeindeordnung 1994 hat der Gesetzgeber die Rolle und Arbeit der Fraktionen eines Rates deutlich umfassender geregelt und auf damals strittige Fragen reagiert. Neben den bereits vorher geltenden Regelungen für die Mindeststärke[10] hat er vor allem die Pflicht für ein Fraktionsstatut, das Recht auf eigene Öffentlichkeitsarbeit und die Pflicht der Gemeinde, den Fraktionen Zuwendungen zu ihren sachlichen und personellen Aufwendungen für die Geschäftsführung zu gewähren, positiv geregelt.

1. Aufgaben der Fraktionen

In der Arbeit der Parlamente sind Fraktionen seit jeher von entscheidender Bedeutung für deren Arbeitsfähigkeit, bündeln sie doch die oft unterschiedlichen Meinungen ihrer Mitglieder und ermöglichen so einen sachgerechten Meinungsbildungsprozess im Plenum. Mit der gesetzlichen Formulierung der Mitwirkung an der Willensbildung des Rates hat der Landesgesetzgeber ihnen diese Aufgaben der Vorberatung und Bündelung einzelner Meinungen ebenfalls zugewiesen (§ 56 Abs. 2 GO NRW). Fraktionen müssen sich ein demokratischen und rechtsstaatlichen Grundsätzen entsprechendes Statut geben, in dem insbesondere das Abstimmungsverfahren innerhalb der Fraktion und die Frage der Aufnahme und des Ausschlusses von Mitgliedern zu regeln ist. In der Praxis enthalten die Satzungen von Kommunalfraktionen darüber hinaus noch weitergehende Bestimmungen zur internen Organisation, also z. B. der Zahl der Fraktionsvorstandsmitglieder oder die Teilnahme weiterer beratender Mitglieder an den Sitzungen[11]. Fraktionsmitglieder im strengen Sinne sind nur die Ratsmitglieder, die sich zur Fraktion zusammenschließen. An der Arbeit der Fraktion werden jedoch regelmäßig auch der Bürgermeister, Beigeordnete und sachkundige Bürger oder sachkundige Einwohner beteiligt.

Auch die früher strittige Frage, ob Ratsmitglieder gleichzeitig Angestellte der eigenen Fraktion sein können (Fraktionsgeschäftsführer) ist durch die Gemeindeordnung zwischenzeitlich positiv geregelt. Allerdings schließt § 46 GO NRW in diesem Fall aus, dass zusätzlich eine Aufwandsentschädigung für die dort genannten Sonderfunktionen gezahlt wird.

2. Die Finanzierung der Fraktionsarbeit

Auch wenn der Gesetzeswortlaut seit der Novellierung von 1994 den unbedingten Anspruch der Fraktionen auf Zuwendungen aus den gemeindlichen Haushalten klarstellt, wird dies jedoch in etlichen kleineren Gemeinden derzeit noch völlig unzulänglich gehandhabt. So gibt es leider immer noch Gemeinden, die den Fraktionen keinerlei Unterstützung gewähren.

Grundlegend zur Frage, was vom Begriff der „Aufwendungen für die Geschäftsführung" alles umfasst wird, ist immer noch der Erlass des Innenministers aus dem Jahr 1989[12]. Die Rechtsprechung des Oberverwaltungsgerichts Münster hat diesen Erlass im Grundsatz bestätigt und

---

10 Mindestens 2 Personen, bei Räten mit mehr als 57 Mitgliedern 3 und mit mehr als 81 Mitgliedern 4 Personen
11 Ein Muster einer Fraktionsgeschäftsordnung ist abgedruckt in: Knirsch, Dr. Hanspeter, Kommunalpolitik von A bis Z, Band 21 der SGK-Schriftenreihe, 3. Aufl., Düsseldorf, Dezember 2003
12 Erlass vom 2. Januar 1989 (III A 1 – 11.70 – 3906/88), zu finden im Internet unter: www.sgk-nrw.de

den Fraktionen einen Rechtsanspruch auf Zuwendungen aus dem Haushalt zugebilligt[13]. Dem Rat steht hierbei jedoch ein Ermessen zu, in welchem Umfang er eine Finanzierung aus den Haushaltsmitteln der Gemeinde vorsieht und inwieweit er die Fraktionen auf andere Finanzquellen verweist. Sachgerecht ist dabei aber nur eine Entscheidung, die den verfassungsrechtlichen Grundsatz der Gleichbehandlung verwirklicht. In der Praxis erfolgen Zuwendungen an die Fraktionen daher nach Modellen, die einen nach Fraktionsgrößen gestaffelten Grundbetrag mit einem Pauschalbetrag für jedes Fraktionsmitglied kombinieren.

Ob die Unterstützung der Fraktionsarbeit durch finanzielle Zuwendungen oder in Form der unmittelbaren Bereitstellung von sachlichen Mitteln (z. B. Räume, Computer, Fachzeitschriften, Bürobedarf) erfolgt, ist ebenfalls Ermessensentscheidung des Rates.

Trotz aller schnell aufbrandenden öffentlichen Kritik über vermutete Selbstbedienung ist den Räten dringend anzuraten, die materiellen Bedürfnisse der Fraktionen nicht zu vernachlässigen. Wer die engagierte und kompetente Mitarbeit von ehrenamtlichen Ratsmitgliedern bei der Verwaltung der Gemeinde fordert, darf deren Unterstützung hierbei und insbesondere deren Fortbildung nicht vernachlässigen. Deshalb sollte die Finanzierung des Grundbedarfs der Fraktionen aus dem Gemeindehaushalt überall zur Selbstverständlichkeit werden.

---

13 Urteil vom 8. Oktober 2002, Aktenzeichen: 15 A 3691/01

E Dauerbrenner Bauleitplanung

I. Stadt- und Gemeindeentwicklung

Um sich einen umfassenden Überblick über die Entwicklung einer Stadt oder Gemeinde zu verschaffen, bietet sich die Aufstellung eines Stadt-/Gemeindeentwicklungsplans an. Ein solcher Plan umfasst in der Regel sämtliche Fachplanungen (z. B. Schulentwicklungsplan, Kindergartenbedarfsplan, Krankenhausplan usw.). Eine solche umfassende Stadt- und Entwicklungsplanung hat den Vorteil, dass nicht nur eine exakte Bestandsaufnahme erfolgt, sondern auch Mängel und Defizite im Einzelnen festgestellt und Perspektiven für die zukünftige Steuerung des Plangeschehens in der Stadt bzw. Gemeinde aufgezeigt werden. Eine solche Planung ist relativ aufwendig. Sie ist auch nur sinnvoll, wenn eine solche Planung ständig fortgeschrieben wird, damit sie den tatsächlichen Lebensumständen angepasst werden kann. Diese Planung kann qualitativ auch noch dadurch angereichert werden, wenn sie mit einer Finanzplanung kombiniert wird. In Zeiten einer positiven wirtschaftlichen Entwicklung wird man eher Verständnis für eine derartige aufwendige Planung finden. Stagniert jedoch die Entwicklung insgesamt oder ist sie sogar rückläufig, wird man sich kaum für eine derartige Planung erwärmen können, zumal die Aufdeckung von Schwachstellen und deren Beschreibung in der Regel politisch unerwünscht sind.

II. Einzelplanungen

Stattdessen finden wir in der Stadt- und Gemeindeentwicklungspolitik vielfach planerische Untersuchungen, die sich auf bestimmte Schwerpunkte beziehen, wie z. B. die Erstellung eines Einzelhandelkonzeptes, die Ermittlung von geeigneten Gemeindebereichen zur Bildung von Konzentrationszonen für Windkraftanlagen oder die Erarbeitung eines Plans, der die wirtschaftlichen Rahmenbedingungen erkennbar macht. Eine derartige Planung ist nahe liegend und sinnvoll, wenn Überlegungen im Rat einer Gemeinde hinsichtlich der Ausweitung von Gebieten für Gewerbe und Industrie angestellt werden. Vereinzelt werden gegen Städte und Gemeinden Vorwürfe erhoben, sie kümmerten sich zu stark um die Ansiedlung von Gewerbe und Industrieunternehmen und würden demgegenüber die Ausweisung von geeigneten Wohnbauflächen vernachlässigen. Dabei werden als geeignete Wohnbauflächen solche bezeichnet, die preislich am unteren Segment angesiedelt sind. Derartige Vorhaltungen sind deshalb unberechtigt, weil bei einer stagnierenden Bevölkerungszahl sich die Wohnbevölkerung weitestgehend auf den vorhandenen Wohnungsbestand verteilt.

Das Baugesetzbuch in der Fassung der Bekanntmachung vom 27.08.1997[1], zuletzt geändert durch Art. 1 des Gesetzes zur Anpassung des Baugesetzbuchs an EU-Richtlinien (Europarechtsanpassungsgesetz Bau – EAG Bau) vom 24.06.2004[2], erwähnt in § 1 Abs. 6 Nr. 11 „die Ergebnisse eines von der Gemeinde beschlossenen städtebaulichen Entwicklungskonzeptes oder einer von ihr beschlossenen sonstigen städtebaulichen Planung". Aus der Aufnahme der

---

1 BGBl. I S. 2141, 1998 I S. 137.
2 BGBl. I S. 1359.

städtebaulichen Entwicklungsplanung in das Baugesetzbuch ergibt sich, dass der Gesetzgeber informellen Planungsformen für die städtebauliche Praxis insgesamt hohe Bedeutung beimisst, wenngleich er ihre Anforderungen oder Rechtsfolgen nicht regelt. Hierdurch wird eine dritte, rechtlich ausgeformte Planungsebene zwischen Regionalplan und Bauleitplan bzw. zwischen Flächennutzungsplan und Bebauungsplan vermieden. Aus dem Baugesetzbuch ergibt sich aber zugleich, dass das Gesetz von der Vorstellung ausgeht, dass die Bauleitplanung in ein Geflecht informeller Planungen eingebettet ist. Deshalb besteht keine Veranlassung, die formellen und inhaltlichen Anforderungen einer städtebaulichen Entwicklungsplanung durch den Bundesgesetzgeber zu regeln.

III. Aufgaben der Bauleitplanung

1. Gegenstand der Bauleitplanung

Gegenstand der Bauleitplanung, wie sie im Baugesetzbuch geregelt wird, ist die bauliche und sonstige Nutzung der Grundstücke in der Gemeinde. Diese Aufgabe umfasst die Vorbereitung und Leitung der gesamten Bebauung in der Stadt bzw. der Gemeinde, der zu ihr gehörigen baulichen Anlagen und Einrichtungen sowie der mit der Bebauung in Verbindung stehenden Nutzung des Bodens. Es handelt sich dabei um einen weitgehenden Regelungsbereich gemeindlicher Planung, der gegenüber anderen raumbezogenen oder raumrelevanten Rechtsmaterien, z. B. der Raumordnung, dem Naturschutz und der Landschaftspflege oder dem Immissionsschutz, abzugrenzen ist. Sofern im Baugesetzbuch von einer „sonstigen Nutzung" die Rede ist, muss immer ein Sachzusammenhang mit der baulichen Nutzung (z. B. Ausweisung eines Wohngebiets oder Festsetzung von Grünflächen) bestehen. Planungsgegenstand sind die Grundstücke in der jeweiligen Gemeinde, die Planung ist jedoch an Grundstücksgrenzen nicht gebunden.[3]

§ 1 Abs. 3 BauGB schreibt vor, dass die Gemeinden die Bauleitpläne aufzustellen haben, sobald und soweit es für die städtebauliche Entwicklung und Ordnung erforderlich ist. Die Entwicklung kann als Ergebnis der sich jeweils verwirklichenden Grundstücksnutzungen verstanden werden (autonome Entwicklung); sie bedeutet aber auch die Verwirklichung von Grundstücksnutzungen als Umsetzung einer planerischen Vorstellung für die Verwirklichung städtebaulicher Entwicklungsvorstellungen.

Städtebauliche Ordnung bedeutet vor allem die Herbeiführung eines Ausgleichs unterschiedlicher privater und öffentlicher Interessen sowie die Abwehr und die Verhinderung städtebaulicher Unzuträglichkeiten[4]. Mit diesem gesetzlichen Rahmen ist der Wunsch von Bürgern nicht in Einklang zu bringen, insbesondere bestehende Bebauungspläne abzuändern, um weitere bauliche Möglichkeiten zu schaffen. Ebenfalls müssen vom Rat Anträge von Bürgern kritisch überprüft werden, die andere Baumöglichkeiten verwirklicht sehen wollen. Alle diese Anträge und Wünsche sind objektiv anhand des Prinzips der städtebaulichen Ordnung zu überprüfen. In der Regel müssen sie abgelehnt werden.

---

3 Krautzberger in Ernst-Zinkahn-Bielenberg, Komm. zum BauGB, Rdnr. 6 zu Vorb. §§ 1-13.
4 Zu allem ausführlich: Söfker in Ernst-Zinkahn-Bielenberg, Komm. zum BauGB, Rdnr. 30 zu § 1.

2. Plantypen der Bauleitplanung

§ 1 Abs. 2 BauGB bestimmt abschließend die Bauleitpläne: Flächennutzungsplan als vorbereitender Bebauungsplan, Bebauungsplan als verbindlicher Bauleitplan.

a. Flächennutzungsplan

Der Flächennutzungsplan als vorbereitender Bauleitplan stellt für das gesamte Gemeindegebiet die sich aus der beabsichtigten städtebaulichen Entwicklung ergebende Art der Bodennutzung nach den voraussehbaren Bedürfnissen der Gemeinde in den Grundzügen dar. Gegenüber dem Bebauungsplan ist der Flächennutzungsplan (zwangsläufig) grobmaschig.[5] Im Flächennutzungsplan können einzelne Flächen und sonstige Darstellungen ausgenommen werden. Dies ist aber rechtlich nur möglich, wenn dadurch die Grundzüge der gemeindlichen Entwicklung nicht berührt werden und die Gemeinde beabsichtigt, die Darstellung zu einem späteren Zeitpunkt vorzunehmen und damit den das gesamte Gemeindegebiet ansonsten umfassenden Flächennutzungsplan zu vervollständigen.

Der Flächennutzungsplan hat keine unmittelbaren bodenrechtlichen Wirkungen. Dies unterscheidet ihn wesentlich vom Bebauungsplan. Der Bebauungsplan ist daher das Instrument, das in Teilbereichen des Gemeindegebiets die baulichen Nutzungen im Einzelnen festsetzt.

Der Bebauungsplan ist aus dem Flächennutzungsplan zu entwickeln. Verstöße gegen das Entwicklungsgebot führen zur Unwirksamkeit des Bebauungsplans. Auf die Einhaltung des Entwicklungsgebots haben Dritte jedoch keinen Anspruch. Sofern vom Flächennutzungsplan über das Entwicklungsgebot hinaus abgewichen werden soll, muss eine entsprechende Änderung des Flächennutzungsplans erfolgen. Diese kann im Parallelverfahren, also zeitgleich mit der Aufstellung des Bebauungsplans, vorgenommen werden.

In Ausnahmefällen kann vor Aufstellung des Flächennutzungsplans ein sog. vorzeitiger Bebauungsplan aufgestellt werden. Eine solche Möglichkeit ist rechtlich nur dann zulässig, wenn die Aufstellung eines vorzeitigen Bebauungsplans aus dringenden Gründen erforderlich ist und der Bebauungsplan der beabsichtigten städtebaulichen Entwicklung des Gemeindegebiets nicht entgegenstehen wird.

Über den Inhalt eines Flächennutzungsplans verhält sich § 1 Baunutzungsverordnung (BauNVO). Danach können im Flächennutzungsplan die für die Bebauung vorgesehenen Flächen nach der allgemeinen Art ihrer baulichen Nutzung dargestellt werden als Wohnbauflächen, gemischte Bauflächen, gewerbliche Bauflächen und Sonderbauflächen.

Das Europarechtsanpassungsgesetz Bau hat mit der Ergänzung in § 5 Abs. 1 Satz 3 BauGB eine regelmäßige Überprüfung des Flächennutzungsplans eingeführt. Der Flächennutzungsplan soll zwar – wie bisher – unbefristet gelten, aber spätestens alle 15 Jahre nach ihrer Aufstellung überprüft und – wenn notwendig – an neue städtebauliche Erfordernisse angepasst werden. Diese Regelung enthält keine ausdrückliche Verpflichtung der Gemeinde zur Neuaufstellung. Die Frage, ob eine Änderung, Ergänzung oder Neuaufstellung des Flächennutzungsplans erforderlich ist, entscheidet die Gemeinde nach der Erforderlichkeit der Bauleitplanung nach § 1 Abs. 3

---

5 Ausführlich: Löhr in Battis/Krautzberger/Löhr, Komm. zum BauGB, Rdnr. 1-3 zu § 5.

Satz 1 BauGB im Rahmen ihrer Planungshoheit. Die Pflicht zur Überprüfung von Flächennutzungsplänen, die vor dem 20.07.2004, also dem Zeitpunkt des In-Kraft-Tretens des Europarechtsanpassungsgesetzes Bau aufgestellt worden sind, besteht gem. § 244 Abs. 4 BauGB erst ab dem 01.01.2010.

Durch das Europarechtsanpassungsgesetz Bau ist die Gemeinde bei der Aufstellung, Änderung und Ergänzung eines Flächennutzungsplans zur Durchführung einer Umweltprüfung und zur Erstellung eines Umweltberichts verpflichtet. Die Anforderungen hierzu sind unter dem Kapitel „Bebauungsplan" im Einzelnen beschrieben worden. Hierauf wird im Einzelnen Bezug genommen.

Der Flächennutzungsplan enthält neben einzelnen Bauflächen auch die Darstellungen über die Flächen, die gemeinhin zum Außenbereich[6] zählen. Sie sind in der Regel landwirtschaftlich oder forstwirtschaftlich genutzt. In diesem Außenbereich hat der Flächennutzungsplan, der ansonsten keine unmittelbaren Bodenwirkungen hervorruft, als „öffentlicher Belang für die Zulässigkeit von Vorhaben" Bedeutung. Grundsätzlich soll der Außenbereich von der Bebauung freigehalten werden. Zu den Vorhaben, die gewissermaßen ausnahmsweise im Außenbereich errichtet werden können, verhält sich § 35 BauGB. Diese Regelung unterscheidet zwischen sog. privilegierten Vorhaben, zu denen u. a. land- oder forstwirtschaftliche Betriebe gehören, oder Vorhaben, die der Erforschung, Entwicklung oder Nutzung der Wind- oder Wasserenergie dienen, und sonstigen Vorhaben. § 35 Abs. 3 BauGB führt die öffentlichen Belange auf, anhand derer im Wege der Abwägung die Zulassung von Vorhaben überprüft werden muss. Nach § 35 Abs. 3 Nr. 1 BauGB liegt eine Beeinträchtigung öffentlicher Belange insbesondere dann vor, wenn das Vorhaben den Darstellungen des Flächennutzungsplans widerspricht.

aa. Konzentrationszonen

Um den Außenbereich vor Bebauung von Vorhaben im Sinne des § 35 BauGB weitgehend freizuhalten, reicht es nicht aus, wenn eine Gemeinde im Flächennutzungsplan in der Begründung hervorhebt, dass der Außenbereich so weit wie möglich vor Bebauung zu schützen sei, insbesondere im Hinblick darauf, Beeinträchtigungen des Natur- und Landschaftsraumes zu vermeiden. Ferner ist es nicht ausreichend, wenn die natürliche Eigenart und die Erholungsfunktion der Landschaft betont werden. Solche Aussagen gehen über den Aussagegehalt des § 35 Abs. 3 BauGB nicht hinaus. Diese Kriterien sind als öffentliche Belange in § 35 Abs. 3 BauGB bereits aufgeführt und sind nicht in dem Sinne zu verstehen, dass sie als absolutes „Bauverbot" Außenbereichsvorhaben entgegengehalten werden können.

Folglich kann nur durch positive Standortzuweisungen privilegierter Nutzungen an einer oder mehreren Stellen im Flächennutzungsplangebiet die Bebauung von Vorhaben nach § 35 BauGB eingeschränkt werden. Durch die Darstellung von entsprechenden Flächen im Flächennutzungsplan als „Konzentrationszonen" kann die Gemeinde die Zulässigkeit von einzelnen nach § 35 Abs. 1 Nr. 2 bis 6 BauGB privilegierten Vorhaben in ihrem Gemeindegebiet „steuern". Bei der Darstellung von „Konzentrationszonen" im Flächennutzungsplan empfiehlt es sich, unter Berücksichtigung der (nachrichtlich übernommenen) Grundnutzung (in aller Regel

---

6 Außenbereich sind diejenigen Gebiete, die weder innerhalb des räumlichen Geltungsbereichs eines Bebauungsplans i. S. des § 30 Abs. 1 oder 2 BauGB noch innerhalb des im Zusammenhang bebauten Ortsteile (§ 34 BauGB) liegen; s. Krautzberger in Battis/Krautzberger/Löhr, Komm. zum BauGB, Rdnr. 3 zu § 8.

„Fläche für die Landwirtschaft") die „Konzentrationszone" als zusätzliche Nutzungsmöglichkeit darzustellen (sog. überlagernde Darstellung).

Die Festlegung von Konzentrationszonen mit der Folgewirkung des § 35 Abs. 3 Satz 3 BauGB, also des Ausschlusses von Vorhaben im übrigen Außenbereich, ist nur dann zulässig, wenn die Gemeinde auf der Grundlage einer Untersuchung des gesamten Gemeindegebiets ein schlüssiges Plankonzept für die Ausweisung von „Konzentrationszonen" bzw. Sondergebieten in einem sachlichen Teil-Flächennutzungsplan (s. Neuregelung in § 5 Abs. 2b BauGB) erarbeitet hat. In der Begründung ist darzustellen, welche Zielsetzungen und Kriterien für die Abgrenzung der „Konzentrationszone" bzw. des Sondergebietes maßgebend waren. Im Rahmen der Planungshoheit hat die Gemeinde das Recht der Gebietsauswahl, soweit die Planung nicht im Ergebnis auf eine Verhinderungsplanung hinausläuft. Die Regelungen zur Bildung von Konzentrationszonen gehen zurück auf die höchstrichterliche Rechtsprechung.[7] Das Bundesverwaltungsgericht hatte sich zu der Möglichkeit der Bildung von Konzentrationszonen beim Kiesabbau geäußert. Das Gericht hatte hierzu festgestellt, dass – wenn der Kiesabbau im Außenbereich einer Gemeinde überwiegend möglich ist – die Gemeinde zur räumlichen Konzentration Kiesabbauflächen im Flächennutzungsplan („Auskiesungskonzept") darstellen kann und diese Darstellung dann als negative Aussage als öffentlicher Belang einem Kiesabbauvorhaben, das nach § 35 Abs. 1 Nr. 3 BauGB privilegiert ist, auf einer anderen Gemeindefläche, die im Flächennutzungsplan als Landwirtschaftsfläche dargestellt ist, entgegenhalten kann.

bb. Entschädigungsregelung

Im Rahmen der Beratungen zu den bauplanungsrechtlichen Fragen von Windenergieanlagen ist anlässlich des Europarechtsanpassungsgesetzes Bau – EAG Bau - auch die Frage der Entschädigung für Betreiber von Windkraftanlagen nach § 42 BauGB problematisiert worden, wenn durch die Anwendung des Planvorbehalts nach § 35 Abs. 3 Satz 3 BauGB Windkraftanlagen an bestimmten Standorten unzulässig sind.

Der Bundestagsausschuss für Verkehr, Bau- und Wohnungswesen hat keinen Anlass für eine Gesetzesergänzung der Entschädigungsregelung in § 42 BauGB gesehen.[8] Der Ausschuss weist darauf hin, dass nach höchstrichterlicher Rechtsprechung (BGH, Urt. v. 10.04.1997 – III ZR 104/96) die in § 42 BauGB vorausgesetzte zulässige Nutzung die Qualität einer eigentumsrechtlichen Rechtsposition haben muss (sog. Baulandqualität) und diese Voraussetzung, anders als in den Fällen der nach §§ 30 und 34 BauGB zu beurteilenden Nutzung, in Fällen des § 35 BauGB, der sich mit Außenbereichsvorhaben befasst, grundsätzlich zu verneinen sei. Maßgeblich sei, dass bei einem Vorhaben des Außenbereichs – auch bei den in § 35 Abs. 1 BauGB geregelten sog. privilegierten Vorhaben – nicht automatisch deren Zulässigkeit gegeben sei, sondern diese Zulässigkeit unter dem Vorbehalt der Nichtbeeinträchtigung, bei privilegierten Vorhaben des Nichtentgegenstehens öffentlicher Belange stehe. Im Außenbereich würden in vielfältiger Weise Beeinträchtigungen von öffentlichen Belangen in Betracht kommen. Dabei sei auch von Bedeutung, dass die Regelung für Windkraftanlagen in § 35 Abs. 1 Nr. 6 BauGB erst zum 01.01.1997 eingeführt worden sei und von Anfang an unter dem Planvorbehalt des § 35 Abs. 3 Satz 3 BauGB gestanden habe. In seiner Entscheidung vom 17.12.2002 habe das

---

7   So bereits Bundesverwaltungsgericht, NVwZ 1988, 54.
8   Beschlussempfehlung des Ausschusses für Verkehr, Bau- und Wohnungswesen, BT-DRS 15/2992 v. 28.04.2004.

Bundesverwaltungsgericht zudem die besondere Sozialbindung des Eigentums im Außenbereich ausführlich dargestellt und den Planvorbehalt in § 35 Abs. 3 Satz 3 BauGB als „entschädigungslose" Inhalts- und Schrankenbestimmung i. S. des Art. 14 Abs. 1 Satz 2 GG charakterisiert. Im Übrigen sei zu beachten, dass § 42 BauGB eine nicht ausgeübte Nutzung wertmäßig nur innerhalb der Sieben-Jahres-Frist schütze und dass die Regelung des § 35 Abs. 1 Nr. 6 BauGB schon am 01.01.1997 eingeführt worden sei. Legt man diese zutreffende Rechtsauffassung zugrunde, ist ein Entschädigungsanspruch seitens eines Windkraftanlagenbetreibers, der außerhalb der Konzentrationszone seine Windkraftanlage errichten will, ausgeschlossen.

Der Gesetzgeber hat sich jedoch nicht mit der bedeutsameren Frage befasst, ob ein Entschädigungsanspruch in Fällen möglich ist, in denen Konzentrationszonen aus städtebaulichen Gründen aufgehoben werden bzw. bestehende Konzentrationszonen in ihrer Ausdehnung reduziert werden. Diese Frage ist von der Rechtsprechung noch nicht aufgenommen worden. Es gibt hierzu keine Urteile. Insofern kann nur auf Rechtsmeinungen, die schriftlich niedergelegt worden sind, zurückgegriffen werden. Die Frage ist offen. Es kann die Auffassung vertreten werden, dass im Bereich einer Konzentrationszone mit der Folgewirkung, dass es sich um eine positive Planaussage handelt, die im übrigen Außenbereich – also außerhalb der Konzentrationszone – einem beabsichtigten Vorhaben mit Erfolg entgegengehalten werden kann, von einer über die bloße Außenbereichseigenschaft hinausgehenden planerischen Sicherung ausgegangen werden kann. Demgegenüber ist auch die Meinung vertretbar, dass die Grundnutzung in einer Konzentrationszone (i. d. R. „Fläche für die Landwirtschaft") gleich bleibt und die Zulassung z. B. von Windkraftanlagen eine zusätzliche Nutzungsmöglichkeit darstellt. Mit dieser überlagernden Darstellung in der Konzentrationszone wird man zu dem Ergebnis kommen, dass auch in diesem Bereich die Aufhebung bzw. die Reduzierung entschädigungslos vonstatten gehen kann.

b. Der Bebauungsplan

Im Gegensatz zum Flächennutzungsplan setzt der Bebauungsplan rechtsverbindlich fest, welche städtebaurelevanten Maßnahmen auf einem Grundstück zulässig sind. Festsetzungen eines Bebauungsplans sind daher eigentumsinhaltsbestimmende Regelungen im Sinne des Art. 14 Abs. 1 Satz 2 GG. Aus dieser Funktion des Bebauungsplans ist auch zwingend abzuleiten, dass die Gemeinde den Festsetzungen grundsätzlich eine positive planerische Entscheidung zugrunde legt und nicht „negativ" eine nur freihaltende Festsetzung, z. B. einer Grünfläche, und dadurch die wahren Nutzungsabsichten für diese Fläche verdeckt.

Entsprechend den gesetzgeberischen Vorstellungen von der stufenweisen Konkretisierung der zulässigen Raumnutzung sind Bebauungspläne so aus dem Flächennutzungsplan zu entwickeln, dass durch ihre Festsetzungen die zugrunde liegenden Darstellungen des Flächennutzungsplans konkreter ausgestaltet und damit zugleich verdeutlicht werden. Da jedoch die zeichnerischen Darstellungen des Flächennutzungsplans einen überschießenden Genauigkeitsgrad entfalten, liegt es durchaus im Rahmen der möglichen Entwicklung eines Bebauungsplans aus dem Flächennutzungsplan, wenn dieser von den im Flächennutzungsplan gezogenen Grenzen der Darstellungen abweicht. Im Extremfall kann dies sogar dazu führen, dass ein Bebauungsplan für seinen gesamten Geltungsbereich eine andere Nutzung festsetzt, als sie im Flächennutzungsplan vorgesehen ist. Voraussetzung ist jedoch hierfür, dass die Grundkonzeption des Flächennutzungsplans nicht berührt wird. Der Gestaltungsrahmen wird jedoch überschritten, wenn an exponierter Stelle des Gemeindegebiets aus einer öffentlichen Parkfläche im Bebauungsplan private Gartenflächen werden.[9]

aa. Neues Anforderungsprofil durch das Europarechtsanpassungsgesetz Bau – EAG Bau

Durch das Europarechtsanpassungsgesetz Bau vom 24.06.2004 ist das Anforderungsprofil an die Aufstellung eines Bebauungsplans erheblich erweitert worden. Mit der durch dieses Gesetz erfolgten Neufassung des Baugesetzbuches wird für jeden Bebauungsplan eine Umweltprüfung verlangt. Die aufgrund der Umweltprüfung ermittelten und bewerteten Belange des Umweltschutzes sind in dem Umweltbericht darzulegen. Der Umweltbericht bildet einen gesonderten Teil der Begründung (§ 2a BauGB).

Bisher waren Bebauungspläne nur dann umweltprüfungspflichtig, wenn sie ein konkretes Vorhaben ausweisen, das nach der Anlage 1 zum UVPG UVP-pflichtig ist, wie beispielsweise Industriezonen sowie große Hotel-, Einzelhandels- oder Städtebauprojekte.

Die europäische Plan-UP-Richtlinie[10] gibt vor, dass alle Pläne und Programme auf lokaler Ebene, die voraussichtlich erhebliche Umweltauswirkungen verursachen, einer Umweltprüfung unterzogen werden müssen. Ob erhebliche Umweltauswirkungen zu erwarten sind, konnte ggf. mit einer Vorprüfung im Einzelfall (sog. Screening) ermittelt werden. Das Europarechtsanpassungsgesetz Bau führt jedoch eine grundsätzliche Pflicht zur Umweltprüfung bei allen Bauleitplänen einschließlich ihrer Änderungen und Ergänzungen ein und geht damit durchaus über die Erfordernisse der europäischen Plan-UP-Richtlinie hinaus.[11]

In den bislang geäußerten Rechtsmeinungen, die zwangsläufig aufgrund des kurzen Zeitraums seit In-Kraft-Treten der Neufassung des Baugesetzbuchs rar sind, wird jedoch einheitlich die Auffassung vertreten,[12] dass der Umfang des Umweltberichts an die jeweilige Bedeutung der Planung anzupassen ist. In weniger bedeutsamen Fällen könnten die Anforderungen an den Umweltbericht etwa mit einer Vorprüfung gleichgesetzt werden. Zur Unterstützung dieser Auffassung kann die Gemeinde, die einen Bebauungsplan aufstellt, auf § 2 Abs. 4 Satz 2 BauGB hinweisen, wonach die Gemeinde für jeden Bauleitplan festlegt, in welchem Umfang und Detaillierungsgrad die Ermittlung der Umweltbelange zu erfolgen hat. Da jedoch der Gesetzgeber für alle Bauleitpläne bezüglich des Umweltberichtes eine Anlage zu der Neufassung des Baugesetzbuches beschlossen hat, aus der sich der notwendige Inhalt eines Umweltberichtes ergibt, ist auf jeden Fall sicherzustellen, dass unter Verwendung der dortigen Inhaltsangaben der Umweltbericht zu erstellen ist.

bb. Checkliste

Die erwähnte Anlage ist auch gewissermaßen eine Checkliste zur Vorgehensweise der Gemeinde bei der Ermittlung der voraussichtlich erheblichen Umweltauswirkungen. Folglich handelt es sich bei den Angaben nach Nr. 2 der Anlage im Wesentlichen um Grundelemente des planeri-

9 Löhr in Battis/Krautzberger/Löhr, Komm. zum BauGB, Rdnr. 3 zu § 8.
10 Richtlinie 2001/42/EG (sog. Plan-UP-Richtlinie) und die Richtlinie 2003/35 EG (sog. Öffentlichkeitsbeteiligungsrichtlinie).
11 Krautzberger/Stüer, Städtebaurecht 2004: Umweltprüfung und Abwägung, DVBl. 2004, 914.
12 Krautzberger/Stüer, a. a. O. (S. 917).

schen Vorgehens, nämlich die Bestandsaufnahme der Umwelt, Prognose der künftigen Entwicklung, Eingriffsregelung und Alternativprüfung. Diese Arbeitsschritte sind in dem jeweiligen für die Abwägung erforderlichen Umfang und Detaillierungsgrad durchzuführen. Im Einzelnen stellt sich nach Nr. 2 der Anlage die Situation wie folgt dar:

cc. Bestandsaufnahme der Umwelt

Die Bestandsaufnahme des derzeitigen Umweltzustandes in dem Bereich, der durch den aufzustellenden Bebauungsplan überplant werden soll, dient dazu, den Umweltzustand festzustellen, wie er sich zu Beginn des Aufstellungsverfahrens darstellt.

dd. Prognose der künftigen Entwicklung

Sodann ist in Form einer Prognose die Entwicklung des Umweltzustandes bei Durchführung der Planung, wie sie durch den aufzustellenden Bebauungsplan konzipiert werden soll, und bei **Nichtdurchführung** der Planung festzustellen. Was die Nichtdurchführung der Planung anbelangt, muss in Bezug auf die Umweltbelange die sog. Null-Variante geprüft werden. Bei der Null-Variante ist davon auszugehen, dass der bisher bestehende „Umweltzustand", wie er bei Beginn der Planung in der Lebenswirklichkeit existiert, zugrunde zu legen ist. Um „Abweichungen" im Umweltzustand durch die Planung festzustellen, ist bei der Null-Variante von einem gleich bleibenden Zustand auszugehen.

ee. Eingriffsregelung

Sodann sind die Maßnahmen zur Vermeidung, Verringerung und zum Ausgleich der nachteiligen Auswirkungen, die durch den beabsichtigten Bebauungsplan entstehen können, zu prüfen. Bei diesem Prüfungsabschnitt insbesondere im Hinblick auf die Feststellung nachteiliger Auswirkungen kann sich die planende Gemeinde auch mit möglichen Schutzmaßnahmen auseinander setzen.

In Nummer 2 Buchstabe c der Anlage zum BauGB wird gefordert, dass die vorgesehenen Maßnahmen im Umweltbericht zu beschreiben sind. Im Hinblick auf die Belange des Naturhaushalts und des Landschaftsbildes besteht jedoch eine materielle Prüfungspflicht im Rahmen der „naturschutzrechtlichen Eingriffsregelung" nach § 1a Abs. 3 BauGB.

ff. Alternativprüfung

Da für den zu überplanenden Bereich auch anderweitige Planungsmöglichkeiten in Erwägung zu ziehen sind, steht die planende Gemeinde vor der Schwierigkeit, gewissermaßen eine theoretische Alternativprüfung vorzunehmen. Die Verpflichtung zur Alternativprüfung ist aber ausdrücklich ins Baugesetzbuch aufgenommen worden. Dabei ist jedoch maßgeblich, dass bei anderweitigen Planungsmöglichkeiten nur vernünftige Varianten in Betracht zu ziehen sind. Dabei ist nämlich der Geltungsbereich des Bebauungsplans zu berücksichtigen, z. B. weil nur hier evtl. ein privater Investor bereit ist, in eine bauliche Maßnahme zu investieren. Es wird darauf hingewiesen, dass gerade in diesem Prüffeld Schwierigkeiten auftauchen können, weil der Gesetzgeber sämtliche Planungen nur im Verhältnis zu Umweltbelangen sieht. Die Absicht einer baulichen Nutzung, wie sie als Ordnungsprinzip durch die Bauleitplanung sichergestellt werden soll, kommt in diesem Prüfungsschritt zu kurz. Deshalb ist allgemein bei der Umweltprüfung darauf zu achten, dass diese nicht zu einem wissenschaftlichen Selbstzweck entwickelt wird, sondern zu einer ordnungsgemäßen Vorbereitung der Abwägungsentscheidung durch den Rat je nach den Zielen und Gegebenheiten des betreffenden Plans führen muss. Im Ergebnis besteht daher im Hinblick auf den Untersuchungsumfang und die Untersuchungstiefe kein weitergehendes Anforderungsprofil, als sich dieses aus allgemeinen planerischen Grundsätzen auch nach bisheriger Rechtslage ergibt.

Daraus folgt, dass die Umweltverträglichkeitsprüfung kein Suchverfahren ist, in dem alle nur erdenklichen Auswirkungen eines Vorhabens auf Umweltgüter und deren Wertigkeit bis in alle Einzelheiten und feinsten Verästelungen zu untersuchen wären und gar Antworten auf in der Wissenschaft bisher noch ungeklärte Fragen gefunden werden müssten.[13]

gg. Gegenstand der Ermittlung der Umweltauswirkungen

Gegenstand der Ermittlung sind nach § 2 Abs. 4 Satz 1 BauGB die Belange des Umweltschutzes, wie sie in § 1 Abs. 6 Nr. 7 BauGB und ergänzend in § 1a BauGB aufgeführt sind. Der Katalog städtebaulicher Belange nach § 1 Abs. 6 BauGB ist daher durch die neue Regelung in Nr. 7 erweitert worden. Er enthält eine Aufzählung der für die Abwägung insbesondere zu berücksichtigenden Umweltbelange, die in der Praxis als eine Art Checkliste für die in der Umweltprüfung zu betrachtenden Belange genutzt werden kann. Es werden in § 1 Abs. 6 Nr. 7 BauGB folgende Aspekte aufgeführt:

a) die Auswirkungen auf

  – Tiere,

  – Pflanzen,

  – Boden,

  – Wasser,

  – Luft,

  – Klima,

  – die Landschaft und

  – die biologische Vielfalt;

b) die Erhaltungsziele und der Schutzzweck von FFH- und Vogelschutzgebieten;

c) die Auswirkungen auf den Menschen und seine Gesundheit sowie die Bevölkerung insgesamt, soweit diese umweltbezogen sind;

d) die Auswirkungen auf Kulturgüter und sonstige Sachgüter, soweit diese umweltbezogen sind;

e) die Vermeidung von Emissionen sowie der sachgerechte Umgang mit Abfällen und Abwässern;

f) die Nutzung erneuerbarer Energien sowie der sparsame und effiziente Umgang mit Energie;

g) die Darstellungen von Landschaftsplänen sowie von sonstigen umweltbezogenen Plänen;

h) die Erhaltung der bestmöglichen Luftqualität in bestimmten Gebieten.

---

13 BVerwG, Urt. v. 21.03.1996 - 4 C 19.94, BVerwGE 100, 370.

Um das Verhältnis dieser Regelung in § 1 Abs. 6 Nr. 7 BauGB zu der Bestimmung in § 1a BauGB zu verdeutlichen, ist hervorzuheben, dass die bisher bekannte Eingriffs-/Ausgleichsregelung in § 1a BauGB, die nunmehr die Überschrift „Ergänzende Vorschriften zum Umweltschutz" hat, eine Bestimmung ist, die den Umweltschutz in einem umfassenden Sinn anspricht. Der Begriff Umweltschutz schließt Bodenschutz, Naturschutzrecht, Umweltverträglichkeitsprüfung, Umweltfachpläne ebenso ein wie spezielles europäisches Umweltrecht. Von daher dient § 1a BauGB insbesondere der Präzisierung des Verhältnisses zwischen Bauplanungsrecht zum Umwelt- und Fachplanungsrecht. Mit der Bauleitplanung soll der Umweltschutz unmittelbar und innerhalb der städtebaulichen Rechtsordnung verwirklicht werden. Deshalb ist es auch verständlich, dass sich die Umweltprüfung, die in einem gesonderten Kapitel der Begründung darzulegen ist, reinen Umweltbelangen widmet, wie sie in § 1 Abs. 6 Nr. 7 BauGB im Einzelnen aufgeführt worden sind.

hh. Bewertung im Rahmen der Umweltprüfung

In einem weiteren Arbeitsschritt wird nach der Ermittlung die Bewertung der Umweltauswirkungen vorgenommen. Auch diese ist eine Bewertung, die aus einer rein umweltbezogenen Betrachtung erfolgt. Städtebauliche Belange werden erst bei der Berücksichtigung aller Belange in der Abwägung einbezogen.

In diesem Arbeitsschritt wird nunmehr die Frage auftauchen, wie und in welchem Umfang die Bewertung vorzunehmen ist. Dabei bietet der Gesetzgeber insoweit eine „Erleichterung" an, als nämlich Bewertungsmaßstäbe weder von der europäischen Plan-UP-Richtlinie noch von der Neuregelung im Baugesetzbuch angegeben werden. Mangels solcher Regelung können als Bewertungsmaßstäbe herangezogen werden:[14]

a) umweltbezogene Ziele der Raumordnung nach § 1 Abs. 4 BauGB,

b) die Vorgaben des § 1 Abs. 5 Satz 2 BauGB, nach dem Bauleitpläne dazu beitragen sollen, eine menschenwürdige Umwelt zu sichern und die natürlichen Lebensgrundlagen zu schützen und zu entwickeln,

c) die Bodenschutzklausel nach § 1a Abs. 2 BauGB,

d) die naturschutzrechtliche Eingriffsregelung nach § 1a Abs. 3 BauGB,

e) die Erhaltungsziele und der Schutzzweck von Schutzgebietsausweisungen insbesondere der Gebiete von gemeinschaftlicher Bedeutung und der europäischen Vogelschutzgebiete im Sinne des Bundesnaturschutzgesetzes nach § 1a Abs. 4 BauGB,

f) die in einschlägigen Fachgesetzen und Fachplänen festgelegten Ziele des Umweltschutzes, die für den Bauleitplan von Bedeutung sind; bei Letzteren besteht ein Bezug zu den Aussagen in Fachplänen insbesondere des Naturschutz-, Wasser-, Abfall- und Immissionsschutzrechts nach § 1 Abs. 6 Nr. 7g BauGB,

g) der Trennungsgrundsatz des § 50 Bundesimmissionsschutzgesetz (BImSchG) sowie die übrigen immissionsschutzrechtlichen Regelungen und technische Normen.

---

14 So der Entwurf des Muster-Einführungserlasses zur Anpassung des BauGB's an EU-Richtlinien (Europarechtsanpassungsgesetz Bau - EAG Bau) - EAG Bau - Mustererlass - Stand 12.07.2004.

ii. Eingriffs-/Ausgleichsregelung

Die Ergebnisse der Umweltprüfung liefern auch die fachlichen Grundlagen für die naturschutzrechtliche Eingriffsregelung sowie ggf. die Verträglichkeitsprüfung nach der FFH-Richtlinie. Durch die Ermittlung und Bewertung der Umweltauswirkungen im Rahmen der Umweltprüfung kann die Entscheidung über die Berücksichtigung der naturschutzrechtlichen Eingriffsregelung abschließend vorbereitet werden. Damit sind zusätzliche Untersuchungen nicht mehr notwendig.

jj. Abwägung

Ein wesentlicher Abschnitt im Verfahren zur Aufstellung eines Bebauungsplans ist die Abwägung (§ 1 Abs. 7 BauGB). Da der Bebauungsplan die nachhaltige städtebauliche Entwicklung gewährleisten soll, dürfen die umfänglichen neuen Regelungen im Baugesetzbuch, die Umweltbelangen dienen, das eigentliche Ziel der Bauleitplanung nicht verstellen. Insofern sind die Belange der wirtschaftlichen Entwicklung, der Wohnraumversorgung, der Schaffung von Arbeitsplätzen und dergleichen im Auge zu behalten. Sie nehmen aber alle Teil an dem Abwägungsprozess. Die im Umweltbericht zusammengefassten Belange des Umweltschutzes bilden dabei eine besondere Gruppe, die allerdings in der Abwägung keinen qualitativ hervorgehobenen Stellenwert hat. In der Ausgleichsentscheidung ist es selbstverständlich möglich, dass bestimmte Belange „überwunden" werden können. So kann der Wohnraumversorgung wie der Schaffung von Arbeitsplätzen bei der Ansiedlung von Gewerbe- und Industriebetrieben in der Bewertung im Ergebnis Vorrang eingeräumt werden. Diese Entscheidung ist eine autonome Entscheidung der Gemeinde. Sie ist auch für die Bewertung verantwortlich.

kk. Zusammenfassende Erklärung

Durch das Europarechtsanpassungsgesetz Bau ist ferner § 10 Abs. 4 BauGB neu gefasst worden. Danach ist dem Bebauungsplan eine zusammenfassende Erklärung beizufügen. Diese enthält Angaben zur Art und Weise der Berücksichtigung der

– Umweltbelange

– Ergebnisse der Öffentlichkeits- und Behördenbeteiligung

– der geprüften anderweitigen Planungsmöglichkeiten

in dem jeweiligen Bebauungsplan. Auswirkungen auf die Rechtswirksamkeit des Bebauungsplans gehen jedoch von der zusammenfassenden Erklärung nach § 214 BauGB nicht aus, da die Erklärung einen zustande gekommenen Bebauungsplan voraussetzt.

IV. Zuständigkeiten

Das Baugesetzbuch enthält grundsätzlich keine Bestimmung darüber, welches Organ innerhalb der Gemeinde für bestimmte Verfahrensakte zur Aufstellung eines Bebauungsplans zuständig ist. Es wird sogar ausdrücklich darauf verzichtet, Regelungen über Beschlüsse „der Gemeinde" zu treffen. Folglich wird die Bestimmung der Organzuständigkeit dem Gemeindeverfassungsrecht der Länder überlassen. Nach § 41 Abs. 1g der Gemeindeordnung für das Land Nordrhein-Westfalen (GO NW) muss der Rat einer Gemeinde die abschließenden materiell-rechtlichen Beschlüsse über den Flächennutzungsplan und den Bebauungsplan fassen. Eine Übertragung auf Ausschüsse kommt insoweit nicht in Betracht. Die Beschlussfassung hat in öffentlicher Sitzung zu erfolgen. Auch hier ist die GO NW maßgeblich. Die zitierte Regelung der GO NW lässt es zu, dass vorbereitende Beschlüsse (z. B. über die Aufstellung, über die Offenlage) im Bauleitplanverfahren durch Ausschüsse getroffen werden können. Bezüglich der Abwägung wird jedoch die Auffassung vertreten, dass diese Bestandteil des abschließenden Satzungsbeschlusses eines Bebauungsplans ist. Daraus folgt, dass die Abwägung auch nur vom Rat vorgenommen werden kann. Es ist daher empfehlenswert, dass die Abwägung, die evtl. vorher im Bau- und/oder Planungsausschuss vorgenommen wird, allenfalls als Empfehlung für den Rat beschlossen werden kann.

V. Monitoring

Durch die Neuregelung des § 4c BauGB werden die Gemeinden als Überwachungsbehörden etabliert. Diese haben die erheblichen Umweltauswirkungen zu überwachen, die aufgrund der Durchführung der Bauleitpläne eintreten. Damit sollen insbesondere unvorhergesehene nachteilige Auswirkungen frühzeitig ermittelt werden. Als unvorhergesehen werden solche Auswirkungen angesehen, die nach Art und/oder Intensität nicht bereits Gegenstand der Abwägung gewesen sind. Dabei sind die im Umweltbericht angegebenen Überwachungsmaßnahmen heranzuziehen. Ebenfalls können Informationen von Fachbehörden herangezogen werden. Den Fachbehörden wird eine Verpflichtung auferlegt, die Gemeinden darauf hinzuweisen, wenn sie Erkenntnisse insbesondere über unvorhergesehene nachteilige Umweltauswirkungen haben. Die Gemeinden sollen von aufwendigen Ermittlungen entlastet werden. Diese „Bringschuld" der Fachbehörden insbesondere nach Abschluss der Planung trägt dem Umstand Rechnung, dass von verschiedenen Behörden im Rahmen ihrer gesetzlichen Aufgabenerfüllung bereits Umweltdaten erhoben werden. Die nähere Ausgestaltung des Überwachungssystems obliegt der Gemeinde.

VI. Vereinfachtes Verfahren

§ 13 BauGB befasst sich mit dem vereinfachten Verfahren bei Änderungen und/oder Ergänzungen eines Bauleitplans, also auch des Bebauungsplans. Grundvoraussetzung für die Anwendung des vereinfachten Verfahrens ist, dass durch die Änderung oder Ergänzung die Grundzüge der Planung nicht berührt werden oder durch die Aufstellung eines Bebauungsplans in einem Gebiet nach § 34 BauGB der sich aus der Eigenart der näheren Umgebung ergebende Zulässigkeitsmaßstab nicht wesentlich verändert. Die Begriffe „Grundzüge der Planung" und „Eigenart der näheren Umgebung" sind in der Rechtsprechung ausführlich beschrieben worden. Diese gelten nach wie vor.

In der Begründung zum Regierungsentwurf des Europarechtsanpassungsgesetzes Bau werden zu dem Tatbestandsmerkmal „Grundzüge der Planung nicht berührt" folgende Fälle zitiert: die Änderung eines reinen Wohngebiets nach § 13 BauNVO in ein allgemeines Wohngebiet nach § 4 BauNVO für den Bereich von 4 Parzellen oder die Verschiebung einer Bebauungsplangrenze um 5 m.

Zu dem Tatbestandsmerkmal „Eigenart der näheren Umgebung" werden in der Begründung folgende Sachverhalte erwähnt: kleinräumige Strukturen wie der Straßenzug, in dem sich das fragliche Grundstück befindet, und die gegenüberliegende Straßenfront, jedoch keineswegs notwendig alle Grundstücke in der Umgebung, die zu derselben Baugebietskategorie gehören; im Falle eines SB-Marktes ist das Verkehrsaufkommen der nächsten Straßenkreuzung nicht unter die Eigenart der näheren Umgebung zu fassen.

VII. Vorhaben- und Erschließungsplan

Durch § 12 BauGB wird der Gemeinde die Möglichkeit eingeräumt, dass ein Investor (= Vorhabenträger) einen Plan zur Durchführung eines vom Investor beabsichtigten Vorhabens erarbeitet, der mit der Gemeinde abzustimmen ist. Der Vorhabenträger muss in der Lage sein, innerhalb einer bestimmten Frist das Vorhaben auch auszuführen. Die Planungs- und Erschließungskosten trägt der Erschließungsträger. Dies wird in einem Durchführungsvertrag geregelt. Zu berücksichtigen ist, dass die Gemeinde über den Antrag eines Vorhabenträgers zur Aufstellung eines Vorhaben- und Erschließungsplans nach pflichtgemäßem Ermessen zu entscheiden hat. Auch für das Verfahren zur Aufstellung eines Vorhaben- und Erschließungsplans ist nunmehr durch das Europarechtsanpassungsgesetz Bau die Anwendung des § 2a BauGB für obligatorisch erklärt. Dies hat zur Konsequenz, dass auch der Begründung zu dem Vorhaben- und Erschließungsplan der bereits geschilderte Umweltbericht beizufügen ist.

VIII. Entschädigung bei Änderung oder Aufhebung einer zulässigen Nutzung

Wird die zulässige Nutzung eines Grundstücks durch Aufhebung oder Änderung eines Bebauungsplans geändert und tritt dadurch eine nicht nur unwesentliche Wertminderung des Grundstücks ein, kann der Eigentümer nach Maßgabe der Bestimmungen des § 42 Abs. 2 bis 9 BauGB eine angemessene Entschädigung in Geld verlangen. Als erste allgemeine Voraussetzung für alle in § 42 Abs. 2 bis 9 BauGB ausgestalteten Ansprüche ordnet § 42 Abs. 1 BauGB an, dass die zulässige Nutzung eines Grundstücks aufgehoben oder geändert wird. Dies bedeutet, dass die bisherige bauliche und sonstige Nutzung in der Form zulässig war, dass auf ihre Ausübung oder Verwirklichung nach einem der bauplanungsrechtlichen Zulässigkeitstatbestände – § 30 BauGB (im Geltungsbereich eines Bebauungsplans), § 34 BauGB (Zulässigkeit von Vorhaben innerhalb der im Zusammenhang bebauten Ortsteile), § 35 BauGB (Zulässigkeit von Vorhaben im Außenbereich) oder § 33 BauGB (Zulässigkeit von Vorhaben während der Aufstellung eines Bebauungsplans) – ein Anspruch bestand, insbesondere also auch die Erschließung gesichert war. Diese zulässige Nutzung muss aufgehoben oder geändert werden. Dies geschieht in der Regel durch einen Bebauungsplan. Spezielle Voraussetzung eines Entschädigungsanspruchs nach § 42 Abs. 2 BauGB ist, dass die zulässige Nutzung eines Grundstücks innerhalb einer Frist von 7 Jahren zulässigerweise aufgehoben oder geändert wird. Es handelt sich dabei um die sog. 7-jährige Plangewährleistung. Diese wirkt Umplanungen entgegen, so dass sich das Planungsgeschehen insgesamt verstetigt. Nur während der mit der Zulässigkeit (also auch mit der Erschließung) beginnenden 7-Jahres-Frist werden zulässige aber nicht ausgeübte oder nicht verwirklichte Nutzungsmöglichkeiten entschädigt. Die Entschädigung bemisst sich dabei nach dem Unterschied zwischen dem Wert, den das Grundstück aufgrund der zulässigen Nutzung hat, und dem Wert, der sich infolge der Aufhebung der Änderung für das Grundstück ergibt.

IX. Städtebaulicher Vertrag

Durch § 11 BauGB ist den Gemeinden die Möglichkeit zum Abschluss städtebaulicher Verträge eingeräumt. Die Gegenstände solcher vertraglicher Regelungen sind unter den Nummern 1 bis 4 des Abs. 1 Satz 2 aufgeführt. Der städtebauliche Vertrag hat den Vorteil, dass aufgrund vertraglicher Basis der Investor die städtebaulichen Maßnahmen auf eigene Kosten durchführt. Dazu gehört selbstverständlich auch die Aufstellung von Plänen, soweit dies vertraglich vereinbart wird. Vielfach wird die Auffassung vertreten, man könne durch einen städtebaulichen Vertrag auch Kosten, die der Verwaltung dadurch entstehen, dass sie z. B. das Verfahren zur Aufstellung eines Bebauungsplans mit verwaltungseigenen Kräften durchführen muss, auf den Investor und Vertragspartner überwälzen. Diese Auffassung ist unzutreffend. Die verwaltungsseitigen Kosten für den Einsatz von Personal und die Sachleistungen sind von der Verwaltung der Gemeinde selbst zu tragen, es sei denn, diese ist hierzu finanziell nicht in der Lage. Der normal vorgehaltene Verwaltungsapparat wird durch das allgemeine Steueraufkommen finanziert. Aus diesem Grund ist es nicht vertretbar, dem investierenden Bürger nochmals die Verwaltungskosten aufzuerlegen. Folgelasten, die durch bauliche Maßnahmen ursächlich werden, können hingegen dem Investor angelastet werden. Eine abstrakte Investitionspauschale ist ebenso unzulässig wie die „Erhebung" von „Infrastrukturbeiträgen".

X. Satzungen nach §§ 34 und 35 BauGB

§ 34 Abs. 4 BauGB ermächtigt die Gemeinde, Satzungen zu erlassen. Das Gesetz beschreibt vier Satzungstypen. Nach Abs. 4 Nr. 1 können die Grenzen für im Zusammenhang bebaute Ortsteile festgelegt werden. Eine solche Satzung ist rein deklaratorisch. Dies bedeutet, dass es sich in dem von der Satzung erfassten Bereich materiell-rechtlich um Fälle handelt, die nach § 34 BauGB zu beurteilen sind.

Nach Abs. 4 Nr. 2 BauGB können durch Satzung bebaute Bereiche im Außenbereich als im Zusammenhang bebaute Ortsteile festgelegt werden, wenn die Flächen im Flächennutzungsplan als Baufläche dargestellt sind. Damit werden konstitutiv Außenbereichsgrundstücke rechtlich „umgewandelt" in Grundstücke, die einem im Zusammenhang bebauten Ortsteil zuzurechnen sind.

Nach Abs. 4 Nr. 3 können einzelne Außenbereichsflächen in die im Zusammenhang bebauten Ortsteile einbezogen werden, wenn die einbezogenen Flächen durch die bauliche Nutzung des angrenzenden Bereichs entsprechend geprägt sind. Diese Satzungsermächtigung ermöglicht es den Gemeinden, den Bogen der einzubeziehenden Außenbereichsgrundstücke etwas weiter zu umspannen, jedoch unter Beachtung der erwähnten Voraussetzungen. Für den letzteren Vertragstypus der Nr. 3 verbleibt es bei der bisherigen Rechtslage. Hier ist die naturschutzrechtliche Eingriffsregelung anzuwenden. Für diesen Satzungstyp wie auch für die Satzungstypen der Nummern 1 und 2 besteht keine Pflicht zur förmlichen Durchführung einer Umweltprüfung. Alle Satzungstypen bedürfen nicht der Genehmigung der höheren Verwaltungsbehörde.

§ 35 Abs. 6 BauGB regelt die Ermächtigung für die Gemeinden zum Erlass sog. Außenbereichssatzungen. Auch dieser Satzungstyp bedarf keiner förmlichen Durchführung einer Umweltprüfung.

F Der Bürgermeister als Beamter

Bürgermeister in Nordrhein-Westfalen stehen nach der Einführung der Einheitsspitze an der Schnittstelle von Recht und Politik. Als höchste Repräsentanten der Kommunen, zwar urgewählt und damit unmittelbar durch die Bürger politisch legitimiert, zugleich aber vielfach von einer bestimmten Partei nominiert bzw. unterstützt, ähneln sie eher Politikern. Rechtlich sind sie hingegen Beamte mit allen grundsätzlich damit verbundenen Rechten und Pflichten. In der nunmehr folgenden Darstellung wird deshalb gezeigt, wie die Rechtsordnung ihre Rolle definiert, was sie von ihnen als Beamte verlangt und wo sie politische Freiräume gewährt.

I. Begründung des Beamtenverhältnisses

1. Rechtsstellung

Die Rechtsstellung des Bürgermeisters ergibt sich aus § 195 Landesbeamtengesetz (LBG). Er wird von den Bürgern gewählt (§ 65 I S. 1 Gemeindeordnung [GO]) und ist ein **kommunaler Wahlbeamter** (§ 62 I S. 1 GO) **in Form des sog. Amtsbeamten**[1]. Bis auf die Anforderungen des § 65 V GO muss er keine weiteren formellen oder materiellen Qualifikationen, insbesondere keine laufbahnrechtlichen Vorgaben, erfüllen (§ 15 II LBG). Sind die Bürgermeister durch Volkswahl in ihr Amt gekommen, gelten hinsichtlich ihrer Auswahl die Leitgedanken des Art. 33 II Grundgesetz (GG), § 7 I LBG („Leistungsprinzip") nicht. Sie werden vom Demokratieprinzip überlagert.[2] Das in Art. 20 I GG niedergelegte und in seinem Abs. 2 konkretisierte Demokratieprinzip führt zu Ausnahmen von Art. 33 II GG. Der Beamte erhält seine Legitimation durch den Wahlakt des Volkes. Ausschlaggebend ist zum einen die Vorstellung, der Bürger wähle in jedem Fall den besten Bewerber. Zum anderen kann vom Souverän nicht verlangt werden, dass er seine Wahlentscheidung an den gleichen Kriterien (Art. 33 II GG: „Eignung, Befähigung und fachliche Leistung") auszurichten hat, denen staatliche Organe unterworfen sind.[3]

Der Bürgermeister wird in ein **Beamtenverhältnis auf Zeit** berufen (§ 195 II S. 1 LBG). Es bedarf keiner Ernennung (§ 195 III S. 1, 2. Alternative LBG) sowie damit auch keiner Ernennungsurkunde. Sonst sind auf die Bürgermeister die für die Beamten allgemein geltenden Vorschriften des LBG anzuwenden, sofern § 195 LBG nichts anderes bestimmt (§ 195 I LBG).

Nachfolgend werden deshalb die entsprechenden Abweichungen gezeigt sowie Problemstellungen behandelt, die aufgrund der Erfahrungen der letzten fünf Jahre seit der Einführung des urgewählten Bürgermeisters häufiger aufgetreten sind.

---

1   Ein Amtsbeamter hat ein funktionsgebundenes Amt inne, das ihm nicht durch Umsetzung, Versetzung, Abordnung, Zuweisung oder Geschäftsplanänderung entzogen werden darf. Der Amtsinhaber hat vielmehr ein subjektiv-öffentliches Recht auf ein spezielles konkret-funktionelles Amt; vgl. näher Wichmann/Langer, Öffentliches Dienstrecht, 5. Aufl. 2002, Rn. 71.
2   Wichmann/Langer, am angegebenen Ort (a. a. O.) (Fn 1), Rn. 73.
3   Wichmann, Zeitschrift für Beamtenrecht (ZBR) 1988, S. 365 (369); derselbe, Parteipolitische Patronage, S. 87 ff.

2. Amtsantritt

Das Beamtenverhältnis des direkt gewählten Bürgermeisters wird mit dem **Tag der Annahme der Wahl**, frühestens mit Beginn der Wahlzeit des Rates, begründet („Amtsantritt"; § 195 III S. 1 LBG). Schwierigkeiten können dann auftreten, wenn der Amtsinhaber erst mit Erreichen der Altersgrenze in den Ruhestand tritt (vgl. § 195 IV S. 2, 1. Halbsatz LBG), sein Nachfolger aber schon vor diesem Zeitpunkt gewählt wurde, etwa um längere Vakanzen zu vermeiden. Das Beamtenverhältnis eines Bürgermeisters wird durch seine rechtsgültige Wahl formell begründet. Wirksam wird es hingegen erst mit dem Amtsantritt.[4] Der Tag der Annahme der Wahl sollte deshalb nicht vor dem Zeitpunkt liegen, in dem der Amtsinhaber in den Ruhestand tritt. Ist dies nicht der Fall, endet die Amtszeit des alten Bürgermeisters infolge der gesetzlichen Anordnung in § 195 II S. 2 LBG bereits mit dem Amtsantritt des Nachfolgers und damit vor dem Ende des Monats, in dem die Altersgrenze erreicht wurde.

Ist der zum Bürgermeister Gewählte Beamter, endet sein (früheres) Beamtenverhältnis zu einem anderen Dienstherrn (§ 32 I S. 1 Nr. 2, 1. Halbsatz LBG) oder zu demselben Dienstherrn (§ 32 II LBG) automatisch durch Entlassung kraft Gesetzes mit Begründung des Beamtenverhältnisses als Bürgermeister. Sinn und Zweck liegen darin, dass es keine zwei Beamtenverhältnisse geben darf. Sollte sich das Beamtenverhältnis als Bürgermeister später als nichtig erweisen (§ 195 III S. 2, 1. Halbsatz LBG) oder mit Rückwirkung zurückgenommen werden, lebt das frühere Beamtenverhältnis zum alten Dienstherrn wieder auf. Die Entlassung (§ 32 I S. 1 Nr. 2, II LBG) hat als Rechtsgrundlage die wirksame Begründung eines neuen Dienst- oder Amtsverhältnisses.[5]

3. Höchstalter

Für Bürgermeister ist das **vollendete 68. Lebensjahr** die Altersgrenze (§ 195 IV S. 1 LBG). Anders ist die Regelung in Niedersachsen. Dort besteht eine Höchstaltersgrenze von 65 Jahren für eine Kandidatur zur Bürgermeisterwahl (§ 61 IV niedersächsische GO). Diese Höchstaltersgrenze ist verfassungsgemäß, da sie im Interesse der Allgemeinheit an einer kontinuierlichen und effektiven Amtsführung über die gesamte Amtszeit liegt.[6] Gleiches gilt für Brandenburg mit seiner Altersgrenze von 62 Jahren.[7]

II. Inhalte des Beamtenverhältnisses

1. Kompetenzen

Zum Selbstverwaltungsrecht der Gemeinden und Gemeindeverbände (Art. 28 II GG) gehört auch die Personalhoheit. Diese kann jedoch nur im Rahmen der Gesetze ausgeübt werden (Art. 28 II S. 1 GG), der im Beamtenrecht sehr eng gespannt ist. Es gibt **keine eigenständige Rechts-**

---

4 Korn/Tadday, Beamtenrecht NW, Loseblattsammlung, § 195 LBG, Anmerkung 3.
5 Wichmann/Langer, a. a. O. (Fn 1), Rn. 285; Schütz/Maiwald, Beamtenrecht, Loseblattsammlung, § 32 LBG, Rn. 27 f., 35; Plog/Wiedow/Lemhöfer/Bayer, Bundesbeamtengesetz, Loseblattsammlung, § 29 BBG, Rn. 8.
6 Bundesverfassungsgericht (BVerfG), Neue Zeitschrift für Verwaltungsrecht (NVwZ) 1997, S. 1207 = ZBR 1997, S. 397 (398 f.).
7 BVerfG, Landes- und Kommunalverwaltung (LKV) 1993, S. 423.

setzungsbefugnis der Gemeinden und Gemeindeverbände im materiellen Beamtenrecht. Das ist sachlich notwendig, um durch einheitliche Rechtsgrundlagen eine reibungslose Personalrekrutierung und den Austausch von Beamten zwischen den Hoheitsträgern zu ermöglichen.

Kommunen haben **aber formelle Entscheidungsspielräume** bei der Frage, wer zuständig ist. Grundsätzlich ist der Bürgermeister für die beamten-, arbeits- und tarifrechtlichen Entscheidungen zuständig (§ 74 I S. 2 GO), jedoch nicht für die Wahl der Beigeordneten (§ 41 I S. 2 c) GO) und ebenfalls nicht bei der Bestellung und Abberufung des Leiters des Rechnungsprüfungsamtes und der Prüfer (§ 104 II S. 1 GO).

Der Rat kann es hingegen durch entsprechende Fassung der Hauptsatzung anders regeln (§ 74 I S. 3 GO). Hierbei muss man allerdings folgendes beachten: Dem Bürgermeister dürfen durch Hauptsatzung die personalpolitischen Kompetenzen weder völlig noch für wichtige Bereiche (z. B. sämtliche Beamten) entzogen werden.[8] Die gesetzliche Wertentscheidung (§ 74 I S. 2 GO) geht davon aus, dass die **Personalkompetenzen grundsätzlich beim Bürgermeister** und gerade nicht bei einer anderen Stelle liegen sollen. Eine hiervon **abweichende Normierung in der Hauptsatzung** ist deshalb **nur soweit zulässig wie der Wesensgehalt** der Bestimmung und die daraus folgende Rechtsstellung des Bürgermeisters **nicht angetastet** werden. Die Normen müssen aufgrund der hervorgehobenen Stellung und der demokratischen Legitimation des Bürgermeisters sowie wegen seines Rechts auf amtsangemessene Beschäftigung (Art. 33 V GG) einschränkend interpretiert werden. Somit dürfte allein hinsichtlich einzelner Personalentscheidungen bestimmter Beamtengruppen (z. B. sämtliche Beförderungen von Beamten des höheren Dienstes) eine Übertragung auf den Rat rechtlich nicht zu beanstanden sein. Dabei kann nach der Größe einer Gemeinde, ihrer Aufbauorganisation oder ihrer Beschäftigungsstruktur differenziert werden. Die Satzungsermächtigung finde dort ihre Grenze, wo die Regelung derart vom gesetzlichen Leitbild der Alleinzuständigkeit des Bürgermeisters in Personalangelegenheiten abweiche, dass diesem keine seiner Verantwortlichkeit korrespondierende Zuständigkeit mehr verbleibe.[9] Das VG Aachen stellte im konkreten Fall, ergangen zu Gunsten des Bürgermeisters der Stadt Wassenberg, fest, dass diesem eine Mitentscheidungsbefugnis über die Ernennung und Entlassung von Beamten der Besoldungsgruppen A 1 bis A 10, von Angestellten der Vergütungsgruppen VI b Bundesangestelltentarifvertrag (BAT) bis IV b BAT und von Arbeitern zustehe. Sie könne ihm nicht generell durch entsprechende Regelungen in der Hauptsatzung entzogen werden. Eine Entscheidung, mit der sich der Rat im Einzelfall bestimmte Kompetenzen vorbehält, ist keine von § 74 I S. 3 GO vorausgesetzte Regelung durch Hauptsatzung und insofern bereits deshalb rechtswidrig.[10]

Darüber hinaus darf der Rat allerdings allgemeine Grundsätze für grundlegende beamtenrechtliche Entscheidungen aufstellen (§ 41 I S. 2 a) GO). So könnte er in der Hauptsatzung festlegen, dass über die geregelten Fälle (§§ 7 III LBG, 8 I S. 1 Landesgleichstellungsgesetz [LGG], 71 II S. 3 GO) hinaus Stellen generell auszuschreiben sind. Im Übrigen verbleibt es natürlich

---

8 Verwaltungsgericht (VG) Aachen, Nordrhein-Westfälische Verwaltungsblätter (NWVBl) 2001, S. 482 (483) = Die öffentliche Verwaltung (DÖV) 2002, S. 39 (39 f.) = Rechtsprechungsreport der Neuen Zeitschrift für Verwaltungsrecht (NVwZ-RR) 2002, S. 214 (215 f.); Wichmann/Langer, a. a. O. (Fn 1), Rn. 43; Klieve/Stibi, Verwaltungsrundschau (VR) 2001, S. 16 (19).

9 VG Aachen, NWVBl 2001, S. 482 (484) = DÖV 2002, S. 39 (40) = NVwZ-RR 2002, S. 214 (215 f.).

10 VG Minden, Urteil vom 20.1.1999, 10 K 5153/97.

bei den personalpolitischen Kompetenzen, die der Rat in seiner Eigenschaft als oberste Dienstbehörde (§ 3 I S. 1 Nr. 2 LBG) hat.

Hingegen ist der Bürgermeister **Dienstvorgesetzter** (§§ 73 II GO, 3 IV S. 1, 1. Halbsatz LBG). Er trifft deshalb die beamtenrechtlichen Entscheidungen in persönlichen Angelegenheiten der Beamten. In dieser Eigenschaft hat er die Kompetenz zu Umsetzungen und damit auch zu Änderungen in der Verteilung der Stellen auf die einzelnen Ämter einer Verwaltung. Die Umsetzung ist eine Maßnahme, die auf der Organisationsgewalt beruht, so dass sich die Zuständigkeit des Bürgermeisters ebenfalls auf § 62 I S. 3 GO stützen lässt. Der Stadtrat hat angesichts der Organisationshoheit des Bürgermeisters keine rechtliche Handhabe, diesen zu zwingen, einen bestimmten Beamten auf eine spezielle Stelle umzusetzen.[11] Selbst wenn der Rat durch Regelung in der Hauptsatzung für Einstellungen zuständig ist, wäre der Bürgermeister nicht gehindert, die konkrete Stelle durch Umsetzung zu besetzen. Das Recht des Rates beschränkte sich darauf, generell über die Einstellung eines externen Bewerbers zu entscheiden. Angesichts der Organisationsgewalt des Bürgermeisters darf damit keine konkrete Aufgabenzuweisung durch den Rat an diesen Kandidaten verbunden sein.

Der **Bürgermeister selbst hat** aufgrund seiner kommunalverfassungsrechtlichen Stellung **keinen Dienstvorgesetzten. Hierdurch entstehen** in der Praxis häufig **Probleme**, wenn seine eigenen persönlichen Angelegenheiten, beispielsweise bei der Genehmigung von Nebentätigkeiten oder Dienstreisen sowie bei der Gewährung von Reisekosten oder Trennungsentschädigung, entschieden werden sollen. Fraglich ist, wer in diesen Fällen die Aufgaben eines Dienstvorgesetzten wahrnimmt. Bei den Beamten der Gemeinden und Gemeindeverbänden richtet sich die Zuständigkeit für beamtenrechtliche Entscheidungen über die persönlichen Angelegenheiten nach dem Kommunalverfassungsrecht (§ 3 IV S. 2, 1. Alternative LBG). Dienstvorgesetzter ist demgemäß die durch das Kommunalverfassungsrecht bestimmte Stelle (§ 3 II S. 1 Nr. 2 LBG). Sollte – wie hier – im Kommunalverfassungsrecht nicht geregelt worden sein, wer Dienstvorgesetzter ist, gilt § 3 II S. 3 LBG. Danach bestimmt für die Beamten der Gemeinden und Gemeindeverbände die oberste Aufsichtsbehörde, wer die Aufgaben des Dienstvorgesetzten wahrnimmt. Dies entspricht dem allgemeinen beamtenrechtlichen Grundsatz, dass es immer jemanden geben muss, der die Aufgaben eines Dienstvorgesetzten ausübt[12] (so auch § 3 II S. 3, 2. Halbsatz Bundesbeamtengesetz [BBG]). Die oberste Aufsichtsbehörde der Gemeinden und Gemeindeverbände ist das Innenministerium (§ 117 IV GO). Mit Erlass vom 17.12.94, III A 1 – 10.10.10 – 3942/94, hat es angeordnet, dass der Rat/Kreistag „im Einzelfall Aufgaben des Dienstvorgesetzten wahr(nimmt), z. B. bei umfangreichen Nebentätigkeiten und längeren Auslandsdienstreisen". Leider hat sich das Innenministerium bei seiner Festlegung nicht davon leiten lassen, dass es zur Vermeidung parteipolitischer und damit unsachlicher Einflüsse auf allein nach juristischen Maßstäben zu treffende Rechtsakte über persönliche Angelegenheiten zweckmäßig ist, den allgemeinen Vertreter des Bürgermeisters oder den Verwaltungsvorstand und gerade nicht den Rat handeln zu lassen. Darüber hinaus ist nicht erkennbar, was „umfangreiche Nebentätigkeiten" sind und warum dies nicht generell gilt. In einem weiteren Erlass vom 28.4.1998 hat das Innenministerium – ohne seine Kompetenz aus § 3 II S. 3 LBG zu erkennen – definiert, wann eine Nebentätigkeit umfangreich ist. Dies sei der Fall, wenn die

---

11 Wichmann/Langer, a. a. O. (Fn 1), Rn. 195.
12 Wichmann/Langer, a. a. O. (Fn 1), Rn. 55.

„zeitliche Beanspruchung in der Woche mehr als ein Zehntel der regelmäßigen wöchentlichen Arbeitszeit" betrage oder wenn „die durch die Nebentätigkeit erzielten Einkünfte (Vergütungen) die Höchstgrenzen nach § 13 NtV" überschritten.[13] Der Verfasser kann diese Unterscheidung juristisch nicht nachvollziehen. Weder das kommunale Verfassungsrecht noch das Beamtenrecht gestatten, nach wichtigen und unwichtigen Aufgaben eines Dienstvorgesetzten zu differenzieren. Vielmehr muss es generell jemanden geben, der sie wahrnimmt. Selbst der von Gesetzes wegen unabhängige Richter untersteht einer Dienstaufsicht, wenn dadurch seine Unabhängigkeit nicht beeinträchtigt wird (§ 26 I Deutsches Richtergesetz). Wegen dieser juristischen Widersprüche und um parteipolitisch geprägte Entscheidungen zu vermeiden, ist dem Innenministerium nicht zu folgen. In Nordrhein-Westfalen sollten vielmehr der allgemeine Vertreter oder bei grundsätzlicheren Angelegenheiten der Verwaltungsvorstand entscheiden. Ebenfalls verbietet sich eine Kompetenz der Aufsichtsbehörde, da es sich um eine aus der Personalhoheit folgende Selbstverwaltungsangelegenheit handelt.[14] In anderen Bundesländern nehmen – je nach Aufgabe sogar unterschiedlich – die (Rechts-)Aufsichtsbehörde (Baden-Württemberg, Hessen, Rheinland-Pfalz, Saarland), der Rat (Bayern, Niedersachsen, Saarland, Schleswig-Holstein) oder der allgemeine Vertreter (Rheinland-Pfalz, Saarland) die Aufgaben des Dienstvorgesetzten wahr.[15]

Hingegen wäre es, auch ohne einen solchen Spruch des Innenministeriums, **unzulässig, den Bürgermeister in eigenen Angelegenheiten selbst entscheiden zu lassen**. Dem deutschen Rechtssystem wohnt ein Grundsatz inne, dass Entscheidungen in eigenen Angelegenheiten zu unterbleiben haben. Für das Verwaltungsverfahren ergibt sich das bereits aus der Befangenheitsvorschrift des § 20 I S. 1 Nr. 1 Verwaltungsverfahrensgesetz (VwVfG). Danach darf für eine Behörde in einem Verwaltungsverfahren nicht handeln, wer selbst Beteiligter ist. Beteiligter ist ebenfalls der Antragsteller (§ 13 I Nr. 1 VwVfG). Stellt somit der Bürgermeister einen Antrag, der auf Erlass eines Verwaltungsaktes gerichtet ist (§ 9 VwVfG), ist er befangen. Beamtenrechtlich ergibt sich das Prinzip, keine Entscheidung in eigenen Angelegenheiten treffen zu sollen, aus § 62 I LBG. Danach ist der Beamte von Amtshandlungen zu befreien, die sich gegen ihn selbst oder einen Angehörigen richten.

Schließlich finden sich **spezialgesetzliche Ausprägungen** dieses Grundsatzes. Über Beihilfeanträge des Dienstvorgesetzten entscheidet sein allgemeiner Vertreter (§ 15 I S. 2 Beihilfenverordnung [BVO]). In § 195 VI S. 2 LBG ist hinsichtlich der Bürgermeister zudem angeordnet, dass die Aufsichtsbehörde die Aufgaben des Dienstvorgesetzten in den Fällen der §§ 46 I (begrenzte Dienstfähigkeit), 47 I (Versetzung in den Ruhestand wegen Dienstunfähigkeit), 64 LBG (Aussagegenehmigung) sowie des § 45 III BeamtVG (Untersuchungsverfahren beim Dienstunfall) wahrnimmt. Sie gilt ferner im Disziplinarrecht gegenüber den Bürgermeistern der Gemeinden und Gemeindeverbände als Dienstvorgesetzter (§ 126 II S. 1 Nr. 1, 1. Alternative Disziplinarordnung).

---

13 Pikanterweise übersieht das Innenministerium in einem weiteren Erlass zu „Gremientätigkeiten von Hauptverwaltungsbeamten" vom 9.4.2003, 31-37.02.40-3932/02, bei seinen Ausführungen unter „IV. Fehlender Dienstvorgesetzter" diese bereits getroffene bindende Festlegung auf den Rat als Dienstvorgesetzten bei der Genehmigung von Nebentätigkeiten.

14 Wichmann/Langer, a. a. O. (Fn 1), Rn. 55.

15 Übersicht bei Schütz/Maiwald, a. a. O. (Fn 5), § 3 LBG, Rn. 22.

2. Rechte

a. Besoldung

Die Bezahlung der Bürgermeister richtet sich nach § 2 I **Eingruppierungsverordnung** (EingruppierungsVO). Hier hat bereits der Gesetzgeber selbst durch die abschließend vorgegebenen, sich an Einwohnerzahl und Funktion orientierenden Einstufungen den von § 18 S. 1 Bundesbesoldungsgesetz (BBesG) verlangten Bewertungsvorgang vollzogen. Für die Einreihung in die Besoldungsgruppen und die Bemessung der Aufwandsentschädigung ist die Einwohnerzahl maßgebend, die vom Statistischen Landesamt den 30.6. des Vorjahres fortgeschrieben wurde (§ 9 S. 1 EingruppierungsVO i. V. m. § 4 I S. 1 Bundeskommunalbesoldungsverordnung). Demzufolge muss man abwarten, bis eine solche rechtsverbindliche Mitteilung des Landesamtes für Statistik und Datenverarbeitung vorliegt. Sollte danach die Einwohnerzahl den Schwellenwert übersteigen, muss der Bürgermeister mit Wirkung für die Zukunft höher eingruppiert werden (§ 2 I EingruppierungsVO). Aus der Formulierung „sind einzugruppieren", folgt ein entsprechender rechtlich nicht beschränkbarer Anspruch des Bürgermeisters.[16] Dabei ist eine rückwirkende Einweisung in die Planstelle von höchstens 3 Monaten zulässig, sofern dies in der Haushaltssatzung bestimmt wurde und die weiteren dort genannten Voraussetzungen vorliegen (§ 3 I S. 2 Landesbesoldungsgesetz).

b. Aufwandsentschädigungen

Aufwandsentschädigungen dürfen nur gewährt werden, wenn aus dienstlicher Veranlassung Aufwendungen entstehen, deren Übernahme dem Beamten, Richter oder Soldaten nicht zugemutet werden kann, und der Haushaltsplan Mittel dafür zur Verfügung stellt (§ 17 S. 1 BBesG). Aufwandsentschädigungen in festen Beträgen sind allein zulässig, wenn aufgrund tatsächlicher Anhaltspunkte oder tatsächlicher Erhebungen nachvollziehbar ist, dass und in welcher Höhe dienstbezogene finanzielle Aufwendungen typischerweise entstehen (§ 17 S. 2, 1. Halbsatz BBesG). Bloße Mutmaßungen genügen nicht.[17]

Damit hat der Gesetzgeber deutlich gemacht, dass Aufwandsentschädigungen nicht unter den Begriff der im 4. Abschnitt des BBesG geregelten Zulagen fallen. Aufwandsentschädigungen gehören weder zu den in § 1 II BBesG aufgeführten Bestandteilen der Dienstbezüge noch werden sie von den sonstigen Bezügen (§ 1 III BBesG) erfasst. Deshalb können sie nicht der Besoldung zugeordnet werden.

§ 17 BBesG erstreckt sich als unmittelbares Bundesrecht auch auf den Bereich der Länder, Gemeinden und sonstigen Körperschaften mit Dienstherreneigenschaft. Er bindet die Zahlung von Aufwandsentschädigungen ausdrücklich an die Ausweisung entsprechender Mittel im jeweiligen Haushaltsplan.

Rechtsgrundlage für die Zahlung einer Aufwandsentschädigung ist § 5 I **EingruppierungsVO**. Die dort geregelten Aufwandsentschädigungen sind keine Zulage und sollen zudem nicht die zeitliche Mehrbelastung abgelten. Dienstaufwandsentschädigungen dürfen nicht dem Zweck

---

16 Wichmann/Langer, a. a. O. (Fn 1), Rn. 330.
17 Bundesverwaltungsgericht (BVerwG), ZBR 1994, S. 342 = Deutsches Verwaltungsblatt (DVBl) 1995, S. 196; ZBR 1995, S. 238 (239).

dienen, Mehrarbeit, Dienst zu ungünstigen Zeiten oder ähnliches abzugelten, einen besonderen Anreiz zu bieten oder die besoldungsrechtliche Stellung des Amtsinhabers mittelbar zu verbessern.[18]

Fraglich bleibt, unter welchen Voraussetzungen Bürgermeister rechtmäßig eine Aufwandsentschädigung erhalten könnten. Aufwandsentschädigungen dürfen ausschließlich gewährt werden, wenn aus dienstlicher Veranlassung Aufwendungen entstehen, deren Übernahme dem Beamten nicht zugemutet werden kann (§ 17 S. 1 BBesG). Aufwandsentschädigungen in festen Beträgen sind **lediglich zulässig, wenn aufgrund tatsächlicher Anhaltspunkte oder tatsächlicher Erhebungen nachvollziehbar ist, dass und in welcher Höhe dienstbezogene finanzielle Aufwendungen typischerweise entstehen** (§ 17 S. 2, 1. Halbsatz BBesG). Demgemäß wird bestimmt, dass die Aufwandsentschädigung einen bestimmten Betrag monatlich „nicht übersteigen darf" (§ 5 I EingruppierungsVO). Damit sagt die im Licht des § 17 BBesG auszulegende Norm jedoch keinesfalls aus, dass die Aufwandsentschädigung stets gezahlt werden muss, in welcher Höhe sie zu zahlen ist und erst recht nicht, dass sie immer die in § 5 I EingruppierungsVO genannte Summe zu betragen hat. Vielmehr muss aufgrund hinreichender tatsächlicher Anhaltspunkte oder tatsächlicher Erhebungen nachvollziehbar ermittelt werden, ob überhaupt und wenn ja, in welcher Höhe ein konkreter dienstbezogener finanzieller Aufwand entsteht. An das Merkmal „dienstbezogener Aufwand" ist ein strenger Maßstab anzulegen.[19] Dabei muss es sich grundsätzlich um Sachaufwendungen handeln, die sich aus der Art der Dienstaufgabe zwangsläufig ergeben und nicht bereits durch die Dienstbezüge aus dem übertragenen Amt oder durch Entschädigungen gemäß besonderer Vorschriften abgegolten werden.[20] Keinesfalls kann als dienstbezogener Aufwand eine allgemein aufwendigere Lebensführung akzeptiert werden.[21] Hingegen kann im Einzelfall beispielsweise bei einer Vielzahl an Repräsentationsverpflichtungen ein zu pauschalierender Aufwand anerkannt werden sowie wenn sich der Beamte auf eigene Kosten eine spezielle Schutz- oder Berufskleidung anschaffen muss.[22] Der Bürgermeister hat ein Amt inne, das auch mit einem großen Maß an politischer Repräsentation bei einer Vielzahl von Veranstaltungen jeglicher Art verbunden ist. Demgemäß erscheint es nicht beurteilungsfehlerhaft, beim Bürgermeister den von § 17 S. 2, 1. Halbsatz BBesG verlangten dienstbezogenen finanziellen Aufwand anzunehmen.[23] Wie hoch dieser Aufwand ist, muss man jedoch in jedem Einzelfall nachvollziehbar ermitteln. Zuständig hierfür ist nach meiner Ansicht der allgemeine Vertreter des Bürgermeisters, ggf. der Verwaltungsvorstand.

c. Beihilfen

Als Beamter ist der **Bürgermeister beihilfeberechtigte Person** (§ 1 I Nr. 1 BVO). Welche Aufwendungen beihilfefähig sind, regeln §§ 3 ff. BVO abschließend. Die Bemessung der Beihilfen ergibt sich aus § 12 BVO (regelmäßig 50% für den Beihilfeberechtigten; § 12 I S. 2 a) BVO).

---

18 Schwegmann/Summer, Bundesbesoldungsgesetz, Loseblattsammlung, § 17 BBesG, Anmerkung 1a.
19 Oberverwaltungsgericht (OVG) Münster, Der öffentliche Dienst (DÖD) 2001, S. 158.
20 OVG Münster, DÖD 2001, S. 158; Schwegmann/Summer, a. a. O. (Fn 18), § 17 BBesG, Anmerkung 2.
21 BVerwG, ZBR 1994, S. 342 = DVBl 1995, S. 196; ZBR 1995, S. 238 (239); OVG Münster, DÖD 2001, S. 158; Schwegmann/Summer, a. a. O. (Fn 18), § 17 BBesG, Anmerkung 3.
22 Schwegmann/Summer, a. a. O. (Fn 18), § 17 BBesG, Anmerkung 3.
23 Wichmann/Langer, a. a. O. (Fn 1), Rn. 354.

Darüber hinaus unterliegen die Beihilfen einer Kostendämpfungspauschale, deren Höhe sich nach der Besoldungsgruppe richtet (§ 12a I BVO). Diese beträgt beispielsweise in den Besoldungsgruppen A 16, B 2 und B 3 450,- Euro, in den Besoldungsgruppen B 4 bis B 7 600,- Euro und in höheren Besoldungsgruppen 750,- Euro. Über Beihilfeanträge des Bürgermeisters entscheidet sein allgemeiner Vertreter (§ 15 I S. 2 BVO).

Neben dem Bürgermeister als beihilfeberechtigte Person sind ebenfalls Aufwendungen für einen nicht selbst beihilfefähigen **Ehegatten** beihilfefähig, wenn der Gesamtbetrag der Einkünfte des Ehegatten im Kalenderjahr der Antragstellung 18.000 Euro nicht überschreitet (§ 2 I S. 1 Nr. 1 b) BVO) sowie unter bestimmten Voraussetzungen Aufwendungen für seine **Kinder** (§ 2 I S. 1 Nr. 1 c), II BVO).

d. Urlaub zur Vorbereitung der Wahl

Zur Vorbereitung bestimmter Wahlen wird **Sonderurlaub** ebenso erteilt wie für kommunalpolitische Tätigkeit (§ 101 IV LBG). Stimmt ein Beamter seiner Aufstellung als Bewerber für die Wahl zum Europäischen Parlament, zum Bundestag, zum Landtag, zur gesetzgebenden Körperschaft eines anderen Landes oder zu einer kommunalen Vertretungskörperschaft zu, ist ihm auf seinen Antrag innerhalb der letzten zwei Monate vor dem Wahltag der zur Vorbereitung seiner Wahl erforderliche Urlaub ohne Besoldung zu gewähren (§ 101 III S. 1 LBG). Die Vorschrift gilt nur für die dort genannten Fälle und erfasst **nicht** den **Wahlkampf eines Beamten zur Wahl zum Bürgermeister.**[24] Dieser kandidiert gerade nicht für einen Sitz in der kommunalen Vertretungskörperschaft. Auch der Sinn und Zweck der Norm, Kandidaturen zu politischen Ehrenämtern zu fördern, gebietet keine entsprechende Anwendung. Insofern bewirbt sich der Beamte nicht um ein Ehrenamt, sondern um eine hauptberufliche Tätigkeit. Weder der Dienstherr noch der Staat haben ein Interesse daran, den Berufswechsel ihres Personals durch die Gewährung von Sonderurlaub zu erleichtern und dadurch zugleich die Wettbewerbsbedingungen im Wahlkampf von beamteten Kandidaten im Vergleich zu nicht beamteten Bewerbern zu verzerren. Im Übrigen ist der einzelne Beamte nicht schützenswert, kann er doch seinen Erholungsurlaub einsetzen oder sich unter Fortfall von Geld- und Sachbezügen beurlauben lassen (§ 12 I S. 1 Sonderurlaubsverordnung [SUrlVO]). Zuständig ist der Dienstvorgesetzte (§ 18 SUrlVO), somit hinsichtlich des Bürgermeisters nach meiner Ansicht sein allgemeiner Vertreter, ggf. der Verwaltungsvorstand.

e. Sonderurlaub

Urlaub ohne Besoldung kann bewilligt werden, wenn ein wichtiger Grund vorliegt und keine dienstlichen Gründe entgegenstehen (§ 12 I S. 1 SUrlVO). Ein wichtiger Grund setzt voraus, dass die Belange des Beamten bei objektiver Betrachtung gewichtig und schutzwürdig sind. Je länger der Urlaub dauern soll, desto höher werden die Anforderungen, vom öffentlichen Interesse an der grundsätzlich vollen Dienstleistung abzuweichen.[25] Gerade bei gewünschter längerer Beurlaubung muss der Beamte in einer Ausnahmesituation sein, die sich als wirkliche und nicht

---

24 Wichmann/Langer, a. a. O. (Fn 1), Rn. 241.
25 BVerwG, NVwZ 1997, S. 71.

von ihm zu vertretende Zwangslage darstellt.[26] Deshalb erscheint es mir unzulässig, einem amtsmüden Bürgermeister, der nach beruflichen Alternativen sucht, einen langfristigen Sonderurlaub zu gewähren, damit er seinen Anspruch auf Versorgungsbezüge nicht verliert.[27]

f. Altersteilzeit

Die **Regelungen** über Altersteilzeit **gelten ebenfalls für den Bürgermeister.**[28] Für ihn finden die für die Beamten allgemein geltenden Vorschriften des LBG Anwendung, soweit – wie in § 78d LBG – nichts anderes bestimmt ist (§ 195 I LBG). Demgemäß kann man Beamten mit Dienstbezügen Altersteilzeit bewilligen. Ein Beamter auf Zeit ist ein Beamter mit Dienstbezügen, so dass Altersteilzeitnormen auf ihn angewendet werden dürfen. Man kann sich rechtspolitisch darüber streiten, ob es sinnvoll ist, herausgehobene Beamtenfunktionen, die zudem nur auf Zeit berufen sind, an den Segnungen der Altersteilzeit teilhaben zu lassen. Diese rechtspolitische Fragestellung ändert jedoch nichts am juristischen Ergebnis. Der Wortlaut von § 78d LBG ist insoweit abschließend und keiner weiteren Auslegung, vor allem nach Sinn und Zweck, zugänglich. Insbesondere besteht keine Verpflichtung der Bürgermeister, ihre Amtszeit vollumfänglich zu leisten. Vielmehr dürfen sie die ihnen nach Beamtenrecht zustehenden Rechte nutzen, selbst wenn es ihre Amtszeit verkürzt. Dies zeigt vor allem § 33 I S. 1 LBG, wonach jeder Beamte zu jeder Zeit seine Entlassung verlangen kann. Lediglich der Dienstherr darf die gesetzliche Amtszeit eines Bürgermeisters nicht einseitig verkürzen, damit dessen Unabhängigkeit geschützt wird. Allerdings hat die oberste Dienstbehörde (in Kommunen also der Rat; § 3 I S. 1 Nr. 2 LBG) die Möglichkeit, von der Anwendung der Vorschrift über Altersteilzeit ganz abzusehen oder sie auf bestimmte Beamtengruppen (z. B. alle Beamten außer Beamte auf Zeit) zu beschränken (§ 78d III LBG). Rechtlich zulässig wäre im Übrigen, bei herausgehobenen Beamtenfunktionen entgegenstehende dienstliche Belange (§ 78d I S. 1 Nr. 3 LBG) vorzubringen.

3. Pflichten

a. Pflicht zur (partei)politischen Neutralität

Als Beamter dient der Bürgermeister dem ganzen Volk, keiner Partei (§ 55 I S. 1 LBG). Er muss sich im Dienst **parteipolitisch neutral verhalten** und darf sich nicht als Vollstrecker des Willens einer Partei verstehen.[29] Die beamtenrechtliche Pflicht zur Neutralität gilt für sämtliche Beamte unabhängig von ihrer Funktion oder Besoldungsgruppe und damit ebenfalls für Bürgermeister. Ihr sind sogar Wahlbewerber für ein parlamentarisches Mandat unterworfen. Demnach darf ein Beamter keine Einrichtungen des Dienstherrn (wie z. B. ein Diensttelefon) nutzen, um sein Wahlbewerbungsrecht auszuüben oder sich politisch für eine Partei zu betätigen und auch nicht, um angerufen zu werden.[30] Dies führt dazu, dass dem Beamten untersagt werden muss,

---

26 BVerwG, NVwZ 1997, S. 71: verneint bei einem Sanitätsoffizierarzt, der die ärztliche Praxis seiner erkrankten Ehefrau als Existenzgrundlage erhalten und über einen Zeitraum von sieben Monaten hinaus Sonderurlaub haben wollte. Diese Rechtsprechung zeigt, dass der wichtige Grund nur selten zu bejahen sein wird.
27 Im Ergebnis ähnlich Groß, Hessische Gemeindezeitung 2002, S. 156 (157 ff.).
28 Wichmann/Langer, a. a. O. (Fn 1), Rn. 246.
29 Wichmann/Langer, a. a. O. (Fn 1), Rn. 203.
30 BVerwG, Informationsdienst Öffentliches Dienstrecht (IÖD) 1999, S. 74.

auf privaten Dienstbögen seine dienstliche Telefonnummer anzugeben; ein Bürgermeister darf somit nicht auf einem Wahlbrief seine Bürodurchwahl erwähnen. Außerdem darf ein Bürgermeister als gemeindliches Organ keine unzulässige Wahlbeeinflussung zugunsten bestimmter Bewerber (wozu zudem seine eigene Person zählt) begehen, beispielsweise durch Wahlaufrufe oder durch gemeindliche Öffentlichkeitsarbeit in Form von städtischen Presseerklärungen.[31] Wie man es nicht machen soll, zeigt folgendes Beispiel. Dort gab die Gemeinde E. am 20.7.2004 (also in zeitlicher Nähe zur Kommunalwahl) eine Pressemitteilung heraus (und stellte sie zudem auf ihrer Homepage ins Internet, wo sie sich auch im September 2004 noch befindet), in der unter anderem zu lesen war: „E.'s Bürgermeister J. W. steht für eine weitere Amtszeit zur Verfügung! … W. … kann auf eine erfolgreiche Wahlperiode zurückblicken. … Er hofft, dass die Wählerinnen und Wähler ihm am 26. September 2004 wieder das Vertrauen schenken. J. W. hierzu: …'Diese erfolgreiche Arbeit möchte ich … kompetent und bürgernah mit Rat und Verwaltung zum Wohle der Bürgerinnen und Bürger in E. weiterentwickeln'". Eine solche Pressemitteilung ist ein klarer Verstoß gegen die beamtenrechtliche Neutralitätspflicht. Sie stellt eine unzulässige Wahlbeeinflussung zugunsten des amtierenden Bürgermeisters dar und kann, insbesondere bei knappem Wahlausgang, eine Wahlanfechtung erfolgreich begründen. Leider hat der Wähler dieses Fehlverhalten nicht sanktioniert.

Hingegen ist es gestattet, die Amtsbezeichnung „Bürgermeister" auf Wahlplakaten zu verwenden, da eine korrekte Berufsangabe nicht gegen die beamtenrechtliche Neutralitätspflicht verstößt.

b. Nebentätigkeit

Der Bürgermeister darf wie jeder andere Beamte Nebentätigkeiten ausüben. Allerdings ist der Rechtsfrage, ob es sich um eine Nebentätigkeit handelt, die **Abgrenzung zwischen Hauptamt und Nebentätigkeit** vorgelagert. Wenn eine Tätigkeit bereits dem Hauptamt zugewiesen oder zuzuordnen ist, kann sie nicht Nebentätigkeit sein. Mit dem Begriff „Hauptamt" knüpft das Nebentätigkeitsrecht an das konkret-funktionelle Amt, an den Dienstposten des Beamten, an.[32] Die Aufgaben, die zum Hauptamt zählen, werden durch Gesetz, Verordnung oder Satzung[33] (ausdrückliche gesetzliche Wertentscheidungen) sowie aufgrund der Organisationsgewalt des Dienstherrn[34] per Verwaltungsvorschrift, Geschäftsverteilungsplan oder Einzelanweisung festgelegt. Für die Frage, ob eine bestimmte Tätigkeit zum übertragenen Hauptamt gehört, kommt es somit in den Fällen, in denen nicht bereits normativ eine ausdrückliche Zuweisung zum Hauptamt erfolgt ist, auf die organisatorische Ausgestaltung an, die der Dienstherr kraft seiner Organisationsgewalt vorgenommen hat. Inhalt und Gegenstand des Hauptamtes ergeben sich aus Stellen- und Organisationsplänen in Verbindung mit Stellenbeschreibungen oder Dienst-

---

31 Verwaltungsgerichtshof (VGH) München, NVwZ-RR 2004, S. 440 (440 f.); VG Gießen, Urteil vom 22.6.2004, 8. Kammer, das deshalb die Oberbürgermeisterwahl in Gießen für ungültig erklärte.
32 BVerwGE (E = Amtliche Sammlung) 72, S. 160 (162); OVG Münster, Recht im Amt (RiA) 2001, S. 199 (200).
33 Scheerbarth/Höffken/Bauschke/Schmidt, Beamtenrecht, 6. Aufl. 1992, § 16 I 4.
34 BVerwG, DÖV 1998, S. 881 (882) = E 106, 324 (326) = Die Personalvertretung (PersV) 1999, S. 120 (122) = NVwZ 1998, S. 1304 = VR 1999, S. 108 = DVBl 1998, S. 1077 (1078); NVwZ-RR 1996, S. 337; ZBR 1982, S. 274 = DÖD 1982, S. 87 = NVwZ 1982, S. 506; DÖV 1970, S. 493; OVG Koblenz, NVwZ 2003, S. 889 (890) = VR 2004, S. 70 = DÖV 2003, S. 381 (382) = DVBl 2003, S. 617 (618) mit Anmerkung Jeromin/Wesemann, DVBl 2003, S. 620; OVG Münster, RiA 2001, S. 199 (200); VGH Kassel, NVwZ-RR 1996, S. 338.

anweisungen. Ebenfalls ist die Zustimmung des Stadtrats zu Gesellschaftsverträgen, welche die Aufsichtsratstätigkeit an das Amt des jeweiligen Bürgermeisters knüpfen, als organisatorische Entscheidung des Dienstherrn für eine Zuordnung dieser Tätigkeit zum Hauptamt zu verstehen.[35] Weiterhin sind dem Hauptamt alle Obliegenheiten zuzurechnen, die sich von den aus ihm resultierenden Pflichten nicht sinnvoll trennen lassen oder die mit ihnen in engem, unmittelbaren Zusammenhang stehen. Grundsätzlich bleibt es der Organisationsgewalt des Dienstherrn überlassen, wie er das Hauptamt abgrenzt.[36] Diese Entscheidungsbefugnis hat ausschließlich der Dienstherr. Er besitzt bei der Zuordnung von Ämtern und Nebentätigkeiten innerhalb seiner Verwaltung einen weiten Ermessensspielraum.[37] Dieser kann gerichtlich nur daraufhin überprüft werden, ob die Entscheidung durch einen Missbrauch des Ermessens maßgebend geprägt ist.[38] Ermessensmissbräuchlich wäre es, wenn man eine Tätigkeit allein deswegen einem Nebenamt zuordnete, um eine Vergütungsmöglichkeit zu schaffen. Schließlich kann kein anderer definieren, was zum Hauptamt gehört. Sollte der Inhalt des Hauptamtes nicht ausdrücklich bestimmt worden sein, ist dies durch Auslegung zu ermitteln.[39] Hierbei besteht eine Vermutung, dass eine Tätigkeit im Zweifel zum Hauptamt zählt (vgl. auch § 3 Bundesnebentätigkeitsverordnung). Ein Beamter stellt wegen seines Dienst- und Treueverhältnisses dem Dienstherrn, also seinem Hauptamt, die gesamte Arbeitskraft zur Verfügung. Das Hauptamt ist Grundlage für sämtliche Aktivitäten des Beamten. Jede Abweichung hiervon bedarf einer gesonderten Rechtfertigung, damit man juristisch eine Nebentätigkeit annehmen kann.

aa. Eine **ausdrückliche gesetzliche Wertentscheidung** ist in § 113 II S. 2, III S. 3 GO zu sehen.[40] Diese Norm stellt eine gesetzliche Bestimmung über die Inhalte des Amtes eines Bürgermeisters dar. Nach ihr ist („muss") der Bürgermeister der geborene Vertreter der Kommune in bestimmten Gremien (z. B. Aufsichts- oder Verwaltungsräte kommunaler Unternehmen oder Sparkassen, Beiräte von Kommunalstiftungen), wenn zwei oder mehr Positionen zu besetzen sind. Sind zwei oder mehr Vertreter zu benennen, hat der Dienstherr stets den Bürgermeister zu berücksichtigen. Wird die Funktion deshalb dem Bürgermeister übertragen, ist sie Bestandteil seines Hauptamtes. Für einen weiteren eigenverantwortlichen Organisationsakt des Dienstherrn, die Amtsinhalte anders zu definieren, ist wegen der gesetzlichen Wertentscheidung kein Raum. Im Fall von § 113 II S. 2, III S. 3 GO wird die Tätigkeit nicht lediglich durch die Funktion als Bürgermeister vermittelt, sondern zwingend mit ihr verbunden. Folgende Kontrollfrage mag dies verdeutlichen: Was passierte hinsichtlich der übertragenen Tätigkeit, falls der Bürgermeister abgewählt werden würde? Dann ist automatisch der neue Bürgermeister zu entsenden (§ 113 II S. 2, III S. 3 GO). Weil dies der Fall ist und niemand anderes die ursprünglich dem alten Bürgermeister übertragenen Funktionen wahrnehmen darf, besteht eine zwingende Verknüpfung mit dem Hauptamt als Bürgermeister. Keine gegenteilige recht-

---

35 OVG Koblenz, NVwZ 2003, S. 889 (890) = VR 2004, S. 70 = DÖV 2003, S. 381 (382) = DVBl 2003, S. 617 (618) mit Anmerkung Jeromin/Wesemann, DVBl 2003, S. 620.
36 Wichmann/Langer, a. a. O. (Fn 1), Rn. 218; Gesamtkommentar öffentliches Dienstrecht, Loseblattsammlung, § 64 BBG, Rn. 15.
37 VGH Kassel, NVwZ-RR 1996, S. 338 (339).
38 VGH Kassel, NVwZ-RR 1996, S. 338 (339).
39 OVG Münster, RiA 2001, S. 199 (200).
40 Wichmann/Langer, a. a. O. (Fn 1), Rn. 218. So auch OVG Koblenz, NVwZ 2003, S. 889 (890 f.) = VR 2004, S. 70 = DÖV 2003, S. 381 (382) = DVBl 2003, S. 617 (618) mit Anmerkung Jeromin/Wesemann, DVBl 2003, S. 620, für § 88 I GO Rheinland-Pfalz; Noack, Stadt und Gemeinde (StuG) 1999, S. 269 (272); anderer Auffassung: Meier, VR 2003, S. 237 (238); Runderlass des Innenministeriums vom 9.4.2003, 31-37.02.40-3932/02, S. 3.

liche Beurteilung kann aus der dem Bürgermeister übertragenen Kompetenz, statt seiner Person einen anderen Beamten oder Angestellten der Gemeinde vorzuschlagen, gefolgert werden. Dabei wird übersehen, dass der Bürgermeister („ein von *ihm* Vorgeschlagener") und nicht der Rat diese Befugnis hat. Sie setzt gerade voraus, dass die Vertretung der Gemeinde zum Hauptamt des Bürgermeisters gehört. Er allein darf dann kraft dieser Kompetenz einzelne Bestandteile seines Hauptamtes anderen Personen zur inhaltlichen Ausübung übertragen. Insofern unterscheidet sich die Rechtslage hinsichtlich der früheren Vorschrift des § 55 II GO (alt), wonach die Vertretung in den Gremien gerade nicht zum Aufgabenbereich des Stadtdirektors gehörte. Deshalb zählte beispielsweise die Mitgliedschaft im kommunalen Beirat der Provinzial nicht automatisch zum Inhalt des Hauptamtes eines Stadtdirektors, hingegen gehört sie zu demjenigen eines Bürgermeisters.

Wie § 113 II S. 2, III S. 3 GO ist § 15 II S. 1, 2. Halbsatz Gesetz über kommunale Gemeinschaftsarbeit, wonach der Bürgermeister in die Verbandsversammlung des Zweckverbandes zu entsenden ist, eine derartige gesetzliche Wertentscheidung für die Wahrnehmung im Hauptamt.

Eine weitere gesetzliche Wertentscheidung findet sich in § 16 II S. 1, 1. Alternative Sparkassengesetz (SpKG). Danach zählt die Tätigkeit des Bürgermeisters im Kreditausschuss zu den Aufgaben seines Hauptamtes. Ebenso ist es bei seiner Mitwirkung im Verwaltungsrat der Sparkasse, wie die in §§ 9 I a), 10 I SpKG geregelte Zusammensetzung zeigt, sowie im Bilanzprüfungsausschuss und dessen Hauptausschuss als Unterausschüsse des Verwaltungsrats (§ 14 VII SpKG). Entsprechendes gilt hinsichtlich Zweckverbandssparkassen wegen der gesetzlichen Zuweisung der Funktion an den Bürgermeister (§§ 10 I S. 2, 16 II S. 2 SpKG).

Anders ist es, wenn die gesetzliche Wertentscheidung (§ 113 II S. 2, III S. 3 GO) für den Bürgermeister deshalb nicht eingreift, weil lediglich ein Vertreter der Gemeinde zu entsenden ist. Entscheidet sich der Rat hier für den Bürgermeister, muss untersucht werden, ob dieser die Tätigkeit im Hauptamt oder als Nebentätigkeit ausübt. Sollte die Benennung des Bürgermeisters nach § 113 II S. 1, III S. 1, IV GO erfolgen, er also der einzige Vertreter der Kommune sein, muss man den jeweiligen Ratsbeschluss, der die Bestellung vornimmt, auslegen. Wird darin die Vertretung der Gemeinde ausdrücklich als Nebentätigkeit deklariert, findet sie nicht im Hauptamt statt. Schweigt der Ratsbeschluss, gilt die oben beschriebene Vermutung für das Hauptamt.

Sollte schließlich ein Dritter einen Bürgermeister gebeten haben, bei ihm eine Funktion zu übernehmen (z. B. das RWE bittet ihn, im RWE-Kommunalbeirat tätig zu werden; der Gemeindeversicherungsverband [GVV] möchte einen Bürgermeister für eine Mitarbeit in GVV-Gremien gewinnen), muss der Dienstherr prüfen, ob er dies zum Hauptamt zählen will. Ausschließlich der Dienstherr und niemand anderes hat die Kompetenz, die Inhalte des Hauptamtes zu definieren. Schweigt der Dienstherr, kommt wiederum die Vermutung für das Hauptamt zum Tragen, da der Dritte regelmäßig die Tätigkeit im Hinblick auf die dienstliche Stellung des Beamten an diesen herangetragen haben wird. Er ist somit am Amt, nicht an der Person interessiert.

bb. Die **Entscheidung, ob** eine Funktion zum **Hauptamt** zu zählen ist **oder Nebentätigkeit** darstellt, **hat weitreichende Konsequenzen finanzieller Art.** Gehört eine Tätigkeit zum **Hauptamt** des Bürgermeisters, hat dieser **keinen Anspruch auf Vergütungen, die** seine **gesetzlich festge-**

legte Besoldung übersteigen.[41] Eine Mehrfachalimentation widerspräche dem Alimentationsprinzip, wonach der Beamte vollständig und allein aus seinem statusrechtlichen Amt alimentiert wird.[42] Für die ihm im öffentlichen Dienst insgesamt obliegende Pflichterfüllung habe der Beamte nur einmal den Anspruch auf angemessenen Unterhalt in Form der Dienstbezüge. Er solle öffentliche Kassen nicht doppelt beanspruchen.[43] Vergütungen sind alle wirtschaftlichen Vorteile, die dem Beamten unmittelbar oder mittelbar für die jeweilige hauptamtliche Tätigkeit gewährt werden.[44] Durch die gesetzlich zustehende Besoldung sind alle Tätigkeiten abgegolten, die zum Hauptamt gehören (§ 2 II S. 1 BBesG). Im Fall des VGH Mannheim[45] war der Bürgermeister während seiner Dienstzeit in Personalunion Kurdirektor des Ortes. Dafür bekam er vom Gemeinderat bewilligte zusätzliche Leistungsbezüge und Aufwandsentschädigungen in Höhe von 600,– DM monatlich. Nach Auffassung der Aufsichtsbehörde hätten diese zusätzlichen Aufgaben bei der Bürgermeistertätigkeit übernommen werden müssen. Dafür erhalte der Bürgermeister bereits eine pauschale Dienstaufwandsentschädigung. Für eine weitere Leistungszulage bestehe keine gesetzliche Grundlage. Daraufhin forderte die Gemeinde 18.600,– DM vom Bürgermeister zurück. Der VGH Mannheim bestätigte diese Rechtsansicht. Der Gemeinderat sei nicht befugt, über derartige Zulagen zu entscheiden. Der Bürgermeister hätte zudem wissen müssen, dass die Besoldung von Beamten gesetzlich geregelt sei. Von ihm sei eine Vertrautheit mit den Grundsätzen des Besoldungsrechts zu erwarten. Die Entscheidung des OVG Koblenz[46] bejahte einen Ablieferungsanspruch dem Grunde nach beim ehemaligen Oberbürgermeister der Stadt Neuwied, der Aufsichtsratsvorsitzender der Stadtwerke GmbH und der Gemeinnützigen Siedlungsgesellschaft war, deren alleinige Gesellschafterin die Stadt ist. Aufgrund der Gesellschaftsverträge ist der jeweilige Oberbürgermeister kraft seines Amtes Mitglied im Aufsichtsrat. Für die Teilnahme an Sitzungen im Zeitraum von Mitte 1990 bis Mitte 2000 erhielt er Sitzungsgelder in Höhe von ca. 112.000,– DM.

Festzuhalten ist demnach, dass über das Besoldungsrecht hinausgehende finanzielle Leistungen aus Mitteln der Gemeinde für eine zum Hauptamt des Bürgermeisters gehörende Tätigkeit nicht gezahlt werden dürfen. Damit ist noch nicht die Frage entschieden, inwieweit Geld für eine zum Hauptamt des Bürgermeisters zählende Funktion angenommen werden darf, wenn die finanziellen Vergütungen durch Dritte und gerade nicht aus Mitteln der Gemeinde erfolgen. Es spricht hier alles für eine Gleichbehandlung. Prägender beamtenrechtlicher Grundsatz ist, dass der Beamte einen Anspruch auf amtsangemessenen Unterhalt aus öffentlichen Mitteln hat. Der Lebensunterhalt eines Beamten wird bereits durch die im Hauptamt erhaltene Besoldung sichergestellt. Er hat keinen Anspruch auf weitere Bezüge, Aufwandsentschädigungen oder Sitzungsgelder. Dies ist unabhängig davon, wer diese Zahlungen vornimmt. Der Beamte hat seinem ihn im Hauptamt alimentierenden Dienstherrn derartige Gelder vollständig abzu-

---

41 BVerwGE 106, S. 324 (325 f.) = DÖV 1998, S. 881 (882) = PersV 1999, S. 120 (121) = NVwZ 1998, S. 1304 (1304 f.) = VR 1999, S. 108 = DVBl 1998, S. 1077 (1078); 102, S. 29 (32) = NVwZ 1997, S. 582 (583); VGH Mannheim, Verwaltungsblätter Baden-Württemberg (VBlBW) 1996, S. 460 (461); OVG Münster, NVwZ-RR 1997, S. 484 (484 f.); Wichmann/Langer, a. a. O. (Fn 1), Rn. 218; Noack, StuG 1999, S. 269 (270); Engelken, VBlBW 1996, S. 451 (453).
42 BVerfGE 55, S. 207 (238 f.) = DVBl 1981, S. 450 (453) = NJW 1981, S. 971 (975).
43 BVerwG, NVwZ-RR 2004, S. 49 (50).
44 BVerwG, DÖV 1998, S. 881 (882) = E 106, S. 324 (327) = PersV 1999, S. 120 (122) = NVwZ 1998, S. 1304 (1305) = VR 1999, S. 108 = DVBl 1998, S. 1077 (1078).
45 VBlBW 1996, S. 460.
46 NVwZ 2003, S. 889 = VR 2004, S. 70 = DÖV 2003, S. 381 = DVBl 2003, S. 617 mit Anmerkung Jeromin/Wesemann, DVBl 2003, S. 620.

liefern.[47] Die Vergütung ist an den Dienstherrn abzuführen, wenn der Beamte eine Tätigkeit, die zu seinen dienstlichen Aufgaben (Hauptamt, Nebenamt) gehört, wie eine Nebenbeschäftigung gegen Vergütung ausübt (§ 75a LBG). Zum gleichen Ergebnis gelangt man, wenn man auf die Verpflichtung des Beamten abstellt, keine Belohnungen oder Geschenke in Bezug auf sein Amt anzunehmen (§ 76 S. 1 LBG).

Schließlich ist § 21 S. 1, 1. Halbsatz SpKG keine gesetzliche Ermächtigung, um Sitzungsgelder für die Tätigkeit des Bürgermeisters im Verwaltungsrat (§§ 9 ff. SpKG), im Kreditausschuss (§§ 16 f. SpKG) oder im Bilanzprüfungsausschuss bzw. Hauptausschuss (§ 14 VII SpKG) der Sparkasse nicht abführen zu müssen. Der Wortlaut regelt ausschließlich, dass die Mitglieder der Gremien ein Sitzungsgeld „erhalten", nicht jedoch, dass sie es auch „behalten" dürfen. Für Letzteres wäre eine ausdrückliche Rechtsgrundlage erforderlich gewesen.[48] Deshalb ist es juristisch unerheblich, ob die Vorschrift lex specialis zum Nebentätigkeitsrecht der Beamten ist. Entsprechendes gilt hinsichtlich Zweckverbandssparkassen.

cc. Sollte es sich um eine **Nebentätigkeit** handeln, ist zu beachten, dass § 13 I Nebentätigkeitsverordnung (NtV) allein eine **Abführungspflicht für Vergütungen der in § 1 I NtV genannten juristischen Personen** bestimmt. Daraus folgt, dass privatrechtlich erzielte Einkünfte regelmäßig nicht abzuführen sind.[49] Erhält ein Beamter hingegen Vergütungen für Nebentätigkeiten im öffentlichen Dienst oder für andere Nebentätigkeiten, die er auf Vorschlag oder Veranlassung seines Dienstvorgesetzten ausübt, hat er sie an seinen Dienstherrn im Hauptamt abzuführen, wenn sie für die in einem Kalenderjahr ausgeübten Tätigkeiten zusammengerechnet die Höchstgrenze (§ 13 I NtV) übersteigen (§ 13 II S. 1 NtV). Hierbei ist es unerheblich, ob sie im öffentlichen Dienst oder nicht ausgeübt werden. Selbst bei privatrechtlich erzielten Einkünften besteht die Abführungspflicht. Die entsprechende Legaldefinition für öffentlichen Dienst findet sich durch die Verweisung des § 13 II S. 1 NtV in § 3 NtV. Um die Frage zu beantworten, ob es sich um eine Nebentätigkeit im öffentlichen Dienst oder eine ihr gleichgestellte Tätigkeit handelt, kommt es juristisch hingegen nicht darauf an, ob der Bürgermeister durch einen Ratsbeschluss oder eine Entscheidung von Gremien des Unternehmens in die entsprechende Funktion berufen wurde. § 13 II S. 1 NtV enthält zwei Varianten, entweder die Nebentätigkeit im öffentlichen Dienst oder die Nebentätigkeit auf Vorschlag oder Veranlassung des Dienstvorgesetzten. Die Verknüpfung durch die Wortwahl „oder" zeigt, dass beide Fallgestaltungen nicht zusammen vorliegen müssen, sondern unabhängig nebeneinander einzeln existieren. Der Höchstbetrag, bei dessen Überschreiten eine Abführungspflicht entsteht, hat sich an der höchsten Besoldungsgruppe zu orientieren.[50] Mit 6.000.- Euro scheint er sich in Nordrhein-Westfalen noch innerhalb des verfassungsrechtlich Zulässigen zu bewegen. Hierbei handelt es sich um einen Bruttobetrag.[51] Die Absetzungsmöglichkeiten von der für eine

---

47 Insoweit ausdrücklich § 75a LBG und BVerwG, DÖV 1998, S. 881 (882) = E 106, S. 324 (325 f.) = PersV 1999, S. 120 (121) = NVwZ 1998, S. 1304 (1304 f.) = VR 1999, S. 108 = DVBl 1998, S. 1077 (1078); OVG Koblenz, NVwZ 2003, S. 889 (891) = VR 2004, S. 70 = DÖV 2003, S. 381 (383) = DVBl 2003, S. 617 (618) mit Anmerkung Jeromin/Wesemann, DVBl 2003, S. 620; Wichmann/Langer, a. a. O. (Fn 1), Rn. 218.

48 Wichmann/Langer, a. a. O. (Fn 1), Rn. 218; Noack, StuG 1999, S. 269 (271).

49 Thieme, DVBl 2001, S. 1025 (1029), sieht hierin einen Verstoß gegen den Gleichheitssatz; zu Recht anderer Auffassung BVerwG, NVwZ-RR 2004, S. 49 (50), das diese Unterscheidung wegen des Sinn und Zwecks der Abführungspflicht, Doppelvergütungen im öffentlichen Dienst zu vermeiden, für verfassungsgemäß hält.

50 BVerwG, ZBR 1973, S. 309 (311 f.) mit Anmerkung Görg, ZBR 1973, S. 312.

51 BVerwG, NVwZ-RR 2004, S. 49 (50); Wichmann/Langer, a. a. O. (Fn 1), Rn. 223; vgl. auch § 6 II S. 1 Bundesnebentätigkeitsverordnung.

Nebentätigkeit bezogenen Vergütung sind abschließend in § 13 III NtV normiert. Steuern aller Art dürfen danach nicht abgezogen werden.[52] Sollten die erhaltenen Vergütungen Umsatzsteuer beinhalten, muss der Gesamtbetrag abgeführt werden, sofern er die Höchstgrenze übersteigt.

III. Beendigung des Beamtenverhältnisses

Normalerweise endet das Beamtenverhältnis auf Zeit des Bürgermeisters mit dem Amtsantritt des Nachfolgers, aber nicht vor Ablauf der Wahlzeit des Rates (§ 195 II S. 2 LBG). Hiervon gibt es allerdings Ausnahmen.

1. Entlassung auf Verlangen

Der Beamte kann **jederzeit** seine Entlassung verlangen (§ 33 I S. 1 LBG). Die Norm gilt aufgrund ihres Wortlauts einschränkungslos für alle Beamten. Sie ist ebenfalls auf Bürgermeister anwendbar (§ 195 I LBG). Auch sie dürfen bereits wegen der allgemeinen Handlungsfreiheit (Art. 2 I GG) sowie der Berufsfreiheit (Art. 12 I S. 1 GG) nicht gezwungen werden, ein einmal übertragenes Amt ständig auszuüben. Vielmehr können sie wie alle anderen Beamten jederzeit ihre Entlassung verlangen. Voraussetzung ist eine schriftliche, d. h. eigenhändig unterschriebene Erklärung, wobei man die elektronische Form nicht nutzen darf (§ 33 I S. 2 LBG).

Dabei nimmt die Aufsichtsbehörde die Aufgaben der für die Ernennung zuständigen Stelle bei der Entlassung (§ 36 LBG) und der Versetzung in den Ruhestand (§ 50 LBG) wahr, soweit gesetzlich nichts anderes bestimmt ist (§ 195 VI S. 1 LBG). Der Grund hierfür ist, dass es beim urgewählten Bürgermeister keiner Ernennung bedarf (§ 195 III S. 1 LBG) und es somit zudem keine für die Ernennung zuständige Behörde gibt.

2. Abwahl von Bürgermeistern

Bürgermeister können von den Bürgern der Gemeinde vor Ablauf der Amtszeit abgewählt werden. **Voraussetzungen und Verfahren** sind in § 66 GO geregelt. Entsprechende Möglichkeiten zur Abwahl gibt es in allen Bundesländern mit Ausnahme von Bayern und Baden-Württemberg. In Baden-Württemberg können Bürgermeister vom Regierungspräsidenten nur dann ihres Amtes enthoben werden, wenn in der Verwaltung derart erhebliche Missstände offenkundig werden, dass eine Weiterführung des Amts im öffentlichen Interesse nicht vertretbar ist.

Die **versorgungsrechtlichen Rechtsfolgen** der Abwahl entsprechen denen des einstweiligen Ruhestandes (§§ 195 V S. 1[53], 40 LBG, 4 III S. 1 BBesG, 66 VIII Beamtenversorgungsgesetz [BeamtVG]). Dabei gelten folgende Regelungen: Wird ein Bürgermeister abgewählt, erhält er zunächst für den Monat, in dem ihm die Abwahl mitgeteilt worden ist sowie für die folgenden

---

52 Tadday, NtV, Kommentar, § 13, Anmerkung 3.
53 Am Rande sei bemerkt, dass der Gesetzgeber des LBG mit der Fassung von § 195 V S. 1 LBG, wo er auf „abberufene oder abgewählte Bürgermeister" abstellt, eine entsprechende Änderung der GO (noch) nicht nachvollzogen hat. Danach kann es keine abberufenen Bürgermeister mehr geben.

drei Monate noch die Bezüge aus dem ihm verliehenen alten Amt (§ 4 III S. 1, 1. Halbsatz, I S. 1 BBesG). Danach bekommt er bis zum Ablauf seiner Amtszeit, bei einem vorherigen Eintritt in den Ruhestand oder bei der Entlassung längstens bis zu diesem Zeitpunkt, maximal jedoch für fünf Jahre Versorgung in Höhe von 71,75 % (§ 66 VIII S. 1 BeamtVG). Durch diese Norm wird festgelegt, dass das Ruhegehalt von 71,75 % bei Vorliegen der Bezugsvoraussetzungen im Übrigen längstens während der ersten fünf Jahre gezahlt wird. Allerdings wird dieser Zeitraum von fünf Jahren nicht zu erreichen sein, da die vollständige Wahlperiode als Bürgermeister lediglich fünf Jahre dauert (§ 65 I S. 1 GO). Im Gegensatz zu den politischen Beamten ist es beim Bürgermeister nicht entscheidend, für welchen Zeitraum das kommunale Wahlamt im Zeitpunkt der Abwahl bereits wahrgenommen worden war. Sollte er die Voraussetzungen des § 4 I BeamtVG erfüllen, gibt es nach Ablauf der Zahlung des erhöhten Ruhegehalts ein Ruhegehalt, dessen Höhe sich gemäß § 14 I BeamtVG bemisst (§ 4 II BeamtVG). Kommunale Wahlbeamte erhalten somit eine dauerhafte Versorgung wie alle anderen Beamten nur, wenn sie eine Dienstzeit von mindestens fünf Jahren geleistet haben. § 195 IV S. 3 LBG erhöht diese Zeiten hinsichtlich der Bürgermeister (mindestens achtjährige ruhegehaltsfähige Dienstzeit plus ggf. weitere Voraussetzungen). Die Versorgung nach allgemeinen Grundsätzen ist von ruhegehaltsfähiger Dienstzeit und ruhegehaltsfähigen Dienstbezügen abhängig (§§ 4 II, 14 I oder 66 II BeamtVG). In § 66 VIII S. 2, 1. Halbsatz BeamtVG findet sich eine redaktionelle Folgeänderung. Die Zeit, während welcher der Wahlbeamte auf Zeit nach seiner Abwahl Versorgung wie ein in den einstweiligen Ruhestand versetzter Beamter erhält, erhöht um maximal bis zu fünf Jahre die ruhegehaltsfähige Dienstzeit (§ 6 BeamtVG). Sie selbst gilt nicht als ruhegehaltsfähige Dienstzeit, sondern erhöht allein eine vorhandene ruhegehaltsfähige Dienstzeit, so dass diese Zeit nicht zur Erfüllung der Wartezeit (§ 4 I BeamtVG) dienen kann.

3. Ruhestand

Nach der Spezialregelung des § 195 IV LBG treten Bürgermeister in den **Ruhestand**

– mit **Erreichen der Altersgrenze** (Vollendung des 68. Lebensjahres; § 195 IV S. 1 LBG), wenn sie insgesamt eine ruhegehaltsfähige Dienstzeit von mindestens acht Jahren haben (§ 195 IV S. 2, 1. Halbsatz LBG),

– mit **Ablauf der Amtszeit**, wenn sie

– insgesamt eine mindestens ruhegehaltsfähige Dienstzeit von acht Jahren geleistet und das 45. Lebensjahr vollendet haben (§ 195 IV S. 3, 1. Halbsatz Nr. 1 LBG), oder

– eine ruhegehaltsfähige Dienstzeit (§ 6 BeamtVG) von 18 Jahren erreicht haben (§ 195 IV S. 3, 1. Halbsatz Nr. 2 LBG) oder

– als Beamter auf Zeit eine Gesamtdienstzeit von acht Jahren aufweisen (§ 195 IV S. 3, 1. Halbsatz Nr. 3 LBG).

Liegen diese Voraussetzungen nicht vor, treten Bürgermeister nicht in den Ruhestand, sondern sind zu entlassen (§ 195 IV S. 2, 2. Halbsatz, S. 3, 2. Halbsatz LBG). Die **Entlassung** führt dazu, dass sie in der gesetzlichen Rentenversicherung nachzuversichern sind. Die relativ engen normativen Voraussetzungen für den Eintritt in den Ruhestand mit dem damit verbundenen

Konsequenz, ausschließlich dann Ansprüche auf Versorgungsbezüge zu erwerben, haben in Nordrhein-Westfalen bewirkt, dass überwiegend Personen mit entsprechenden ruhegehaltsfähigen Vordienstzeiten Bürgermeister geworden sind. Ob es rechtspolitisch sinnvoll ist, hierdurch ein Beamtenmonopol zu schaffen und weite Bevölkerungsgruppen ohne ruhegehaltsfähige Vordienstzeiten faktisch von der Übernahme eines Bürgermeisteramtes wegen des hohen Versorgungsrisikos auszuschließen, muss stark bezweifelt werden. Erschwerend kommt hinzu, dass selbst eine vollständige Wahlperiode als Bürgermeister von fünf Jahren (§ 65 I S. 1 GO) nicht ausreicht, damit er die Voraussetzungen für den Ruhestand (§ 195 IV LBG) erfüllt. Anders wäre es allein dann, wenn anrechenbare ruhegehaltsfähige Dienstzeiten (§§ 6 ff., 66 IX BeamtVG) vorlägen.

Was dazu alles zählt, wird nunmehr dargestellt.

4. Versorgung der Bürgermeister

Bürgermeister stehen in einem Beamtenverhältnis auf Zeit. Für ihre Versorgung und die ihrer Hinterbliebenen gelten die Vorschriften über die Versorgung der Beamten auf Lebenszeit entsprechend (§ 66 I BeamtVG), sofern nicht das BeamtVG etwas anderes bestimmt. Das **Ruhegehalt beträgt für jedes Jahr ruhegehaltsfähiger Dienstzeit 1,79375 v. H. der ruhegehaltsfähigen Dienstbezüge** (§ 5 BeamtVG) bis zum nach 40 Jahren erreichten Höchstsatz von 71,75 v. H. (§ 14 I S. 1 BeamtVG). Die im Laufe der Geltung des BeamtVG erfolgten Änderungen im Berechnungsmodus des Ruhegehalts haben zu differenzierten **Besitzstandsregelungen** hinsichtlich der zum jeweiligen Zeitpunkt vorhandenen Beamten geführt (vgl. §§ 85, 85a BeamtVG). Für Bürgermeister gilt bei Anwendung des § 85 BeamtVG ein am 30.9.1999 bestehendes Beamtenverhältnis auf Zeit als ein unmittelbar vorangehendes öffentlich-rechtliches Dienstverhältnis (§ 195 VIII LBG).

Vordienstzeiten müssen gemäß §§ 66 I, 6 ff. BeamtVG ermittelt werden. Folgende **Besonderheiten** sind dabei **hinsichtlich der Bürgermeister** zu beachten:

– Bei ihnen ist eine Anerkennung hauptberuflicher **Zeiten als Angestellter** im öffentlichen Dienst auf der Grundlage von § 10 **BeamtVG** ausgeschlossen. Diese Tätigkeit hat nicht zu ihrer Ernennung zum Beamten auf Zeit geführt. Vielmehr ist hierfür allein die Wahl durch das Volk entscheidend.

– **Vordienstzeiten** (§ 11 **BeamtVG**) können herangezogen werden, wenn es einen inneren Zusammenhang mit dem Wahlamt gibt, wie bei Zeiten einer Rechtsanwaltstätigkeit oder einer Beschäftigung bei den kommunalen Spitzenverbänden.

– **Ausbildungszeiten** (§ 12 I S. 1 **BeamtVG**) dürfen lediglich dann berücksichtigt werden, wenn die Ausbildung vorgeschrieben war. Ob eine Ausbildung vorgeschrieben ist, bestimmt sich nicht nach dem ersten Amt sondern demjenigen, das zur Versorgung führt.[54] Führt das Amt des Bürgermeisters zur Versorgung, scheidet eine Anrechnung von Ausbildungszeiten aus. Die kommunalverfassungsrechtlichen Wählbarkeitsvoraussetzungen erfordern keinerlei Aus- oder Vorbildung bzw. Berufspraxis (§ 65 I, V GO).

---

54 Stegmüller/Schmalhofer/Bauer, Beamtenversorgungsgesetz, Loseblattsammlung, § 12 BeamtVG, Erläuterung 3.

– **Geht** dem Beamtenverhältnis auf Zeit als Bürgermeister **ein anderes Beamtenverhältnis voraus**, sind Ausbildungszeiten, die für dieses Beamtenverhältnis vorgeschrieben sind, nur nach § 12 BeamtVG relevant, wenn zwischen den beiden Beamtenverhältnissen **Kontinuität** besteht.[55] Sie gebietet einen zeitlichen und funktionellen Zusammenhang. Der zeitliche Zusammenhang dürfte regelmäßig gegeben sein, wenn sich das neue Beamtenverhältnis direkt an das alte anschließt, nicht jedoch der funktionelle. Zwischen einem bisherigen Laufbahnbeamtenverhältnis, aber auch einem solchen als Beamter auf Zeit (z. B. Beigeordneter), und dem neuen Beamtenverhältnis als Bürgermeister bestehen grundlegende Unterschiede. Dieses ist laufbahnfrei, hat andere Amtsinhalte, wird durch Wahlakt und gerade nicht durch Ernennung begründet.

– Schließlich enthält § 66 IX S. 1 BeamtVG eine über die §§ 66 I, 10 bis 12 BeamtVG hinausgehende **Sonderregelung**, wann bei Bürgermeistern **förderliche Zeiten** angerechnet werden dürfen. Die Vorschrift schließt die Anwendbarkeit der §§ 10 bis 12 BeamtVG nicht aus, sondern erweitert die Anrechnungsmöglichkeiten mit ihren geringeren Voraussetzungen. Die „Förderlichkeit" ist weiter als beispielsweise der von § 11 BeamtVG verlangte innere Zusammenhang. Hingegen dürfen Zeiten nach §§ 10 bis 12 BeamtVG einerseits und § 66 IX S. 1 BeamtVG andererseits weder zeitlich noch inhaltlich doppelt berücksichtigt werden.[56] Zeiten, in denen förderliche Fachkenntnisse (Ausbildung, Studium oder hauptberufliche Tätigkeiten außerhalb des Beamtenverhältnisses) erworben wurden, können bis zu den genannten zeitlichen Höchstgrenzen (vier bzw. drei Jahre) akzeptiert werden (§ 66 IX S. 1 BeamtVG). Ob eine Zeit förderlich ist, muss man im jeweiligen Einzelfall beurteilen. § 66 IX S. 1 BeamtVG mit der dort verlangten „Förderlichkeit" ist nicht schrankenlos weit zu interpretieren. Vielmehr müssen nach dem Wortlaut der Norm Fachkenntnisse bestehen und diese konkret für das dem Beamten auf Zeit übertragene Amt („Wahrnehmung des Amtes") förderlich sein. Verlangt sind dabei keine speziellen Fachkenntnisse für ein Einzelamt. Es reicht vielmehr aus, wenn es sich um Fachkenntnisse handelt, die allgemein für die Wahrnehmung des Amtes als Bürgermeister förderlich sind.[57] Entscheidend ist dabei, vom wahrgenommenen Amt und seinen inhaltlichen Anforderungen auszugehen. Diese müssen ermittelt werden, um rechtlich korrekt beurteilen zu können, welche Fachkenntnisse im Einzelfall gerade für die Wahrnehmung dieses Amtes förderlich sind. Das Amt eines Bürgermeisters verlangt neben Repräsentationsaufgaben insbesondere die Leitung der Verwaltung. Der Bürgermeister ist Dienstvorgesetzter der Beamten, Angestellten und Arbeiter (§ 73 II GO). Er trifft die beamten-, arbeits- und tarifrechtlichen Entscheidungen (§ 74 I S. 2 GO). Er ist verantwortlich für die Leitung und Beaufsichtigung des Geschäftsgangs der gesamten Verwaltung (§ 62 I S. 2 GO). Wegen seiner Organisationshoheit leitet und verteilt er die Geschäfte (§ 62 I S. 3 GO). Dieses Aufgabenspektrum des konkret wahrgenommenen Amtes als Bürgermeister ist ein stark juristisch geprägtes und erfordert zusätzlich Managementfähigkeiten sowie Personalführungskompetenzen. Dabei dürften ein rechts-, betriebs- oder finanzwissenschaftliches Studium sowie eine auf die Verwaltung speziell zugeschnittene Ausbildung (z. B. Verwaltungslehre) und Zeiten im oberen Management privater Firmen prinzipiell förderlich sein. Hingegen ist dies für einen Steuerberater abzulehnen.[58] Er erwirbt bei seiner Ausbildung und Tätigkeit keine für das Amt des Bürgermeisters förderlichen Kenntnisse im Umgang mit Rechtsvorschriften, Verfahrensabläufen, Verwaltungsaufbau

---

55 Stegmüller/Schmalhofer/Bauer, a. a. O. (Fn 54), § 12 BeamtVG, Erläuterung 3.
56 Stegmüller/Schmalhofer/Bauer, a. a. O. (Fn 54), § 66 BeamtVG, Erläuterung 7.
57 Stegmüller/Schmalhofer/Bauer, a. a. O. (Fn 54), § 66 BeamtVG, Erläuterung 7.
58 Wichmann/Langer, a. a. O. (Fn. 1), Rn. 375.

und Verwaltungsstruktur. Die Tätigkeit als Steuerberater vermittelt ein Fachwissen in einem schmalen Bereich juristischer Qualifikation, nämlich des Steuerrechts und damit zusammenhängender juristischer Nebengebiete, deren Kenntnisse zur steuerrechtlichen Gestaltung – wie beispielsweise beim Erbrecht – zweckmäßig sind. Dieses partielle Fachwissen reicht allerdings nicht aus, um hinsichtlich der weiten Aufgabenstellung des Bürgermeisters eine entsprechende Förderlichkeit anzunehmen. Dabei ist zu berücksichtigen, dass es hier um das Amt des Bürgermeisters und gerade nicht um dasjenige des Kämmerers geht, der sich bei dieser Tätigkeit auch mit steuerrechtlichen Fragestellungen zu beschäftigen hat. Die Qualifikation als Steuerberater ist nicht vergleichbar mit der Qualifikation eines Juristen. Diese ist wesentlich weiter angelegt und berührt sämtliche juristischen Handlungsfelder und vor allem die für die öffentliche Verwaltung wichtigen Bereiche des öffentlichen Rechts und des Zivilrechts. Eine Tätigkeit als Steuerberater ist sicherlich nicht hinderlich für die Wahrnehmung der Aufgabe als Bürgermeister. Sie ist jedoch nicht förderlich im Rechtssinn. Zur Frage, welche Dienstzeiten als ruhegehaltsfähig berücksichtigt werden können, äußert sich ein Erlass des Innenministeriums[59].

Die **oberste Dienstbehörde** (in Kommunen also der Rat; § 3 I S. 1 Nr. 2 LBG) **entscheidet** durch Verwaltungsakt über die Bewilligung von Versorgungsbezügen aufgrund von Kann-Vorschriften (§ 49 I S. 1 BeamtVG). Dies gilt zudem hinsichtlich des Bürgermeisters. Der Rat muss dabei sein Ermessen sachgerecht und fehlerfrei ausüben. Bei den anzustellenden und zu dokumentierenden Ermessenserwägungen dürfte er beispielsweise berücksichtigen, welche finanziellen Auswirkungen die Anerkennung für die Kommune hat oder ob der Bürgermeister bereits über anderweitige Ansprüche auf eine hinreichende Altersversorgung verfügt sowie Gesichtspunkte der Wirtschaftlichkeit und Sparsamkeit.[60] Hingegen ist die Verwaltungspraxis anderer Kommunen nicht entscheidend[61] und ebenfalls nicht, ob und inwieweit spezielle Fachkenntnisse des Bürgermeisters später in die Amtsausübung eingeflossen sind[62]. Ob Zeiten nach §§ 10 bis 12, 66 IX S. 1 BeamtVG als ruhegehaltsfähige Dienstzeit zu berücksichtigen sind, soll grundsätzlich bei der Berufung in das Beamtenverhältnis entschieden werden. Diese Entscheidung steht unter dem Vorbehalt, dass die Rechtslage, die ihr zugrunde liegt, gleich bleibt (§§ 66 IX S. 2, 49 II S. 2 BeamtVG).

5. Zusammentreffen von Versorgungsbezügen mit sonstigen Einkünften

Bezieht ein Bürgermeister im einstweiligen Ruhestand (oder ein Bürgermeister im Ruhestand; § 66 VII BeamtVG) Erwerbs- oder Erwerbsersatzeinkommen (§ 53 VII BeamtVG), das nicht Verwendungseinkommen (§ 53 VIII BeamtVG) ist, ruhen die Versorgungsbezüge um 50% des Betrages, um den sie und das Einkommen die Höchstgrenze übersteigen (§ 53 X BeamtVG). Dies gilt jedoch nur bis zur Vollendung des 65. Lebensjahres (§ 53 VIII S. 1 BeamtVG). Nach Vollendung des 65. Lebensjahres gelten die Ruhensvorschriften allein für Erwerbseinkommen aus einer Verwendung im öffentlichen Dienst (Verwendungseinkommen).

---

59 Mitteilungen Nordrhein-Westfälischer Städte- und Gemeindebund 1996, lfd. Nr. 102.
60 VG Aachen, Urteil vom 29.4.2004, 1 K 1638/03, Urteilsumdruck S. 12 f., ergangen gegen den damaligen Bürgermeister der Stadt Geilenkirchen.
61 VG Aachen, a. a. O. (Fn 60), Urteilsumdruck S. 8.
62 VG Aachen, a. a. O. (Fn 60), Urteilsumdruck S. 11.

F · Der Bürgermeister als Beamter

Manfred Wichmann

Beispiel: Einem 58jährigen ledigen kinderlosen Bürgermeister a. D. in Besoldungsgruppe B 5 stehen im Monat November 2004 an Versorgungsbezügen 71,75% von B 5 zu. Als Rechtsanwalt verdient er im November 2004 10.000,00 Euro. In welcher Höhe erhält er im November 2004 Versorgungsbezüge?

Versorgungsbezüge: 71,75 % von B 5 (6.820,95 Euro)	= 4.894,03 Euro plus
Erwerbseinkommen als Rechtsanwalt	= 10.000,00 Euro

Gesamtbetrag Erwerbseinkommen plus Versorgungsbezüge	= 14.894,03 Euro
Höchstgrenze (§ 53 II Nr. 1 BeamtVG = ruhegehaltsfähige Dienstbezüge aus der Endstufe der Besoldungsgruppe, aus der sich das Ruhegehalt berechnet; hier: B 5)	= 6.820,95 Euro
Ruhensbetrag: 50% des Betrages, um den der Gesamtbetrag von Erwerbseinkommen und Versorgungsbezügen die Höchstgrenze überschreitet; hier: 14.894,03 Euro minus 6.820,95 Euro gleich 8.073,08 Euro, davon 50%	= 4.036,54 Euro.

Der Ruhensbetrag ist somit 4.036,54 Euro. Dem Bürgermeister stehen 4.894,03 Euro an Versorgungsbezügen zu, von denen der Ruhensbetrag abgezogen werden muss. Er bekäme danach Versorgungsbezüge in Höhe von 857,49 Euro. Mindestens ist ihm jedoch ein Betrag in Höhe von 20% seines Versorgungsbezuges zu belassen (§§ 66 VII, I, 53 V S. 1 BeamtVG; hier: 20% von 4.894,03 Euro), also 978,81 Euro. Er ist höher als die zu zahlenden Versorgungsbezüge, so dass in diesem Fall die Mindestbelassung zum Tragen kommt. Der Bürgermeister erhält demnach im November 2004 978,81 Euro an Versorgungsbezügen.

Verfassungsrechtlich stellen sich **Probleme**. Das gerade geschilderte Beispiel zeigt, dass nach meiner Ansicht trotz des Freibetrags in den rechtlich geschützten Kernbestand des erdienten Teils der Versorgung eingegriffen wird.[63] Oebbecke/Wacker[64] konstatieren weiterhin einen Verstoß gegen Art. 12 I GG. Dem ist nicht zuzustimmen. Der Schutzbereich des Art. 12 I GG nicht berührt, da der Bürgermeister im Ruhestand jeden Beruf ausüben kann, den er will. Die Anrechnungsvorschriften tangieren weder die Berufswahl- noch die Berufsausübungsfreiheit und haben somit keine berufsregelnde Tendenz. Sie beziehen sich nicht auf das Einkommen, das durch den im Ruhestand ausgeübten Beruf erzielt wird, sondern ausschließlich auf die Versorgungsbezüge und sind deshalb allein an Art. 33 V GG zu messen. Insbesondere durch eine umfassende Wahrung des bisherigen Versorgungsstands sollte man den Besonderheiten des Wahlbeamtenverhältnisses Rechnung tragen. Diese sind durch das öffentliche Interesse, kommunale Ämter auf Zeit mit entsprechend qualifizierten Personen zu besetzen sowie durch ein erhöhtes berufliches Ab- oder Nichtwiederwahlrisiko infolge wechselnder politischer Mehrheiten gekennzeichnet.[65]

6. Verteilung der Versorgungslasten

In den §§ 107b, c BeamtVG finden sich Vorschriften für die Verteilung von Versorgungslasten. Sie werden relevant, wenn ein Beamter von einem anderen Dienstherrn übernommen wird und beide Dienstherren der Übernahme vorher zustimmen. Dann tragen beide Dienstherren

---

63 Wichmann/Langer, a. a. O. (Fn 1), Rn. 394.
64 DVBl 1999, S. 426 (431 ff.).
65 BVerfG, NVwZ-RR 2004, S. 1 (2).

anteilig nach näherer Bestimmung die Versorgungsbezüge, wenn der Versorgungsfall eintritt (§ 107b I, 1. Halbsatz BeamtVG). Die Normen gelten nicht für Beamte auf Zeit sowie für solche, die beim aufnehmenden Dienstherrn in ein Beamtenverhältnis auf Zeit berufen werden (§ 107b I, 2. Halbsatz BeamtVG). Allerdings gibt es in **§ 195 VII, VIII LBG abweichende Regelungen**, in denen ausdrücklich angeordnet wird, dass die Ausschlussbestimmung des § 107b I BeamtVG für Beamte auf Zeit und das Zustimmungserfordernis entfallen. Hierdurch wird in Nordrhein-Westfalen erreicht, dass sich die öffentlich-rechtlichen Dienstherren im Land NW an den teilweise erheblichen kommunalen Versorgungslasten bei der Versorgung ausgeschiedener Bürgermeister beteiligen müssen. Wird ein Beamter oder Richter, der dem LBG NW unterfällt, in Nordrhein-Westfalen in ein Beamtenverhältnis auf Zeit als Bürgermeister berufen, sind die Versorgungslasten nach der Maßgabe des § 195 VII S. 1 LBG zu verteilen. Gleiches gilt gemäß § 195 IX LBG für den Fall, dass ein Bürgermeister in ein Beamtenverhältnis zu einem anderen Dienstherrn oder in ein Richterverhältnis im Land Nordrhein-Westfalen berufen wird. Wechselt hingegen ein Bundesbeamter oder ein Beamter eines anderen Bundeslandes als Bürgermeister in eine nordrhein-westfälische Kommune (bzw. umgekehrt), sind mangels entsprechender rechtlicher Grundlage die Versorgungslasten nicht zu verteilen.[66] Als Landesrecht vermag § 195 VII, VIII LBG ausschließlich Dienstherren im Land Nordrhein-Westfalen zu binden, die dem LBG unterfallen, nicht jedoch Dienstherren anderer Bundesländer und auch nicht den Bund. Um den länderübergreifenden Dienstherrenwechsel ebenfalls in diesem Bereich zu ermöglichen, sollte rechtspolitisch eine entsprechende Norm in das sämtliche Länder und den Bund bindende BeamtVG aufgenommen werden, zumal einige Bundesländer derartige Verteilungsregelungen bereits für ihr eigenes Land geschaffen haben.

---

66 Stegmüller/Schmalhofer/Bauer, a. a. O. (Fn 54), § 107b BeamtVG, Erläuterung 11.

G Die Beteiligung der Bürgerschaft[1] am kommunalen Geschehen

I. Einleitung

Runde Tische, Planungszellen oder Beiräte sind genauso wie Anregungen und Beschwerden, Einwohneranträge und Bürgerentscheide Schlagworte, die ein Mehr an Beteiligung der Bürgerschaft an Entwicklungen und Entscheidungen in den Städten und Gemeinden symbolisieren. Diese Formen der Bürgerbeteiligung ermöglichen die frühzeitige Einbeziehung der Meinungen und Anregungen der Bürgerinnen und Bürger bei kommunalen Entscheidungen. Auf diesem Wege können sie kommunale Entscheidungen durch den Rat und seine Ausschüsse sowie der Verwaltung als solche (frühzeitig) beeinflussen. Im Falle des Bürgerentscheides als einer besonderen Form der direkten Demokratie entscheiden sie sogar an Stelle des Rates bzw. der jeweiligen Bezirksvertretung in der kreisfreien Stadt. Allerdings beseitigen sie nicht die repräsentative Demokratie in den Städten und Gemeinden, sondern ergänzen diese. Die Beteiligung der Bürgerschaft kann daher zu einer verstärkten Akzeptanz kommunalpolitischer Entscheidungen führen. Im Folgenden werden gesetzlich nicht geregelte Mitwirkungsmöglichkeiten sowie formelle und materielle gesetzliche Mitwirkungsmöglichkeiten anhand der Gemeindeordnung von Nordrhein-Westfalen dargestellt.

II. Informelle Mitwirkung der Bürgerschaft

Die in vielfältiger Form praktizierten und gesetzlich nicht geregelten Mitwirkungsmöglichkeiten seitens der Bürgerschaft können aufgrund ihrer Fülle nicht abschließend dargestellt werden. Im Folgenden werden hingegen häufig vorkommende Mitwirkungsformen kurz dargestellt.

1. Runde Tische

Verstärkt findet eine gesetzlich nicht geregelte Mitwirkung der Bürgerschaft zu kommunalen Fragestellungen mittels sog. „Runder Tische" statt. Dort treffen sich regelmäßig oder aus konkreten Anlässen Vertreter derjenigen Bevölkerungsgruppen und Institutionen, die sich mit derselben Thematik befassen. Dabei betrachtet jeder die jeweilige Thematik aus seinem Blickwinkel. Durch diese Form der Zusammensetzung kann eine interdisziplinäre Arbeit erreicht werden. Dies kann zur Folge haben, dass die Beteiligten auch die Denk- und Herangehensweise zur Lösung von Problemen der anderen Beteiligten besser verstehen und so gemeinsame Lösungen erreicht werden können. Allerdings ist die Zusammensetzung der Runden Tische hingegen nicht zwingend demokratisch legitimiert. Runde Tische finden sich z. B. in Bereichen der Wirtschaftsförderung, des Schulbereichs aber auch im Ordnungs- und Polizeibereich (z. B. Runde Tische gegen häusliche Gewalt) und in sonstigen Bereichen im Rahmen der lokalen Agenda 21.

Gerade diese aufgezeigten Vorteile der Runden Tische können sowohl den Rat als auch den Bürgermeister veranlassen, Runde Tische zur Lösung aktueller Probleme in der Kommune oder

---

1   Mit Ausnahme der Ausführungen zu §§ 24 – 26 GO NRW betreffen die Ausführungen sowohl die Bürger als auch Einwohner.

auch zur mittel- und langfristigen Entwicklung der Kommune einzurichten. Runde Tische können so die Arbeit der Kommunen positiv beeinflussen und ggf. auch Anstöße für Entscheidungen seitens des Rates und seiner Ausschüsse geben. Eine gesetzliche Bindung an entsprechenden Empfehlungen seitens der Runden Tische besteht für die Gemeinde aber nicht.

2. Beiräte

In der Gemeindeordnung ist nur der Ausländerbeirat (§ 27 GO) normiert. Darüber hinaus werden in den Städten und Gemeinden häufig Beiräte zu bestimmten Bereichen gegründet. Sie wollen und sollen insbesondere den Rat der Gemeinde über die Belange derjenigen Bevölkerungsgruppen beraten, deren Interessen sie vertreten. Als Beispiel seien hier die Seniorenbeiräte genannt. Deren Mitglieder können dann die Belange der Senioren gegenüber dem Rat darstellen. Im Unterschied zu den Mitgliedern der Runden Tischen werden die Vertreter der Beiräte regelmäßig aufgrund bestimmter Regularien seitens von Verbänden oder aber auch des Rates bestimmt. Mit Ausnahme des Ausländerbeirates wird gegen die Einrichtung von Beiräten allerdings vorgebracht, dass die Belange dieser Personenkreise durch die jeweiligen Ratsvertreter hinreichend vertreten werden können.

Gesetzlich normiert sind in § 27 GO die Ausländerbeiräte. Danach haben Gemeinden mit mindestens 5.000 ausländischen Einwohnern einen Ausländerbeirat zu bilden. In Gemeinden mit mindestens 2.000 ausländischen Einwohnern ist ein Ausländerbeirat zu bilden, wenn mindestens 200 Wahlberechtigte es beantragen. In den übrigen Gemeinden kann ein Ausländerbeirat gebildet werden. Die Entscheidungsrechte des Ausländerbeirates sind vor dem Hintergrund einer mangelnden demokratischen Legitimationskette sehr gering. Gerade diese mangelnde Entscheidungskompetenz kann in der Praxis zu Akzeptanzproblemen seitens der wahlberechtigten Ausländer führen. Daher ist es nunmehr möglich, weiter gehende Rechte des Ausländerbeirates sowie eine andere Zusammensetzung auf der Grundlage einer Genehmigung des Innenministeriums (§ 126 GO) zu erreichen.

3. Projekt „Kommunaler Bürgerhaushalt"

Eine gesetzlich nicht geregelte neue Form der Mitwirkung der Bürgerschaft am kommunalen Geschehen ist der „Kommunale Bürgerhaushalt". Erste Erfahrungen liegen dazu auch schon vor. In einem Gemeinschaftsprojekt „Kommunaler Bürgerhaushalt" suchten sechs Pilotkommunen nach Wegen, die Bürgerinnen und Bürger in einfacher und verständlicher Form über die Haushalte der Städte und Gemeinden in NRW zu informieren. Anlass dieses Projektes war, dass die Bürgerinnen und Bürger zwar objektiv mittels der Möglichkeit der Einsicht in den Haushaltsplan erkennen können, mit welchen Einnahmen die Kommunen ihre Aufgaben finanzieren. Da jedoch der Haushaltsplan von Spezialisten für Spezialisten geschrieben wird und sich auch auf mehreren hundert Seiten Zahlenkolonnen und Spezialbegriffe aneinander reihen, bleiben wichtige Informationen häufig nur den Eingeweihten und Spezialisten vorbehalten. Mit diesem Projekt können mittels Information, Konsultation und Rechenschaft mehr Transparenz und neuer Schwung für die Haushaltsberatungen, auch durch „unbürokratische" Vorschläge, erreicht werden. Ziel ist es daher, das Verständnis und das Engagement der Bürgerinnen und Bürger für wichtige Weichenstellungen in ihrer Gemeinde zu verbessern, aber auch z. B. Verständnis für Sparzwecke zu entwickeln. Auch wenn die Bürgerinnen und Bürger durch dieses Projekt als solches keine Entscheidungsbefugnis haben, so können sie doch auf diesem Wege mittels ihrer Vorschläge, Anregungen und Beschwerden auch auf den Rat und seine Ausschüsse einwirken. Als Projektkommunen wurden die Städte Castrop-Rauxel, Emsdetten, Hamm, Hilden, Monheim und Vlotho ausgewählt. Gemeinsam mit den Projektträgern stellen die Projektkommunen ihre Ergebnisse und Informationen im Internet unter der Adresse www.Buergerhaushalt.de zur Verfügung.

Diese so gewonnenen Erfahrungen können Bürgermeisterin und Bürgermeister sowie die Vertretungen ggf. zum Anlass nehmen, in ihrer jeweiligen Stadt oder Gemeinde diese Form der Bürgerbeteiligung zu initiieren.

4. Bürgermeisterinnen/Bürgermeister-Sprechstunde

Eine weitere Möglichkeit, mit den Bürgerinnen und Bürgern auf individuelle Weise in Kontakt zu gelangen, ist die Einrichtung sog. Bürgermeistersprechstunden. In einem vom Bürgermeister zu bestimmenden Zeitrhythmus besteht dann für die Bürgerinnen und Bürger die Möglichkeit, dass sie ihm ihre Anregungen und Beschwerden in den vielfältigsten kommunalen Bereichen darstellen. Dies ermöglicht es dem Bürgermeister, einen unmittelbaren Kontakt zu den Bürgerinnen und Bürgern zu bekommen bzw. zu behalten. Für die Bürgermeisterin bzw. für den Bürgermeister hat eine solche Sprechstunde zum einen die Möglichkeit, über Entwicklungen innerhalb der Gemeindeverwaltung Kenntnis zu erlangen und zum anderen über sonstige Entwicklungen in der Gemeinde informiert zu werden. Aus Sicht vieler Bürgerinnen und Bürger ist es sehr befriedigend, wenn sie sich mit ihren Anregungen und Beschwerden auch an die Person wenden können, die die Bürgerschaft gewählt hat. Auch vor dem Hintergrund dieser Urwahl sollte es eine Selbstverständlichkeit sein, dass der Bürgermeister bzw. die Bürgermeisterin entsprechende Sprechstunden abhält.

III. Gesetzliche Mitwirkungsmöglichkeiten seitens der Bürgerschaft

Während zuvor häufige Formen gesetzlich nicht normierter Mitwirkungsmöglichkeiten dargestellt wurden, werden nunmehr die in der Gemeindeordnung normierten Mitwirkungs- und Entscheidungsmöglichkeiten seitens der Bürgerschaft dargestellt. Da eine aktive Mitwirkung seitens der Bürgerschaft regelmäßig allerdings auch von einer guten Informationspolitik seitens der Gemeinde abhängig ist, sollen zunächst die gesetzlich normierten Informationspflichten seitens der Gemeinde sowie formelle Rechte der Bürgerschaft dargestellt werden.

1. Informationsrechte der Bürgerschaft und Informationspflichten der Gemeinde

Eine aktive Bürgerbeteiligung setzt eine hinreichende Kenntnis seitens der Bürgerschaft über bestehende Probleme und/oder Entwicklungen voraus. Denn erst bei einer solchen Kenntnis kann die Bürgerschaft mögliche Probleme und Entwicklungen selbst bewerten und sodann selbst entscheiden, ob und ggf. in welcher Art und Weise sie aktiv an deren Lösung mitarbeiten möchte. Diesem Anliegen hat der Gesetzgeber durch § 23 GO Rechnung getragen. Danach hat der Rat die Einwohner über die allgemein bedeutsamen Angelegenheiten der Gemeinde zu unterrichten. Bei wichtigen Planungen und Vorhaben der Gemeinde, die unmittelbar raum-

oder entwicklungsbedeutsam sind oder das wirtschaftliche, soziale oder kulturelle Wohl ihrer Einwohner nachhaltig berühren, sollen die Einwohner möglichst frühzeitig über die Grundlagen sowie Ziele, Zwecke und Auswirkungen unterrichtet werden. Die Unterrichtung ist in der Regel so vorzunehmen, dass Gelegenheit zur Äußerung und zur Erörterung besteht. Zu diesem Zweck kann der Rat Versammlungen der Einwohner anberaumen, die auch auf Gemeindebezirke (Ortschaften) beschränkt werden können. Neben der Möglichkeit der Abhaltung von Einwohnerversammlungen besteht aber auch die Möglichkeit der Unterrichtung der Presse, von öffentlichen Anhörungen, Flugblattaktionen und Einwohnerbriefen. Der Rat ist verpflichtet, die näheren Einzelheiten der Unterrichtung in der Hauptsatzung zu regeln.

Eine weitere Möglichkeit der Erlangung der notwendigen Kenntnisse seitens der Bürgerschaft ist selbstverständlich die Teilnahme an den grundsätzlich öffentlichen Ratssitzungen. Dabei hat der Bürgermeister insbesondere die Tagesordnung öffentlich bekannt zu machen. Durch eine sachgerechte schlagwortartige Bezeichnung der einzelnen Tagesordnungspunkte können die Einwohner bereits erkennen, ob sie diese Tagesordnungspunkte interessieren. Durch eine Teilnahme an den Ratssitzungen kann sich dann auch eine entsprechende Mitwirkung seitens der Bürgerschaft im Rahmen der hier dargelegten Möglichkeiten entwickeln.

Schließlich ist noch darauf hinzuweisen, dass der wesentliche Inhalt von Ratsbeschlüssen in öffentlicher Sitzung oder in anderer geeigneter Weise der Öffentlichkeit zugängig gemacht werden soll, soweit nicht im Einzelfall etwas anderes beschlossen wird (§ 52 Abs. 2 GO). Auch dies ermöglicht es der Bürgerschaft Kenntnis über Probleme und Entwicklungen der Gemeinde zu erlangen. Es sei allerdings darauf hingewiesen, dass die Tagesordnung von Ausschüssen nicht öffentlich bekannt gemacht werden muss (§ 58 Abs. 2 S. 2 GO). Vor dem Hintergrund des Sinns und Zwecks der Veröffentlichung von Tagesordnungspunkten (s.o) sollte die Gemeinde überlegen, ob hier nicht eine entsprechende öffentliche Bekanntmachung sinnvoll ist.

Eine weitere Möglichkeit einer aktiven Mitwirkung durch die Bürgerschaft besteht schließlich durch die Möglichkeit der Realisierung von sog. Einwohnerfragestunden anlässlich von Ratssitzungen (§ 48 Abs. 1 S. 3 GO). Zwar dürfen Fragestunden weder zu einer Debatte mit den Einwohnern noch zu einer Diskussion im Rat führen – gleichwohl können diese öffentlich geäußerten Fragen auch eine Anstoßwirkung gegenüber den Ratsvertretern haben. Fragestunden sind allerdings nur dann zulässig, wenn die Geschäftsordnung dies zulässt. Die Mustergeschäftsordnung des Städte- und Gemeindebundes NRW sieht eine solche Fragestunde vor. Fragestunden können ebenfalls auf der Grundlage der entsprechenden Geschäftsordnung des Rates in den Ausschüssen zugelassen werden. Auch dies sieht die zuvor genannte Mustersatzung vor.

2. Bürgerbeteiligung in Form von Beteiligungsrechten

Neben den zuvor genannten Informationsrechten und -pflichten ermöglicht die Gemeindeordnung aber auch die Einbeziehung von Einwohnern und Bürgern in die überwiegende Anzahl der Ausschüsse. So können Bürger[2] als sog. sachkundige Bürger[3] neben Ratsmitgliedern mit

---

2 Bürger ist, wer zu den Gemeindewahlen wahlberechtigt ist (§ 21 Abs. 2 GO).
3 Sachkundige Bürger können allerdings nur die Bürger sein, die dem Rat angehören können. Sie müssen also zum Rat wählbar sein (§ 12 Kommunalwahlgesetz) und sie dürfen nicht nach Maßgabe des § 13 Kommunalwahlgesetz von der gleichzeitigen Mitgliedschaft in der Vertretung ausgeschlossen sein (Inkompatibilität).

Ausnahme des Haupt-, Finanz- und Rechnungsprüfungsausschusses in die Ausschüsse gewählt werden. Sie sind dann gegenüber den dort vertretenen Ratsmitgliedern gleichberechtigt. Auch dies ermöglicht eine aktive Bürgermitwirkung. Ebenfalls können diesen Ausschüssen sachkundige Einwohner[4] angehören. Im Unterschied zu den sachkundigen Bürgern haben sie allerdings nur eine beratende Stimme. Neben dieser dauerhaften Form einer aktiven Bürger- bzw. Einwohnermitwirkung können die Ausschüsse in Einzelfällen auch Vertreter derjenigen Bevölkerungsgruppen, die von ihrer Entscheidung vorwiegend betroffen werden, zu den jeweiligen Ausschussberatungen hinzuziehen. Auch dies ermöglicht somit eine aktive Beteiligung der Bürgerschaft durch die Kommunalpolitik.

IV. Anregungen und Beschwerden, Einwohnerfragestunde, Bürgerbegehren und Bürgerentscheid als besonders geregelte Möglichkeiten einer Mitwirkung

Während bisher informelle Mitwirkungsmöglichkeiten, allgemeine Informationspflichten und Informationsrechte sowie die Möglichkeiten der Mitwirkung in den politischen Gremien erörtert wurden, werden nunmehr die Möglichkeiten der Anregungen und Beschwerden (§ 24 GO), des Einwohnerantrages (§ 25 GO) sowie des Bürgerbegehrens einschließlich des Bürgerentscheids (§ 26 GO) dargestellt[5].

1. Anregungen und Beschwerden

Nach § 24 GO hat jeder das Recht sich einzeln oder in Gemeinschaft mit anderen schriftlich mit Anregungen oder Beschwerden in Angelegenheiten der Gemeinde an den Rat oder in kreisfreien Städten an die Bezirksvertretung zu wenden. § 24 GO ist dem Petitionsrecht des Art. 17 GG nachgebildet. Mittels Anregungen und Beschwerden kann daher jedermann unmittelbar auf den Rat einwirken, so dass diese Instrumente eine besondere Form der Bürgerbeteiligung sind. Die Anregung ist das agierende Instrument, mit ihr will der Petent die Gemeinde zu einem bestimmten Verhalten oder Unterlassen veranlassen. Mit der Beschwerde als der reagierenden Eingabe kritisiert der Petent eine bestimmte Entscheidung oder ein bestimmtes Verhalten der Gemeinde. Allerdings darf sich die Eingabe nur auf Angelegenheiten der Gemeinde, also solche der örtlichen Gemeinschaft (Art. 28 Abs. 2 GG), beziehen. Dies setzt voraus, dass sie einen spezifischen Bezug auf die örtliche Gemeinschaft hat und von der Gemeinde eigenverantwortlich und selbstständig bewältigt werden kann. Dementsprechend darf sich die Gemeinde nicht mit Angelegenheiten befassen, die ihrem Inhalt nach in die ausschließliche Zuständigkeit eines anderen Trägers öffentlicher Gewalt fallen. Eine Willensbildung, die insoweit den örtlichen Wirkungskreis der Gemeinde überschreiten würde, muss unterbleiben. So ist z. B. eine Eingabe mit dem Ziel, eine Gemeinde zur „atomwaffenfreien Zone" zu erklären, ohne sachliche Beratung und Beschlussfassung an die zuständige Stelle weiterzuleiten. Etwas anderes gilt dann, wenn die Gemeinde von einer solchen Maßnahme möglicherweise konkret betroffen ist[6]. Konkrete Bedeutung hat diese Begrenzung in der letzten Zeit z. B. im Hinblick auf die Chancen und Risiken des Anbaus von gentechnisch veränderten Pflanzen in der Land-

---

4　Einwohner ist, wer in der Gemeinde wohnt (§ 21 Abs. 1 GO).
5　Eine ausführliche Darstellung zu diesen Themen kann den einschlägigen Kommentierungen wie z. B. Becker in: Articus/Schneider, Kommentar zur Gemeindeordnung NRW, Stand 2004 entnommen werden.
6　BVerwG, NVwZ 1991, S. 684.

wirtschaft erfahren. Eine allgemeine Diskussion über den Einsatz der Gentechnik in der Landwirtschaft als solches ist unzulässig, da es sich insoweit um eine allgemeinpolitische Debatte handelt. Der spezifische Bezug zur örtlichen Gemeinschaft ist allerdings dann gegeben, wenn sich die Anregung oder Beschwerde darauf bezieht, dass die Gemeinde den Anbau dieser Pflanzen auf verpachteten gemeindlichen Flächen unterbinden soll. Angelegenheiten der örtlichen Gemeinschaft sind insbesondere solche der Daseinsvorsorge – also z. B. der Versorgung der Bevölkerung mit Energie und Wasser, der Entsorgung des Abwassers und der öffentliche Nahverkehr.

Formell ist ein konkretes Verlangen des Petenten unter Angabe eines Sachverhaltes erforderlich. Bloße Mitteilung, Erläuterung oder Vorwürfe enthalten kein bestimmtes Begehren und fallen somit nicht unter § 24 GO. Der Bürgermeister hat ein formelles Prüfungsrecht, ob die formellen Voraussetzungen des § 24 GO gegeben sind. Ein materielles Prüfungsrecht mit der Möglichkeit der Verwerfung steht ihm dagegen nicht zu. Unzulässige Eingaben können vom Bürgermeister ohne Entscheidung des Rates oder der Bezirksvertretung an die zuständige Stelle weitergeleitet werden.

Betrifft die Eingabe die Zuständigkeit eines Ausschusses oder des Bürgermeisters, kann allerdings weder der Rat noch die Bezirksvertretung in den kreisfreien Städten zur Eingabe eine Entscheidung in der Sache treffen (§ 24 Abs. 1 S. 2 GO). Im Unterschied zur Bezirksvertretung kann der Rat die Erledigung der Eingaben an einen Ausschuss übertragen. Eine solche Übertragung erfolgt häufig auf einen Beschwerdeausschuss.

Wichtig ist, dass der Petent einen Rechtsanspruch darauf hat, über die Stellungnahme zu der von ihm vorgetragenen Anregung oder Beschwerde unterrichtet zu werden. Die Unterrichtung selbst ist Sache des Bürgermeisters. Da nach § 24 Abs. 2 GO in der Hauptsatzung die näheren Einzelheiten zu regeln sind, wird der Rat dort z. B. die Frage entscheiden können, ob der Rat oder ein Ausschuss Beratungs- bzw. und/oder Entscheidungsbefugnisse haben soll. Regelungsbedürftig sind auch Fragen der Zusammensetzung, der Befugnisse und der Verfahrensgrundsätze eines derartigen Ausschusses soweit dies gesetzlich noch nicht geregelt ist.

2. Einwohnerantrag

Durch die Kommunalverfassungsreform von 1994 wurde der Einwohnerantrag (§ 25 GO) in die Gemeindeordnung aufgenommen. Mit dieser neuen Form der Beteiligung an der kommunalen Willensbildung innerhalb einer Gemeinde wird die Selbstverwaltung durch die Einwohner gestärkt und das kommunalpolitische Interesse der Einwohner und Einwohnerinnen aktiviert. Damit soll dem Verlangen der Einwohner nach einer erweiterten Mitwirkung an der kommunalen Selbstverwaltung Rechnung getragen und die Bedeutung des Informationsaustausches und der Mitwirkung zwischen Einwohner und Rat unterstrichen werden. Durch dieses neue Instrument haben die Einwohner, die das 14. Lebensjahr vollendet haben, nunmehr die Möglichkeit, den Rat zu zwingen, über eine bestimmte Angelegenheit, für die er gesetzlich zuständig ist, zu beraten und zu entscheiden. Die Entscheidungsfreiheit des Rates in der Sache bleibt jedoch unberührt, insbesondere besteht kein Anspruch auf Entscheidung des Rates im Sinne des Antrages. Der Einwohnerantrag ist somit lediglich eine neue Form der Mitwirkung – nicht jedoch wie beim Bürgerentscheid eine eigene Entscheidung in der Sache. Dies ist auch

Grund dafür, dass der Einwohnerantrag gegenüber dem Bürgerbegehren und dem ihm ggf. nachfolgendem Bürgerentscheid in der Praxis bisher keine herausragende Bedeutung erlangt hat. Denn wenn ein Einwohner, der zugleich auch Bürger der Gemeinde ist, eine Sachentscheidung begehrt, so wird er regelmäßig das Verfahren wählen, wo er selbst entscheiden kann. Dies ist hingegen der Bürgerentscheid. Gleichwohl kann ein Einwohnerantrag insbesondere für Jugendliche zwischen Vollendung ihres 14. Lebensjahres und vor Vollendung ihres 16. Lebensjahres, mit dem das aktive Kommunalwahlrechtsalter erreicht und damit eine Voraussetzung für die Erlangung des Status eines Bürgers erreicht wird, von Bedeutung sein. Diese Form der Mitwirkung kann aber auch für ausländische Einwohner, die nicht die Staatsangehörigkeit eines Mitgliedstaates der Europäischen Gemeinschaft haben und in der Gemeinde wohnen, von Bedeutung sein.

Antragsberechtigt ist jeder Einwohner i. S. v. § 21 Abs. 1 GO. Er muss also mindestens seit drei Monaten in der Gemeinde wohnen und das 14. Lebensjahr vollendet haben. Mit der Festlegung der Altersgrenze auf lediglich 14 Jahre möchte der Gesetzgeber insbesondere bewirken, dass sich auch jugendliche Einwohner stärker am kommunalpolitischen Willensbildungsprozess beteiligen. So können Belange, die die Jugendlichen verstärkt betreffen, in die Beratung dieser Angelegenheiten im Gemeinderat bzw. in der Bezirksvertretung eingebracht werden. In den Fällen, in denen sich ein Einwohnerantrag an eine Bezirksvertretung richtet, setzt die Antrags- und Unterzeichnungsberechtigung darüber hinaus voraus, dass der Antragssteller im Stadtbezirk wohnt.

Antragsgegenstand muss eine Angelegenheit sein, für die der Rat der Gemeinde gesetzlich zuständig ist. Daher muss es sich zum einen um eine Angelegenheit der Gemeinde handeln (vgl. insoweit die Ausführung zu § 24 GO) und ferner muss die Organkompetenz des Rates für diese Angelegenheit gegeben sein (§ 41 Abs. 1 S. 1 GO). Dementsprechend ist der Antrag unzulässig, wenn eine Angelegenheit kraft Gesetzes der Kompetenz des Rates entzogen ist. Dies betrifft insbesondere die Zuständigkeitskompetenzen des Bürgermeisters. Strittig ist, ob ein Einwohnerantrag dann zulässig ist, wenn der Rat die nach § 41 Abs. 1 S. 1 GO gegebene Zuständigkeiten vorab auf den Bürgermeister oder einen Ausschuss übertragen und sich kein Rückholrecht vorbehalten hat.

§ 25 Abs. 2 GO enthält bestimmte Formvorschriften, denen ein Einwohnerantrag genügen muss. Sämtliche dieser Voraussetzungen müssen im Zeitpunkt des Eingangs des Antrages bei der Gemeinde erfüllt sein (§ 25 Abs. 6 GO). Der schriftliche Antrag muss ein bestimmtes Begehren und eine Begründung enthalten. Es muss konkret angegeben sein, welche Angelegenheiten beraten und entschieden werden sollen. Der Rat ist an dieses bestimmte Begehren gebunden und kann es im Rahmen der Beratung dementsprechend von sich aus nicht abändern. Weiter gehende Zulässigkeitsvoraussetzungen sind in § 25 Abs. 3 bis 5 GO aufgeführt. Insbesondere ist darauf hinzuweisen, dass der Antrag von einem bestimmten Quorum der Einwohner unterstützt werden muss.

Kommt der Rat zu dem Ergebnis, dass der Antrag zulässig ist, muss er sich unverzüglich mit diesem inhaltlich befassen und eine abschließende Entscheidung treffen. Das Gleiche gilt für die Bezirksvertretung in den kreisfreien Städten, wenn an sie ein Einwohnerantrag gerichtet wurde. Um eine zügige Beratung sicherzustellen, sieht das Gesetz vor, dass die Beratung und Entscheidung innerhalb von vier Monaten nach Eingang des Einwohnerantrags abgeschlossen sein muss. Die Frist beginnt daher nicht erst dann, wenn über die Zulässigkeit des Antrages entschieden worden ist.

3. Bürgerbegehren und Bürgerentscheid (§ 26 GO)

Eine echte Durchbrechung des Grundsatzes der repräsentativen Demokratie, welche in § 1 Abs. 1 S. 2 GO niedergelegt ist, stellt seit 1994 die Möglichkeit des Bürgerentscheides dar. Damit wollte der Gesetzgeber das repräsentativ-demokratische System der Gemeindeordnung um ein Element unmittelbarer Demokratie ergänzen. Im Unterschied zum Einwohnerantrag kann mittels des zweistufigen Verfahrens Bürgerbegehren und Bürgerentscheid durch die Bürger ein Ratsbeschluss aufgehoben werden (sog. kassierender Bürgerentscheid) oder auf einem bisher noch nicht bearbeiteten Feld ein Bürgerentscheid getroffen werden (sog. initiierender Bürgerentscheid). In beiden Fällen hat der Bürgerentscheid die Wirkung eines Ratsbeschlusses. Das Verfahren ist zweistufig. Es gliedert sich in den Antrag (Bürgerbegehren) einer bestimmten Anzahl von Bürgern auf Durchführung eines formalisierten Abstimmungsverfahrens auf der einen und in die eigentliche Entscheidung der Bürger im Wege der allgemeinen, unmittelbaren, freien, gleichen und geheimen Abstimmung (Bürgerentscheid) auf der anderen Seite. Das Bürgerbegehren ist also der Wunsch der Bürger, über eine Angelegenheit der Gemeinde anstelle des Rates zu entscheiden, falls der Rat nicht inhaltlich dem Bürgerbegehren entspricht. Auf diese Weise schlüpfen die Bürger in die Rolle, die Verantwortung und die Funktion eines Rates bei der Entscheidung über eine bestimmte Angelegenheit der Gemeinde. Der Gesetzgeber hat damit einer gesellschaftspolitischen Entwicklung Rechnung getragen, die geprägt ist von einem immer stärker werdenden Verlangen der Bürgerinnen und Bürger auf eine möglichst umfassende aktive Teilnahme und Mitwirkung am kommunalpolitischen Willensbildungsprozess der Gemeinde. Gleichzeitig wird der Erfahrung Rechnung getragen, dass Entscheidungen in kommunalen Angelegenheiten, die der Bürger selbst beeinflusst oder gar getroffen hat, eine wesentlich höhere Akzeptanz besitzen und stärker den kommunalen Frieden wiederherstellen oder bewahren können als Ratsbeschlüsse. Um Missbräuche auszuschalten und um zu vermeiden, dass durch Bürgerbegehren und Bürgerentscheid der Rat seiner Gesamtverantwortung entkleidet wird, sind eine Vielzahl wesentlicher Sachbereiche per Gesetz (§ 26 Abs. 5 GO) dem Bürgerbegehren von vornherein entzogen. Gleichzeitig ist das Bürgerbegehren an eine Reihe von Voraussetzungen geknüpft. Die Einführung von Bürgerbegehren und Bürgerentscheid hat allerdings nicht das Ziel, eine grundlegende Wandlung des repräsentativ-demokratischen Systems herbeizuführen. Vielmehr soll das Bestehen des Systems nur um ein Element unmittelbarer Demokratie ergänzt werden[7]. Die Abwertung repräsentativer Entscheidung ist daher nicht beabsichtigt. Diese Zielsetzung muss man kennen, um Art, Inhalt und Umfang zu verstehen und beurteilen zu können. Konkret führt dies nach der bisherigen Rechtsprechung z. B. dazu, dass ein eingeleitetes Bürgerbegehren oder ein bereits als zulässig anerkanntes Bürgerbegehren, welches sich gegen einen Ratsbeschluss wendet, den Rat grundsätzlich nicht hindert, seinen Ratsbeschluss vor Durchführung des Bürgerentscheides auszuführen. Etwas anderes gilt dann, wenn er dies rechtsmissbräuchlich tätigen würde. Ein Rechtsmissbrauch liegt hingegen dann nicht vor, wenn z. B. der vom Rat beschlossene Verkauf eines Anteils der Stadtwerke mittels Bürgerentscheids unterbunden werden soll und das Angebot

---

7 Landtagsdrucksache 11/4983.

seitens des Käufers z. B. eine zeitliche Bindungsfrist beinhaltet, die vor Durchführung des Bürgerentscheides endet.

Seit In-Kraft-Treten des § 26 GO sind in NRW nach der letzten veröffentlichten Statistik[8] des Innenministeriums NRW 296 Bürgerbegehren und 90 Bürgerentscheide durchgeführt worden. In 100 der 296 Fälle hatten die Bürger ganz oder teilweise Erfolg. Diese Zahlen stellen allerdings nicht die Richtigkeit der repräsentativen Demokratie als solches in Frage. So hatten zwar nur 150 der 396 Städte und Gemeinden in Nordrhein-Westfalen eine Satzung für die Durchführung von Bürgerentscheiden erlassen. Solche Satzungen werden allerdings entweder nur für den möglichen Fall der Durchführung eines Bürgerbegehrens/Bürgerentscheides erlassen (sog. Vorratssatzung) oder deshalb, weil bereits ein Bürgerbegehren eingeleitet wurde (welches aber nicht unbedingt in einen Bürgerentscheid münden muss). Unter Berücksichtigung der Vorratssatzungen kann vielmehr davon ausgegangen werden, dass in der ganz überwiegenden Anzahl der Städte- und Gemeinden die Bürger keinen Anlass hatten, ein Bürgerbegehren zu initiieren. Ein Grund dafür kann auch sein, dass vor der Entscheidung des Rates die Bürger in die Entscheidungsprozesse eingebunden wurden und deshalb keinen Anlass für die Initiierung eines Bürgerbegehrens sahen.

Die Regelungen des § 26 GO wurden letztmalig durch In-Kraft-Treten einer Rechtsverordnung auf der Grundlage des § 26 Abs. 10 GO geändert (Bürgerentscheidsdurchführungsverordnung[9]). Danach sind nunmehr die Städte und Gemeinden in NRW unabhängig von einem konkreten Bedarf verpflichtet, entsprechende Satzungen über die Durchführung von Bürgerentscheiden zu erlassen. Der Städte- und Gemeindebund NRW hat entsprechende Mustersatzungen für die Durchführung von Bürgerentscheiden unter Berücksichtigung dieser neuen Rechtsverordnung erlassen.

a.   Die Zulässigkeit des Bürgerbegehrens

aa. Allgemeines
Der Rat stellt fest, ob ein Bürgerbegehren zulässig ist. Bei der Prüfung, ob diese Voraussetzungen vorliegen, hat er weder einen Beurteilungs- noch einen Ermessensspielraum. Dabei müssen die nachfolgenden Voraussetzungen grundsätzlich im Zeitpunkt der Zulässigkeitsfeststellung durch den Rat vorliegen[10]. Antragsberechtigt sind alle Bürger i. S. v. § 21 Abs. 2 GO. Konkret bedeutet dies, dass diese entsprechend §§ 7 und 8 Kommunalwahlgesetz wahlberechtigt sein müssen.

bb. Antragsgegenstand
Der Antragsgegenstand des Bürgerbegehrens ist durch Abs. 1 und Abs. 5 begrenzt. Gegenstand eines Bürgerbegehrens kann jede Angelegenheit der Gemeinde sein[11], für die die Gemeinde die Verbandskompetenz, der Rat die Organkompetenz hat und kein Ausschlusstatbestand des Abs. 5 vorliegt.

---

8   Stand: Juli 2003. Nach Redaktionsschluss soll alsbald eine neue Statistik durch das Innenministerium NRW veröffentlicht werden.
9   GV NW 2004, S. 383.
10 Zu den Besonderheiten im Falle der Einreichung einer entsprechenden Verpflichtungsklage vgl. Becker in: Articus/ Schneider, Gemeindeordnung NRW, § 26 Anmerkung II.
11 Vgl. die Ausführung zu § 24 GO (Anregungen und Beschwerden).

Ausgeschlossene Antragsgegenstände sind nach § 26 Abs. 5 GO folgende Bereiche:

- die innere Organisation der Gemeindeverwaltung,

- die Rechtsverhältnisse der Mitglieder des Rates und der Ausschüsse sowie der Bediensteten der Gemeinde,

- die Haushaltssatzung einschließlich der Wirtschaftspläne der Eigenbetriebe sowie die kommunalen Abgaben und die privatrechtlichen Entgelte,

- die Jahresrechnung der Gemeinde und der Jahresabschluss der Eigenbetriebe

- Angelegenheiten, die im Rahmen eines Planfeststellungsverfahrens oder eines förmlichen Verwaltungsverfahrens mit Öffentlichkeitsbeteiligung oder eines abfallrechtlichen, immissionsschutzrechtlichen, wasserrechtlichen oder vergleichbaren Zulassungsverfahrens zu entscheiden sind

- die Aufstellung, Änderung, Ergänzung und Aufhebung von Bauleitplänen (Flächennutzungsplan und Bebauungsplan)

- Entscheidung über Rechtsbehelfe und Rechtsstreitigkeiten

- Angelegenheiten, für die der Rat keine gesetzliche Zuständigkeit hat

- Anträge, die gegen ein gesetzeswidriges Ziel oder gegen die guten Sitten verstoßen sowie

- Angelegenheiten, über die innerhalb der letzten zwei Jahre bereits ein Bürgerentscheid durchgeführt worden ist.

Hinsichtlich dieser Ausschlusstatbestände sowie auf die hierzu ergangene Rechtsprechung sei auf die Ausführung von Becker (a. a. O.) verwiesen.

cc. Schriftform und Mindestinhalt des Begehrens

Der Antrag auf Durchführung des Bürgerentscheides muss in schriftlicher Form gestellt werden. Daneben muss er eine richtige Begründung enthalten. Konkret bedeutet dies, dass die tragenden Tatsachen und Gründe für das Begehren für einen verständigen Bürger dargestellt werden müssen. Denn nur so können die Bürger über den Sinn und Zweck des Begehrens informiert werden. Fehlerhafte oder fehlende Begründungen können daher zur Unzulässigkeit des Bürgerbegehrens führen. Ausgehend vom Sinn und Zweck der Begründung ist es daher auch erforderlich, dass die Bürger auf der Unterschriftenliste des Bürgerbegehrens über die gegebenenfalls entgegenstehenden wesentlichen Tatsachenbehauptungen seitens der Gemeinde informiert werden. Ferner muss dem Bürgerbegehren ein nach den gesetzlichen Bestimmungen durchführbarer Vorschlag für die Deckung der Kosten der verlangenden Maßnahmen beigefügt sein. Die Bürgerschaft soll nämlich nicht nur Leistungen von der Gemeinde fordern können, sie soll gleichzeitig gezwungen werden, auch die Möglichkeiten ihrer Finanzierung unter Berücksichtigung der aktuellen Haushaltslage der Gemeinde vorab zu prüfen. Damit wird der Bürgerschaft die Selbstverantwortung für die geplante Maßnahme vor Augen geführt.

Des Weiteren muss auf der Unterschriftsliste eine Vertreterbenennung erfolgen. Hinsichtlich der Rechte und Pflichten der Vertreter des Bürgerbegehrens sei ebenfalls auf die umfangreiche Kommentierung von Becker (a. a. O.) verwiesen.

dd. Fristgemäße Einreichung des Antrages

Sofern sich ein Bürgerbegehren gegen einen Beschluss des Rates wendet, muss es im Interesse der Rechtsklarheit und zur Rechtssicherheit innerhalb von sechs Wochen nach der Bekanntgabe des Beschlusses bei der Gemeinde eingereicht werden. Bedarf der Beschluss keiner Bekanntmachung, so muss der Antrag drei Monate nach dem Sitzungstag eingereicht werden. Die Frage, ob es sich um ein initiierendes, also jederzeit statthaftes, oder um ein kassierendes, fristgebundenes Bürgerbegehren (sog. kassatorisches Bürgerbegehren) handelt, beinhaltet eine entscheidende Weichenstellung in der Zulässigkeitsprüfung. Maßgeblich sind insoweit die allgemein anerkannten Auslegungsregelungen. Danach ist nicht erforderlich, dass in dem Begehren der Ratsbeschluss explizit genannt wird. Entscheidend ist vielmehr, ob es sich innerlich auf einen Beschluss bezieht und in seiner Zielsetzung auf seine Abänderung ausgerichtet ist. Ein Bürgerbegehren richtet sich daher gegen einen Beschluss des Rates, wenn es in die vom Rat getroffene Regelung eingreift, sei es, dass es sich mit der Aufhebung dieser Regelung erschöpft, sei es, dass es sie durch andere ersetzt. Demgegenüber erfassen sog. initiierende Bürgerbegehren Ratsbeschlüsse nicht, sondern bearbeiten gleichsam ein noch unbestelltes Feld und stoßen damit ausschließlich gemeindliche Aktivitäten an.

ee. Unterschriftsquorum

Da es sich bei Bürgerbegehren um eine Ausnahme von dem Grundsatz der repräsentativen Demokratie handelt, fordert der Gesetzgeber zu Recht, dass der Antrag auf Durchführung eines Bürgerbegehrens von einer großen Zahl von Bürgern unterstützt und befürwortet wird. Auf diese Weise soll ausgeschlossen werden, dass jede Minderheit jede Angelegenheit einer Gemeinde zum Gegenstand eines Bürgerbegehrens machen kann. Durch die Unterschriften soll sichergestellt werden, dass nur Anliegen, von denen sich eine große Zahl von Bürgern angesprochen fühlen, sich zu einem Bürgerbegehren entwickeln können. Die genauen Unterschriftsquoren sind abhängig von der Größe der Gemeinde. Sie ergeben sich aus § 26 Abs. 4 GO.

b. Rechtswirkung eines als zulässig festgestellten Bürgerbegehrens

Weder ein eingeleitetes Bürgerbegehren noch ein vom Rat als zulässig festgestelltes Bürgerbegehren entfaltet eine Sperrwirkung zu Lasten der Gemeinde. Denn der Landesgesetzgeber hat in Kenntnis einer solchen Diskussion auf eine solche Sperrwirkung verzichtet. Wie bereits dargelegt, soll das Bürgerbegehren das repräsentativ-demokratische System ergänzen nicht jedoch überlagern. Wird der Ratsbeschluss vollzogen und später durch einen Bürgerentscheid aufgehoben, so sind die durchgeführten Maßnahmen – soweit rechtlich und tatsächlich möglich – auf Kosten der Gemeinde wieder rückgängig zu machen. Mangels rechtswidrigen Verhaltens insbesondere der Ratsmitglieder sind diese aber nicht zum Ersatz der Kosten verpflichtet (vgl. § 43 Abs. 4 GO). Gleichwohl dürften insbesondere sie die politischen Folgen zu tragen haben, wenn sie auf Vollziehung des Ratsbeschlusses bestehen.

c. Einigung statt Durchführung des Bürgerbegehrens bzw. Bürgerentscheides?

In der Praxis kommt es sehr häufig vor, dass bereits bei Einleitung eines Bürgerbegehrens sich der Rat mit Vertretern des Bürgerbegehrens in Verbindung setzt. Häufig kann dann bereits eine Einigung in der Sache erzielt werden und ein Bürgerbegehren unterbleibt dann. Nach der

Rechtsprechung ist es auch zulässig, dass nach der Zulassung des Bürgerbegehrens der Rat mit den Vertretern des Bürgerbegehrens in der Sache eine Einigung erzielt, einen entsprechenden Vertrag schließt und so auf die Durchführung des Bürgerentscheides verzichtet. Dies ist auch sachgerecht, da so die vom Landesgesetzgeber gewollte Bürgermitbestimmung erfolgreich ist.

d.   Durchführung des Bürgerentscheids

Soweit der Rat dem zulässigen Bürgerbegehren nicht entspricht, ist der entsprechende Bürgerentscheid innerhalb von drei Monaten durchzuführen. Die Frist läuft mit der Feststellung der Zulässigkeit des Begehrens.

Darüber hinaus sind seit dem 01.10.2004 Bürgerentscheide auf der Grundlage einer von dem Rat zu erlassenden Satzung durchzuführen. Nach der bereits genannten BürgerentscheidDVO ist die Gemeinde nunmehr verpflichtet, die Bürger über die Durchführung des Bürgerentscheides durch Bekanntmachung zu informieren. Ferner hat sie die Ansichten der im Rat vertretenden Parteien, Wählergruppen und Einzelratsmitglieder sowie des Bürgermeisters darzustellen. Wie sie dies hingegen macht, steht in ihrem Ermessen. Denkbar ist z. B. eine entsprechende Bekanntmachung im Amtsblatt oder in der Tageszeitung sowie im Internet. Insoweit bietet sich der Rückgriff auf die allgemeinen Bekanntgabeformen der Gemeinde an. Schließlich kann die Abstimmung auf der Grundlage einer entsprechenden Satzungsregelung auch ausschließlich mittels Briefabstimmung erfolgen. Daneben ist es aber auch möglich, dass wie bei Wahlen die Abstimmung in einem Abstimmungslokal erfolgt. Gleichwohl ist auch in einem solchen Fall die Briefabstimmung zu ermöglichen.

e.   Ergebnisse des Bürgerentscheides

Ein Bürgerentscheid ist erfolgreich, wenn die gestellte Frage von der Mehrheit der gültigen Stimmen bejaht worden ist, sofern diese Mehrheit wenigstens 20 % der Stimmberechtigten beträgt. Mit dieser Einschränkung soll verhindert werden, dass eine besonders aktive kleine Minderheit Bürgerbegehren und Bürgerentscheid zur Durchsetzung von Interessen nutzt, die nicht dem Willen der großen Mehrheit der Bürgerschaft entsprechen.

f.   Rechtswirkung eines Bürgerentscheids

Ein Bürgerentscheid hat die Wirkung eines Ratsbeschlusses. Gleichzeitig ist es dem Rat verwehrt, diese Entscheidung innerhalb von zwei Jahren abzuändern, unabhängig davon, ob sich die für die damalige Entscheidung maßgebende Sach- und Rechtslage wesentlich verändert hat. Dadurch wird gewährleistet, dass das Ergebnis des Bürgerentscheides respektiert und nicht auf dem Verwaltungswege beseitigt werden kann.

V. Zusammenfassung

Aus den Ausführungen lässt sich erkennen, dass sowohl der Bürgermeister als auch der Rat bereits unabhängig von der Rechtslage eine aktive Bürgerbeteiligung erreichen können. Darüber hinaus haben insbesondere die gesetzlich normierten Mitwirkungsrechte und Mitbestimmungsrechte dazu beigetragen, dass sich die Bürger und Einwohner in einem großen Umfang aktiv in ihrer Gemeinde in den sie berührenden Fragen und Themen einbringen bzw. von den der Gemeinde einbezogen werden können. Dadurch können sie am kommunalen Geschehen auch im Interesse der Gemeinde besser mitwirken und mitunter haben sie sogar die Letztentscheidungsbefugnis. In diesem Sinne muss auch weiterhin ein ausgewogenes Verhältnis zwischen repräsentiver und direkter Demokratie auf kommunaler Ebene gegeben sein.

H Gemeindesteuersystem und Gewerbesteuer

I. Die Finanzverfassung im Grundgesetz

1. Die Stellung der Gemeinden in der grundgesetzlichen Finanzverfassung

Die Finanzhoheit aus Art. 28 Abs. 2, Satz 1 Grundgesetz (GG) ist zunächst nur die grundsätzliche Gewährleistung der finanziellen Eigenverantwortlichkeit der Gemeinden. Darüber hinaus ist in den Art. 104 ff. GG die Finanzhoheit näher ausgestaltet und konkretisiert worden. Die grundgesetzliche Finanzverfassung normiert zwar nur einen Teilbereich des Gemeindefinanzsystems, zur Beurteilung des Bedeutungsgehalts der Finanzhoheit ist die Stellung der Gemeinden in diesem Abschnitt jedoch von zentraler Bedeutung. Der Verfassungsgeber war bestrebt, durch die Neugestaltung der Finanzverfassung der Selbstverwaltungsgarantie ein finanzielles Rückgrat zu geben. Die grundgesetzliche Finanzverfassung beinhaltet deshalb Rahmenbedingungen für die Finanzausstattung der Gemeinden. Die in der Finanzverfassung ausdrücklich berücksichtigten Gemeinden sollen durch die grundgesetzliche Finanzverfassung in die Lage versetzt werden, die ihnen zugewiesenen oder obliegenden Aufgaben sachgerecht zu erfüllen. Der Bund nimmt dadurch seine besondere Garantenstellung aus Art. 28 Abs. 3 i. V. m. Abs. 2 GG wahr. Den Kommunen wird im Rahmen der Finanzverfassung ein eigenständiger Status dahingehend eingeräumt, dass sie neben Bund und Ländern als dritte Ebene mit einer eigenen Ertragshoheit ausgestattet werden. Die Art. 104 a ff. GG sind als Ausführungsbestimmungen zu Art. 28 Abs. 2 GG anzusehen und als materielle Ausprägungen der Selbstverwaltungsgarantie am Maßstab des Art. 28 Abs. 2 GG auszulegen.

Durch die grundgesetzliche Ausstattung der Gemeinden mit eigenen Steuereinnahmen und deren Beteiligung an den Einnahmen der Verbundsteuern ist der Bund für ihre Finanzausstattung mitverantwortlich gemacht worden. Eine verfassungsrechtliche Normierung wäre sinnlos, wenn dem Bund als Verfassungsgesetzgeber daraus keine Rechtspflichten erwüchsen würden. Die Position des Bundes als Zentralinstanz und die nachträglich geänderten Bestimmungen des Grundgesetzes sichern den Gemeinden eine selbständige Rechtsposition und konkretisieren die aus Art. 28 Abs. 2 GG folgende Rechtspflicht des Bundes, für eine aufgabengerechte Finanzausstattung der Gemeinden zu sorgen.[1] Trotz der Mitverantwortung des Bundes für die Finanzsituation der Gemeinden erlaubt das Grundgesetz jedoch keine unmittelbaren Beziehungen zwischen Bund und Gemeinden.

2. Bestandteile des Gemeindefinanzsystems der Art. 104 a ff. GG

Die Finanzhoheit der Gemeinden umfasst das gesamte Finanzsystem, aus dem die Kommunen ihre Mittel erschließen. Dieses System beinhaltet neben den Steuern auch die anderen Abgaben wie Gebühren und Beiträge sowie andere Geldbeträge, die die öffentliche Hand erheben kann[2]

---

1 Schmitt, Susanne, Inhalt, verfassungsrechtliche Stellung und Bedeutungsgehalt der kommunalen Finanzhoheit, Stuttgart u. a. 1996, S. 99 ff. m. w. N.
2 Hierzu sind zum Beispiel Mitgliedschaftsbeiträge bei Körperschaften des öffentlichen Rechts zu zählen.

und Ausgleichsabgaben. Ebenfalls gehören in das Gemeindefinanzsystem die Einnahmen und Kosten aus der erwerbswirtschaftlichen Tätigkeit der Gemeinden.

Die Gemeinden sind berechtigt, für kommunale Leistungen Gebühren und Beiträge zu erheben. Der Anteil der kommunalen Gebühren und Beiträge macht zurzeit etwa 25 Prozent des gesamten Finanzbedarfs der Gemeinden aus. Neben den Steuern und staatlichen Zuweisungen stellt das Aufkommen an Gebühren und Beiträgen die drittwichtigste Einnahmequelle der Gemeinden dar.

Das Instrument der Beitragserhebung dient ausschließlich der Finanzierung von Erschließungseinrichtungen im weitesten Sinne. Dabei ist zu unterscheiden zwischen der Erschließung von Baugebieten durch Straßen, Wege, Plätze, Grünanlagen, Kinderspielplätze und Lärmschutzeinrichtungen (Erschließungsbeiträge) sowie sonstigen Erschließungsanlagen, insbesondere Abwasserbeseitigungs- und Wasserversorgungseinrichtungen (Anschlussbeiträge).

Während Anschlussbeiträge nur bei leitungsgebundenen (Erschließungs-)Einrichtungen erhoben werden können, steht es den Gemeinden frei, für die Benutzung aller von ihr geschaffenen Einrichtungen Benutzungsgebühren zu erheben (soweit eine kostenfreie Benutzung nicht gesetzlich angeordnet ist, zum Beispiel bei Schulen). Während Beiträge bereits für die Möglichkeit des Anschlusses eines Grundstücks an die öffentliche Einrichtung bezahlt werden müssen, setzt die Erhebung von Benutzungsgebühren die tatsächliche Benutzung der öffentlichen Einrichtung voraus.

Zu beachten sind bei der Erhebung von Gebühren das Kostendeckungs- und das Äquivalenzprinzip. Das Äquivalenzprinzip besagt, dass die erhobenen Beiträge oder Gebühren in angemessenem Verhältnis zu der angebotenen Leistung stehen müssen. Es verkörpert eine besondere Ausprägung des sich aus dem Grundgesetz ergebenden Verhältnismäßigkeitsgrundsatzes[3]. Nach dem Kostendeckungsprinzip sollen Gebühren möglichst kostendeckend sein. Das gesamte Gebührenaufkommen eines Verwaltungszweigs darf aber nicht über einen Kostendeckungsgrad von 100 Prozent hinausgehen, da dem Überschussbetrag keine entsprechende Verwaltungsleistung gegenüberstehen würde.[4]

Neben Steuern, Gebühren und Beiträgen besteht für die Gemeinden noch die Möglichkeit, auf andere Art Einnahmen zu erzielen, z. B. durch die privatwirtschaftliche Tätigkeit, durch Vermietung und Verpachtung oder auch durch Kreditaufnahmen.

3. Regelungsobjekte des Gemeindefinanzsystems der Art. 104 a ff. GG

Für die kommunale Bedeutung der Finanzverfassung ist es erheblich, dass die Finanzverfassung des Grundgesetzes sich lediglich auf die Gesetzgebung, Verwaltung und Ertragshoheit der Steuern bezieht. Die Steuern sind im Steuerstaat Bundesrepublik Deutschland die wichtigste Einnahmeart der öffentlichen Hand[5]. Steuern sind grundsätzlich zweckfreie Abgaben, die an einen

---

3 Häde, Ulrich, Die bundesstaatliche Finanzverfassung des Grundgesetzes, in: JA 1994, S. 1 (6).
4 Arndt, Hans/Rudolf, Walter, Öffentliches Recht, 10. Auflage, München 1994 S. 11 f.; Häde, Ulrich, Die bundesstaatliche Finanzverfassung des Grundgesetzes, in: JA 1994, S. 1 (6).
5 Vgl. Arndt, Hans/Rudolf, Walter, Öffentliches Recht, 10. Auflage, München 1994, S. 86; Häde, Ulrich, Die bundesstaatliche Finanzverfassung des Grundgesetzes, in: JA 1994, S. 1 (5).

bestimmten Besteuerungstatbestand anknüpfen. Sie sind, da sie noch für eine bestimmte Gegenleistung erbracht werden, das ideale Finanzierungsmittel für allgemeine Verwaltungsaufgaben. Die Verfügungsmöglichkeit über die Steuerquellen und deren Nutzung stellt einen bedeutenden Machtfaktor im Bundesstaat dar. Art. 104 a GG normiert als Grundsatz zunächst die finanziellen Beziehungen des Bundes zu den Ländern einschließlich der Gemeinden hinsichtlich der Verteilung der Ausgabenlasten. Die Art. 105 ff. GG beschreiben das System der Verteilung der Steuergesetzgebung und der Finanzmassen, ohne jedoch dabei den Blick auf die zu erfüllenden Aufgaben und daraus erwachsenden Ausgaben zu richten. Der kommunal bedeutende Bereich der Gebühren, Beiträge und Ausgleichsabgaben findet in der grundgesetzlich normierten Finanzverfassung keine Berücksichtigung.[6]

II. Beteiligung am Aufkommen der Einkommens- und Umsatzsteuer

Den Gemeinden sind einige Steuerarten originär zugewiesen. Dies sind die Verbrauchs- und Aufwandssteuern und die Realsteuern (Grund- und Gewerbesteuer). Daneben sind die Kommunen am Aufkommen zweier Bundessteuern beteiligt. Dazu zählen der Gemeindeanteil an der Einkommensteuer und das verfassungsrechtlich in Art. 106 Abs. 5, Satz 3 GG vorgesehene, aber nicht realisierte Hebesatzrecht für den Gemeindeanteil. Schließlich zählt zu den abgeleiteten Steuereinnahmen auch der Gemeindeanteil am Umsatzsteueraufkommen.

1. Gemeindeanteil an der Einkommensteuer, Art. 106 Abs. 5, Satz 1 GG

Gemäß Art. 106 Abs. 5, Satz 1 GG erhalten die Gemeinden seit 1969 einen Anteil an der Einkommensteuer. Damit werden die Gemeinden in den bundesweiten Zusammenhang der gesamtwirtschaftlichen Entwicklung einbezogen, was zu einer größeren Stetigkeit und interkommunalen Gleichmäßigkeit bei den gemeindlichen Steuereinnahmen geführt hat. Seither hat sich der Gemeindeanteil an der Einkommensteuer zur ertragreichsten Finanzquelle innerhalb der gemeindlichen Steuereinnahmen entwickelt. Eine Beteiligung der Kreise an der Einkommensteuer ist nicht vorgesehen und wäre de lege lata verfassungswidrig.[7]

Die bundesgesetzliche Regelung nach Art. 106 Abs. 5, Satz 2 GG über die Höhe des Gemeindeanteils an der Einkommensteuer und die horizontale Verteilung unter den Gemeinden eines Landes enthält das Gemeindefinanzreformgesetz (GFRG). Danach erhalten die Gemeinden seit dem 1.1.1980 15 Prozent des Gesamtaufkommens an Lohnsteuer und veranlagter Einkommensteuer sowie seit dem 1.1.1993 12 Prozent des Aufkommens aus dem Zinsabschlag. Dieses Gesetz macht von der in Art. 106 Abs. 5, Satz 3 GG eingeräumten Möglichkeit, die Gemeinden zu ermächtigen, die Hebesätze für ihren Einkommensteueranteil kraft eigener Kompetenz festzusetzen, keinen Gebrauch. Letzteres würde dazu führen, dass die Gemeinden hinsichtlich des Gemeindeanteils an der Einkommensteuer gegenüber den steuerpflichtigen Bürgern prozentuale Zu- oder Abschläge erheben und folglich für ihren örtlichen Wirkungskreis die Einkommensteuer insgesamt erhöhen oder vermindern könnten. Dies würde eine erhebliche Stärkung des kommunalen Gestaltungsspielraums im Bereich der Steuerhoheit herbeiführen. Klarstel-

---

6 Schmitt, Susanne, Inhalt, verfassungsrechtliche Stellung und Bedeutungsgehalt der kommunalen Finanzhoheit, Stuttgart u. a. 1996, S. 104.

7 Henneke, Hans-Günter, Öffentliches Finanzwesen, Finanzverfassung, 2. Auflage, Heidelberg 2000, § 16 Rn. 898, S. 349.

lend ist darauf hinzuweisen, dass der Gemeindeanteil an der Einkommenssteuer keine Finanz-zuweisung, sondern eine verfassungsunmittelbar begründete, gesetzlich lediglich ausgeformte quotale Steuerertragsbeteiligung darstellt, die auf der Grundlage der Einkommenssteuerleistungen der Gemeindeeinwohner und damit der örtlichen Steuerkraft zu bemessen ist.[8]

2. Gemeindeanteil an der Umsatzsteuer, Art. 106 Abs. 5 a GG

Gemäß Art. 106 Abs. 5 a GG erhalten die Gemeinden seit dem 1.1.1998 einen Anteil an dem Aufkommen der Umsatzsteuer, der einfachgesetzlich auf 2,2 Prozent festgelegt worden ist. Während die Verteilung des Länderanteils an der Umsatzsteuer zu 3/4 nach der Einwohnerzahl und zu 1/4 nach Steuerschwäche erfolgt, wird der gemeindliche Umsatzsteueranteil von 2,2 Prozent nach anderen Kriterien verteilt. Dies ist darauf zurückzuführen, dass die gemeindliche Umsatzsteuerbeteiligung eine finanzielle Kompensation der Gemeinden für die Abschaffung der Gewerbekapitalsteuer im bisherigen Bundesgebiet und die dauerhafte Nichterhebung im Beitrittsgebiet zum 1.1.1998 darstellte. Bei der Verteilung auf die einzelnen Gemeinden soll erreicht werden, dass diese möglichst ein Aufkommen erhalten, welches dem bisherigen Gewerbekapitalsteueraufkommen entspricht. In Art. 106 Abs. 5 a, Satz 2 GG ist daher bestimmt, dass der gemeindliche Anteil am Umsatzsteueraufkommen von den Ländern auf der Grundlage eines orts- und wirtschaftsbezogenen Schlüssels an die Gemeinden weitergeleitet wird. Das Nähere ist in §§ 5 a ff. Gemeindefinanzreformgesetz (GFRG) geregelt.[9]

3. Der kommunale Finanzausgleich

Als Gemeinschaftssteuern (oder Verbundsteuern) werden die Einkommens-, Körperschafts- und Umsatzsteuer bezeichnet, deren Aufkommen Bund und Ländern gemeinsam zusteht (Art. 106 Abs. 3 Satz 1 GG). Von dem Länderanteil am Gesamtaufkommen der Gemeinschaftssteuern fließt den Gemeinden und Gemeindeverbänden insgesamt ein von der Landesgesetzgebung zu bestimmender Vomhundertsatz, der Verbundsatz, zu.

Diese Verpflichtung im Art. 106 Abs. 7 GG des Grundgesetzes der Bundesrepublik Deutschland stellt die Grundlage des kommunalen Finanzausgleichs dar. Dieser verfassungsrechtlich garantierte Anspruch auf Beteiligung an den Gemeinschaftssteuern ist bedauerlicherweise nur ein solcher grundsätzlicher Art und die Ausgestaltung des Finanzausgleichs liegt im Ermessen des Landesgesetzgebers. Über die Höhe dieser Beteiligung schweigt sich die Verfassung aus, so dass bei jeder Änderung des geltenden Finanzausgleichsrechts die kommunale Seite darauf achten muss, dass mittels einer Reduzierung des Verbundsatzes keine Kürzung der Verbundleistungen vorgenommen wird. Der Landesgesetzgeber kann die Finanzausgleichsmasse jedoch nicht völlig frei festsetzen, sondern ist bei der Festsetzung des Gesamtvolumens der Finanzausgleichsmasse verpflichtet, den aus der Selbstverwaltungsgarantie resultierenden Verpflichtungen Rechnung zu tragen. Hierbei hat der Landesgesetzgeber einen weiten Ermessensspielraum. Denn das Selbstverwaltungsrecht ist erst dann verletzt, wenn das Finanzausgleichsvolumen so

---

8 Henneke, Hans-Günter, Öffentliches Finanzwesen, Finanzverfassung, 2. Auflage, Heidelberg 2000, § 16 Rn. 899, S. 349.

9 Henneke, Hans-Günter, Öffentliches Finanzwesen, Finanzverfassung, 2. Auflage, Heidelberg 2000, § 16 Rn. 902, S. 350.

weit herabgesetzt würde, dass Finanzzuweisungen an die Gemeinden faktisch unterblieben oder so gering wären, dass damit keine ins Gewicht fallende Stärkung der gemeindlichen Finanzkraft verbunden wäre. Der Landesgesetzgeber ist nach Art. 28 Abs. 2 GG i. V. m. Art. 3 Abs. 1 GG auch an das Nivellierungsverbot gebunden. Er darf den Finanzausgleich nicht in einer Weise durchführen, die dazu führt, dass ursprünglich finanzstarke Gemeinden nach dem Ausgleich über weniger Mittel verfügen als finanzschwache. Der Landesgesetzgeber darf den Finanzausgleich auch nicht in einer Weise durchführen, die den Gemeinden den Anreiz zur Ausschöpfung eigener Finanzquellen nimmt. Die Gemeinden dürfen nicht von den finanziellen Folgen ihrer selbstverantwortlich getroffenen Entscheidungen freigestellt werden, denn dadurch wäre die kommunale Eigenverantwortlichkeit faktisch aufgehoben.

Die allgemeinen Zuweisungen, die sog. Schlüsselzuweisungen, stellen innerhalb des allgemeinen Steuerverbundes den größten Posten dar. Sie tragen ganz wesentlich zur Finanzausstattung bei und bilden den Eckstein des kommunalen Finanzausgleichs. Die zweckgebundenen Finanzzuweisungen, die sog. Zweckzuweisungen, werden im Hinblick auf die Erfüllung bestimmter kommunaler Aufgaben unabhängig von der jeweiligen Finanzkraft einer Gemeinde gewährt und sind der freien Disposition der Gemeinden entzogen.[10]

III. Die originären Gemeindesteuern

Den Gemeinden sind einige Steuerarten originär zugewiesen. Das sind die im Aufkommen verhältnismäßig unbedeutenden Verbrauchs- und Aufwandssteuern, bei denen den Gemeinden ein eigenes Steuerfindungsrecht zusteht, sowie die Realsteuern (Grund- und Gewerbesteuer), bei denen den Gemeinden ein eigenes Hebesatzrecht zusteht.

1. Grund- und Gewerbesteuergarantie, Art. 106 Abs. 6 GG

Mit Neuregelung vom 20.10.1997 ist an die Stelle des bisherigen Begriffs Realsteuern in Art. 106 Abs. 6 GG der Begriff Grund- und Gewerbesteuer getreten, da nach Abschaffung der Gewerbekapitalsteuer zweifelhaft war, ob die verbleibende Gewerbeertragssteuer noch eine Realsteuer darstellt. Insofern hat der verfassungsändernde Gesetzgeber eine Klarstellung getroffen, die zugleich auch eine Verengung bedeutet. Ein Anknüpfen des einfachen Gesetzgebers an andere Realien ist aufgrund der Neuregelung entgegen der bisherigen Verfassungsrechtslage jetzt nicht mehr möglich.[11]

Seit der Neuregelung in Art. 28 Abs. 2, Satz 3, 106 Abs. 6, Satz 1 GG gilt unzweifelhaft, dass es überhaupt Realsteuern, nämlich die Grund- und Gewerbesteuer, geben muss und ihr Aufkommen ausschließlich den Gemeinden zuzufließen hat. Sollte sich der Bundesgesetzgeber, der das Grund- wie das Gewerbesteuergesetz erlassen hat, aus seiner Gesetzgebungskompetenz zurückziehen, hätte er von seiner Kompetenz nicht mehr Gebrauch gemacht. Der Anspruch der

---

10 Schmitt, Susanne, Inhalt, verfassungsrechtliche Stellung und Bedeutungsgehalt der kommunalen Finanzhoheit, Stuttgart u. a. 1996, S. 104 f.
11 Henneke, Hans-Günter, Öffentliches Finanzwesen, Finanzverfassung, 2. Auflage, Heidelberg 2000, § 16 Rn. 903, S. 351.

Gemeinden auf Erlass von wirtschaftskraftbezogenen und mit Hebesatzrecht ausgestatteten Steuern würde sich dann gegen den jeweiligen Landesgesetzgeber richten. Aus Art. 106 Abs. 6, Satz 1 GG ergibt sich, dass das gesetzlich regulierte Aufkommen wegen seines Ortsbezugs eine beträchtliche Bedeutung behalten muss und nicht in ein zu geringes Verhältnis zu den übrigen Ertragsquellen, vor allem zu dem von den Gemeinden in seinem Aufkommen nicht beeinflussbaren gemeindlichen Anteil an der Einkommensteuer wie an der Umsatzsteuer geraten darf.

Anders als bei der Einkommensteuer ist bei den Realsteuern das Recht der Gemeinden, Hebesätze im Rahmen der Gesetze selbst festzusetzen, bereits verfassungsrechtlich in Art. 106 Abs. 6, Satz 2 GG zwingend gewährleistet. Damit wird den Gemeinden eine Möglichkeit finanzieller Selbstgestaltung vermittelt, die ihren Handlungs- und Entfaltungsspielraum qualitativ erheblich stärkt.

Gegenüber der umfassenden Realsteuergarantie in Art. 106 GG (1956) ist die Gewährleistung seit der Finanzreform 1969 hinsichtlich der Gewerbesteuer mittlerweile eingeschränkt. Nach Art. 106 Abs. 6, Satz 4, 5 GG kann ein zustimmungsbedürftiges Bundesgesetz Bund und Länder durch eine Umlage an dem Aufkommen der Gewerbesteuer beteiligen. Die Gemeinden haben mithin einen Anteil ihres Aufkommens an Gewerbesteuern als Umlage zur Aufteilung an Bund und Land abzuführen. Die Umlage wird in der Weise ermittelt, dass das Ist-Aufkommen der Gewerbesteuer nach dem Gewerbeertrag im Erhebungsjahr durch den von der Gemeinde für dieses Jahr festgesetzten Hebesatz der Steuer geteilt und mit dem sog. Vervielfältiger (Umlagesatz) multipliziert wird. Der Vervielfältiger ist dabei die Summe eines Bundes- und Landesvervielfältigers für das jeweilige Land. Die jährliche Höhe des Umlagesatzes regelt ein Bundesgesetz. Seit dem 1. Januar 2004 liegt der Satz bei 20 Prozent (bis 31.12.2003: 28 Prozent). Die Bundesregierung hat die im Zuge der Unternehmenssteuerreform beschlossene unbefristete Erhöhung der Gewerbesteuerumlage an Bund und Länder von 20 Prozent im Jahr 2000 auf knapp 28 Prozent im Jahr 2005 rückgängig gemacht.

2. Gewerbesteuer

a. Darstellung des aktuellen Gewerbesteuersystems

Mit dem Aufblühen von Handel und Gewerbe in den mittelalterlichen Städten wurden in Deutschland auch die ersten Gewerbeabgaben eingeführt, z. B. als Marktgelder, Aufschläge auf Handelswaren oder Sondersteuern für bestimmte Gewerbetreibende. Bei der Realsteuerreform von 1936 kam mit dem Reichsgewerbesteuergesetz[12] für das ganze Reichsgebiet ein einheitliches Gewerbesteuergesetz nach dem preußischen System zustande. Als Besteuerungsgrundlagen wurden Gewerbeertrag und Gewerbekapital allgemein verbindlich, die Lohnsumme fakultativ geregelt und die Steuerberechtigung ohne Beteiligung der Länder den Gemeinden übertragen.

Das Bonner Grundgesetz von 1949 wies dem Bund die konkurrierende Gesetzgebung über die Gewerbesteuer zu. Das daraufhin ergangene bundeseinheitliche Gewerbesteuergesetz von 1950

---

12 Vgl. Pfaffernoschke, Andreas (Diskussion, 1990): Die Diskussion um die Gewerbesteuer, Frankfurt am Main, 1990, S. 9.

wurde seither mehrmals geändert. Durch die Gemeindefinanzreform wurden die Gemeinden ab 1970 zur Zahlung der Gewerbesteuerumlage zugunsten von Bund und Ländern verpflichtet. Im Austausch für die Gewerbesteuerumlage wurden die Gemeinden mit einem betragsmäßig viel bedeutenderen Anteil von 14 Prozent der Lohnsteuer und veranlagten Einkommenssteuer ausgestattet. Im Rahmen des Steueränderungsgesetzes 1979 wurden zum 1. Januar 1980 die Gewerbesteuerumlage um ein Drittel gesenkt und der Anteil der Gemeinden an der Lohn- und veranlagten Einkommenssteuer auf 15 Prozent erhöht.

Im Rahmen der Unternehmenssteuerreform wurde die Gewerbekapitalsteuer zum 1. Januar 1998 abgeschafft. Die damit verbundenen Mindereinnahmen der Gemeinden werden durch einen Anteil von 2,2 Prozent am Umsatzsteueraufkommen ausgeglichen. Zur Festschreibung der Beteiligung der Gemeinden am Umsatzsteueraufkommen und zur Sicherung ihrer Ertragshoheit an der Gewerbesteuer wurden Veränderungen in Art. 28 Abs. 2, Satz 3 GG und Art. 106 Abs. 6, Satz 1 GG vorgenommen.

Die Gewerbesteuer ist neben der Grundsteuer die einzige in Deutschland existierende Realsteuer. Das Aufkommen, welches aus ihr resultiert[13], steht zum Großteil den hebeberechtigten Gemeinden zu[14]. Steuerobjekt der Gewerbesteuer ist gemäß § 2 Abs. 1 Satz 1 GewStG der im Inland betriebene, stehende Gewerbebetrieb und das Reisegewerbe nach § 35 a GewStG. Als Gewerbebetrieb kommen sowohl Gewerbebetriebe kraft gewerblicher Tätigkeit, als auch Gewerbebetriebe kraft Rechtsform und Gewerbebetriebe kraft wirtschaftlichen Geschäftsbetriebes in Frage. Land- und forstwirtschaftliche Betriebe, freie Berufe und die Überschusseinkunftsarten unterliegen nicht der Gewerbesteuerpflicht. Steuergegenstand der Gewerbesteuer ist der Gewerbebetrieb und seine objektive Ertragskraft. Es ist somit gleichgültig, wem der Betrieb gehört, wem die Erträge des Betriebs zufließen und wie die persönlichen Verhältnisse des Betriebsinhabers sind. Der Gewerbesteuer unterliegt jeder Gewerbebetrieb, soweit er im Inland betrieben wird. Unter Gewerbebetrieb ist ein gewerbliches Unternehmen im Sinne des Einkommensteuerrechts zu verstehen. Der Gewerbesteuer unterliegt nicht eine Betätigung, die als Ausübung von Land- und Forstwirtschaft oder als Ausübung eines freien Berufs oder als eine andere selbstständige Arbeit anzusehen ist.

Die steuerliche Bemessungsgrundlage ist der Gewerbeertrag, welcher den einkommens- bzw. den körperschaftssteuerlichen Gewinn als Ausgangsgröße hat[15]. Diesem Gewinn werden, nun zwecks Transformation in einen objektsteuerlichen Ertrag, bestimmte Beträge hinzugerechnet, bzw. wird er um bestimmte Beträge gekürzt.[16] Der so ermittelte Gewerbeertrag wird gemäß § 11 Abs. 1 Nr. 1 GewStG bei Personengesellschaften und Einzelunternehmen um einen Freibetrag von 24.500,– €, gemäß § 11 Abs. 1 Nr. 2 GewStG bei Gewerbebetrieben kraft wirtschaftlicher Rechtsform[17] um 3.900,– € gekürzt. Anschließend wird der gekürzte Gewerbeertrag mit einer Messzahl, in Abhängigkeit von der Rechtsform und dem Ertrag, multipliziert[18].

---

13 Im Jahr 2002 27,03 Mrd.
14 Vgl. Art. 106 Abs. 6 Satz 1 GG i. v. m. Art. 106 Abs. 6 Satz 4 GG.
15 Vgl. Birk, Dieter, Steuerrecht, 5. Auflage, Heidelberg 2002, S. 352, Rn. 1154.
16 Die jeweiligen Hinzurechnungen sind § 8 GewStG, Kürzungen § 9 GewStG zu entnehmen.
17 Den restlichen Unternehmen, auf die in § 11 Abs. 1 Nr. 2 GewStG verwiesen wird, steht der Freibetrag ebenfalls zu.
18 Bei Einzelunternehmen und Personengesellschaften ist der Messbetrag in Abhängigkeit vom Ertrag von 1 Prozent bis 5 Prozent gestaffelt und bildet somit faktisch einen weiteren Freibetrag von 24.000,– €.

Dieses Produkt stellt den Steuermessbetrag dar[19]. Dieser Steuermessbetrag wird mit dem von den Kommunen festgesetzten Hebesatz multipliziert. Die nun ermittelte Gewerbesteuerschuld ist an die entsprechende Gemeinde abzuführen. Liegen die Betriebsstätten eines Betriebs in mehreren Gemeinden, so werden die Steuermessbeträge unter anderem entsprechend ihrer Lohnsumme auf die Gemeinden zerlegt. Das Verfahren zur Festsetzung und Erhebung der Gewerbesteuer entspricht dem bei der Grundsteuer. Demnach ist zuständig:

– für die Festsetzung des örtlichen Hebesatzes der Gewerbesteuer der Rat;

– für die Feststellung der Steuerpflicht und der Besteuerungsgrundlage, die in dem Erlass des Gewerbesteuermessbescheides endet, das Finanzamt;

– für die Festsetzung der Höhe der Steuer und ihren Einzug, die in dem Erlass des Gewerbesteuerbescheides endet, die Gemeinde.

Die Gewerbesteuerschuld ist als Betriebsausgabe sowohl von der eigenen Bemessungsgrundlage, als auch von der Bemessungsgrundlage der beiden anderen Ertragssteuern abzugsfähig. Somit ist die effektive Gewerbesteuerbelastung niedriger als die formale[20]. Einzelunternehmen und Mitunternehmerschaften haben nach § 35 EStG die Möglichkeit, einen Abzug in Höhe des 1,8fachen Gewerbesteuermessbetrags bei der Einkommensteuerermittlung vorzunehmen. Dies führt in Abhängigkeit vom Gewerbesteuerhebesatz zu einer partiellen oder vollständigen Entlastung von der Gewerbesteuer.

b. Reformkonzepte zur Gewerbesteuer

Das deutsche Gewerbesteuersystem bietet auch nach Abschaffung der Gewerbekapitalsteuer und der Lohnsummensteuer noch immer Anlass zu starker Kritik. Ein Großteil der Einwände kommt aus dem finanzwissenschaftlichen Sektor, jedoch nimmt in letzter Zeit verstärkt auch die Kritik aus dem betriebswirtschaftlichen Bereich, hier insbesondere von Industrieverbänden und Unternehmen zu. Auch die Städte und Gemeinden fordern seit Jahren eine Reform der Gewerbesteuer unter Beachtung folgender Grundsätze:

– Eine wirtschaftsbezogene Gemeindesteuer muss auch den Städten und Gemeinden mit ertragsschwacher Wirtschaft eine angemessene steuerliche Basis gewähren.

– Die Interessenklammer zwischen Wirtschaft und Gemeinde muss gefestigt werden.

– Die kommunale Finanzautonomie muss durch ein funktionierendes Hebesatzrecht abgesichert werden.

Dies war Gegenstand der 2003 angestrebten Gemeindefinanzreform, die neben der Zusammenlegung der Arbeitslosen- mit der Sozialhilfe die Modernisierung der Gewerbesteuer im vorgenannten Sinne zum Ziel hatte. Dies war politisch jedoch nicht durchsetzbar und scheiterte an der ablehnenden Haltung des Bundesrates. Andererseits konnten sich die Befürworter für eine Abschaffung der Gewerbesteuer ebenfalls nicht durchsetzen. Dennoch steht die Frage der

---

19 Vgl. Selchert, Friedrich Wilhelm, Grundzüge der Betriebswirtschaftlichen Steuerlehre, 5. Auflage, München, 2001, S. 144.
20 Vgl. Broer, Michael, Ersatzvorschläge für die Gewerbesteuer, in: Wirtschaftsdienst Nr. 1 2001, S. 713–721 (714).

Zukunft der Gewerbesteuer weiter auf der politischen Tagesordnung und es existieren weiterhin viele Reformkonzepte zur Modernisierung des deutschen Gewerbesteuersystems.

aa. Die kommunale Wertschöpfungssteuer

Der wissenschaftliche Beirat des Bundesfinanzministeriums hat 1982 in seinem Gutachten zur Reform der Gemeindesteuern empfohlen, die Gewerbesteuer durch eine kommunale Wertschöpfungssteuer zu ersetzen. Im Gegensatz zu der Gewerbesteuer unterliegen bei diesem Konzept nicht nur Gewerbetreibende, sondern auch Selbständige, land- und forstwirtschaftliche Betriebe und, unter bestimmten Bedingungen, auch die private Vermietung gemäß § 21 EStG der Besteuerung. Bemessungsgrundlage ist der ertragssteuerliche Gewinn, abzüglich Gewinne anderer Unternehmen, zuzüglich Löhne, Mieten, Pachten und Zinsen. Dies entspricht somit der additiven Methode der Ermittlung der Wertschöpfung[21]. Als Steuersatz ist ein relativ niedriger proportionaler Tarif und ein kommunales Hebesatzrecht vorgesehen, Freibeträge sind nicht vorgesehen. Die kommunale Wertschöpfungssteuer stellt eine Kostensteuer dar und ist somit als Betriebsausgabe[22] bei der Ermittlung des einkommens- bzw. körperschaftsteuerlichen Gewinns abzugsfähig. Dies führt dazu, dass ihre effektive Belastung geringer ist, als ihre formale Last. Da als eine Komponente der Bemessungsgrundlage der steuerliche Gewinn vorgesehen ist, führt dies zu einer Ausdehnung der Pflicht zur Erstellung der Steuerbilanz auf alle Wertschöpfungssteuerpflichtigen.

bb. Kommunalsteuermodell (Landesregierung NRW, ähnlich DStGB und DST)

Dieses Konzept ähnelt dem der Wertschöpfungssteuer. Im Gegensatz zur kommunalen Wertschöpfungssteuer unterliegen jedoch bei diesem Konzept land- und forstwirtschaftliche Betriebe nicht der Steuer. Das Konzept zielt aber wie die Wertschöpfungssteuer auf eine Verbreiterung der Bemessungsgrundlage. Letztere ist auch hier der ertragssteuerliche Gewinn zuzüglich Mieten, Pachten und Zinsen. Es erfolgt jedoch keine Hinzurechung der Löhne in die Bemessungsgrundlage, wie es das Konzept der kommunalen Wertschöpfungssteuer vorsieht. Das Tarifsystem ist wie bei der Gewerbesteuer mit einem Hebesatzrecht für die Kommunen ausgestaltet. Eine Teilanrechung wie sie derzeit nach § 35 EStG existent ist, soll möglich sein. Das Konzept sieht einen Abbau der Freibeträge erst ab 50.000,– € Gewerbeertrag vor. Ferner ist die Abschaffung der Messzahlenstaffelung vorgesehen.

cc. Das Beteiligungsmodell des Karl-Bräuer-Institutes

Nach den Vorstellungen des Karl-Bräuer-Institutes des Bundes der Steuerzahler soll eine vollständige Abschaffung der Gewerbesteuer durch eine höhere Umsatzsteuerbeteiligung der Gemeinden und über ein kommunales Hebesatzrecht bei der Einkommenssteuer, das in einem weiteren Schritt auch auf die Körperschaftsteuer ausgedehnt wird, kompensiert werden[23]. Die Umsatzsteuer soll auf einem konstanten Niveau verbleiben. Die Ermittlung des einkommenssteuerlichen Gewinns erfolgt wie bisher im Einkommensteuergesetz vorgesehen. Der Einkommensteuertarif wird pauschal um 15 Prozent gekürzt. Jene Differenz bildet den Spielraum für einen mit Hebesatz ausgestatteten kommunalen Anteil an der Einkommens- und Körper-

---

21 Vgl. Bundesministerium der Finanzen, Gutachten zur Reform der Gemeindesteuern in der Bundesrepublik Deutschland, Schriftenreihe des Bundesministeriums der Finanzen Heft 31, Bonn, 1983, S. 66.
22 Gemäß § 4 Abs. 4 EStG.
23 Karl-Bräuer-Institut des Bundes der Steuerzahler, (Hrsg.), Kommunale Steuerautonomie und Gewerbesteuerabbau, Wiesbaden, 2002, S. 166 f.

schaftssteuer, diesem Kommunalanteil unterliegen alle Einkünfte mit Ausnahme der Dividenden, die bereits körperschaftssteuerlich erfasst wurden[24]. Die Körperschaftssteuer soll nach diesem Modell auf einen Satz von 37 Prozent angehoben und zusätzlich mit dem Gemeindeanteil belastet werden, um Körperschaften nicht durch den Gewerbesteuerwegfall besser zu stellen. Ausgeschüttete Gewinne von Kapitalgesellschaften werden nicht noch einmal mit dem Kommunalaufschlag belastet, um eine Doppelbesteuerung zu vermeiden. Die jeweilige Kommune kann nun frei ihren Hebesatz bis maximal 150 Prozent festlegen, der Messbetrag beträgt 10 Prozent.

dd. Reformkonzept des BDI und des VCI
Ähnlich dem Modell des Bundes der Steuerzahler, fordern auch der Bundesverband der Deutschen Industrie und der Verband der Chemischen Industrie einen kommunalen Zuschlag auf die Einkommens- und Körperschaftssteuer, jedoch mit modifizierten Steuersätzen und ohne eine höhere Umsatzsteuerbeteiligung der Kommunen. Der Einkommenssteuersatz soll pauschal um 23,35 Prozent gekürzt[25], der Körperschaftssteuersatz auf 28,6 Prozent angehoben werden, der proportionale kommunale Zuschlag soll bei maximal 30,3 Prozent liegen[26]. Von der Besteuerung ausgenommen werden Dividenden auf der Anteilseignerebene. Die Steuerpflicht erstreckt sich über alle natürlichen, in Deutschland unbeschränkt steuerpflichtigen Personen und Unternehmen mit inländischer Betriebsstätte[27].

ee. Reformkonzept des Ifo-Instituts
Das Ifo-Konzept sieht einen länderspezifischen Auf- oder Abschlag von 10 Prozent auf den Landesanteil der Einkommenssteuer vor. Da dieser Anteil derzeit bei 42,5 Prozent liegt, entspricht dies einem absoluten Satz von 4,25 Prozent auf die Einkommenssteuer, unter Freistellung von Kapitalerträgen und gewerblichen Einkünften.

Unternehmensgewinne sollen ungeachtet der Rechtsform und Gewinnverwendung mit dem landesspezifischen Satz von maximal 5 Prozent besteuert werden. Zuvor soll die jeweilige Ertragssteuer um diesen Satz gesenkt werden.

Die Körperschaftssteuer bleibt von diesem Hebesatzrecht unberührt und liegt somit weiterhin bei 25 Prozent. Dieser Vorschlag war zunächst auf Länderebene zur Neuordnung des Länderfinanzausgleichs gedacht, lässt sich jedoch auch auf Kommunalebene übertragen[28].

ff. Umsatzsteuerliche Konzepte
Die umsatzsteuerlichen Reformkonzepte basieren darauf, die Zuweisungen aus dem Umsatzsteueraufkommen weiter zu Gunsten der Kommunen zu erhöhen[29], indem ein Aufschlag auf

---

24 Karl-Bräuer-Institut des Bundes der Steuerzahler, (Hrsg.), Kommunale Steuerautonomie und Gewerbesteuerabbau, Wiesbaden, 2002, S. 201 f.
25 Beim Einkommenssteuertarif 2005 würde dies zu einem Einstiegssteuersatz von 11,5 Prozent statt 15 Prozent und einem Spitzensteuersatz von 32,2 Prozent statt 42 Prozent führen.
26 Vgl. Bundesverband der Deutschen Industrien und Verband der Chemischen Industrie (Hrsg.), Verfassungskonforme Reform der Gewerbesteuer, Köln, 2001, S. 29.
27 Vgl. Bundesverband der Deutschen Industrien und Verband der Chemischen Industrie (Hrsg.), Verfassungskonforme Reform der Gewerbesteuer, Köln, 2001, S. 19 f.
28 Karl-Bräuer-Institut des Bundes der Steuerzahler, (Hrsg.), Kommunale Steuerautonomie und Gewerbesteuerabbau, Wiesbaden, 2002, S. 231 f.
29 Nach der Abschaffung der Gewerbekapitalsteuer im Jahre 1998 haben die Kommunen bereits einen Umsatzsteueranteil von 2,2 Prozent erhalten.

die Umsatzsteuer erhoben[30], beziehungsweise eine eigene Gemeindeumsatzsteuer eingeführt wird. Nach Berechungen des Instituts für Finanzen und Steuern müsste eine Umsatzsteueranhebung, basierend auf dem Umsatzsteuertarif von 1981, um 1,5 Prozent für ermäßigte Güter und von 3 Prozent für normalbesteuerte Güter erfolgen[31]. Die Aufteilung des Umsatzsteueranteils auf die Gemeinden kann über diverse Schlüsselgrößen erfolgen, die jedoch keinen Einfluss auf die Höhe des Umsatzsteuertarifs haben und somit ein rein verwaltungstechnisches Problem darstellen. Kritisch anzumerken ist, dass die in Art. 28 Abs. 2, Satz 3 GG geforderte Finanzautonomie der Gemeinden nicht mehr garantiert werden kann und somit verfassungsrechtliche Bedenken gegen eine isolierte Umsatzsteuerlösung bestehen[32]. Ein Hebesatz auf die Umsatzsteuer ist wiederum nach EU-Recht[33] nicht zulässig, so dass der Aufschlag auf die Umsatzsteuer bundesweit einheitlich erfolgen muss.

3. Grundsteuer

a. Darstellung des aktuellen Grundsteuersystems

Die Grundsteuer gehört zu den ältesten Formen der direkten Besteuerung. Aus der Antike von den Römern über die Alpen gebracht, wurde sie auf deutschem Boden zunächst durch kirchliche und grundherrliche Grundzehnten und Grundzinsen ersetzt und vom hohen Mittelalter an unter dem Namen „Bede" von einer Bittsteuer zu einer Pflichtsteuer neu entwickelt. Dank ihrer Anknüpfung an den sichtbarsten und greifbarsten Teil des Vermögensbesitzes, das Grundeigentum, erlangte sie im Zeitalter der Agrarwirtschaft (mit Bezeichnungen wie Hufenschoß, Bauernschoß, Grundschoß oder Kontribution) eine beherrschende Stellung in den Steuersystemen der Territorien. Durch die Miquelsche Steuerreform von 1891/93 wurde die Grundsteuer in Preußen grundsätzlich den Gemeinden überlassen. Angesichts der Finanznot nach dem Ersten Weltkrieg wurde bei der Reichsfinanzreform 1920 den Ländern die Ausschöpfung dieser Steuern direkt zur Pflicht gemacht. Die daraufhin erfolgten unterschiedlichen Landesregelungen wurden erst bei der Realsteuerreform von 1936 durch ein reichseinheitliches Grundsteuergesetz abgelöst, das die Ertragskompetenz allgemein den Gemeinden übertrug. Nach 1945 sind in verschiedenen Ländern neue Grundsteuervorschriften erlassen worden, die 1951 durch ein bundeseinheitliches Grundsteuergesetz abgelöst wurden.

Die Grundsteuer ist objektbezogen gestaltet und bezieht sich auf Beschaffenheit und Wert eines Grundstücks. Sie ist eine Realsteuer, bei der die persönlichen Verhältnisse des Eigentümers fast ausnahmslos außer Betracht bleiben. Auch ist es grundsätzlich ohne Bedeutung, wie hoch der Ertrag ist, den ein Grundstück abwirft (z. B. vermietet oder Leerstand). Bei bebauten Grundstücken gehört die Grundsteuer zu den Betriebskosten, im Bereich des sozialen Wohnungsbaus

---

30 Vgl. Schmitt, Klaus, Räumliche Wirkung von Gemeindesteuerreformvorschlägen, Gutachten im Auftrag des BDI e.V., Köln, München, 1986, S. 19.

31 Vgl. Clemens, Reinhard/Held, Thomas, Gewerbesteuerreform im Spannungsfeld von Unternehmenssteuerbelastung und kommunaler Finanzautonomie, Stuttgart, 1986, S.41 und Zitzelsberger, Heribert, Grundlagen der Gewerbesteuer: eine steuergeschichtliche, rechtsvergleichende, steuersystematische und verfassungsrechtliche Untersuchung, Köln 1990, S. 302 f.

32 Vgl. DIW (Hrsg.), http://www.diw.de/deutsch/plublikationen/wochenberichte/docs/02-31-1.html, 2002, S. 11 f.

33 Es wird gegen die sechste Richtlinie zur Harmonisierung der Rechtsvorschriften über die Umsatzsteuer verstoßen, eine kommunale Variation der jeweiligen Umsatzsteuer verbietet.

geht sie in die Kostenmiete ein. Steuerpflichtig ist der im Inland liegende Grundbesitz. Das Grundsteuergesetz unterscheidet zwei Arten:

– die „Grundsteuer A" für das land- und forstwirtschaftliche Vermögen und

– die „Grundsteuer B" für alle übrigen bebauten oder unbebauten Grundstücke.

Das Aufkommen betrug im Jahr 2003 9,7 Mrd. €. Davon entfielen etwa 0,4 Mrd. € auf die Grundsteuer A (Betriebe der Land- und Forstwirtschaft)und 9,3 Mrd. € auf die Grundsteuer B (Grundstücke).

Die Besteuerungsgrundlage ist für Grundbesitz (Betriebe der Land- und Forstwirtschaft, private und betriebliche Grundstücke) in den alten Ländern der nach dem Bewertungsgesetz festgestellte Einheitswert nach den Wertverhältnissen 1964.

Die eng gehaltenen Befreiungsvorschriften enthalten Befreiungen insbesondere zugunsten der öffentlichen Hand, der Kirchen sowie gemeinnütziger Körperschaften. Die Ermittlung der Grundsteuer erfolgt in drei selbständigen, aufeinander folgenden Verfahrensstufen:

Stufe 1: das Einheitswertverfahren,

Stufe 2: das auf den Einheitswert aufbauende Steuermessbetragsverfahren und

Stufe 3: das auf den Steuermessbetrag aufbauende Grundsteuerfestsetzungsverfahren.

Für die Feststellung des Einheitswertes und des Steuermessbetrages ist das Lagefinanzamt zuständig, somit das Finanzamt, in dessen Zuständigkeitsbereich das Grundstück liegt. Die Festsetzung und Erhebung der Grundsteuer einschließlich der Stundung oder des Erlasses obliegen der Gemeinde, in der das Grundstück liegt. Der Einheitswertbescheid ist Grundlagenbescheid für den Steuermessbescheid und den Grundsteuerbescheid. Das bedeutet, dass die im Einheitswertbescheid getroffenen Feststellungen zur Art (z. B. Ein-/Zweifamilienhaus), zum Wert (Höhe des Einheitswerts) und zur Zurechnung des Grundstücks (Eigentümer) für die Folgebescheide bindend sind.

Für die Berechnung der Grundsteuer aus dem Einheitswert sind zwei Rechengänge erforderlich. Ausgehend vom Einheitswert, setzt das Finanzamt den Steuermessbetrag fest, der auch der Gemeinde mitgeteilt wird. Die Steuermesszahlen, die zur Berechnung des Steuermessbetrages auf den Einheitswert anzuwenden sind, betragen für Grundstücke in den alten Ländern je nach Art zwischen 2,6 v. T. und 3,5 v. T.

Die Gemeinde wendet auf den Steuermessbetrag den vom Gemeindeparlament beschlossenen Hebesatz an und setzt die Grundsteuer durch Grundsteuerbescheid fest. Wegen der Autonomie der Gemeinden bei der Festsetzung der Hebesätze kann die Belastung von Gemeinde zu Gemeinde mehr oder weniger stark differieren. Der gewogene Bundesdurchschnitt der Hebesätze der Gemeinden insgesamt betrug im Jahr 2001 bei der Grundsteuer A (Betriebe der Land- und Forstwirtschaft) 258 Prozent und bei Grundsteuer B (Grundstücke) 447 Prozent.

Dass die Grundsteuer reformbedürftig ist, steht nach dem Urteil des Bundesverfassungsgerichts zur Einheitsbewertung aus dem Jahre 1995[34] außer Frage. Die überholten Einheitswerte führen nicht nur zu Verzerrungen gegenüber anderen Vermögenswerten, sondern auch zu offensicht-

---

34 BVerfGE 93, 121 ff.; Tipke, Klaus/Lang, Joachim, Steuerrecht, 17. Auflage, Köln 2002, § 13 Rn. 211.

lichen Missverhältnissen im Vergleich der Grundstücke untereinander. Hinzu kommt die unterschiedliche Rechtslage in den alten und den neuen Bundesländern. Insgesamt sind die Verwerfungen so groß, dass gegen die Grundsteuer in der heutigen Form z. T. verfassungsrechtliche Bedenken erhoben werden. Die Städte und Gemeinden haben großes Interesse am Erhalt einer starken Grundsteuer, da sie für ein stetiges, nicht konjunkturabhängiges Aufkommen sorgt und mit einem Hebesatz ausgestattet ist.

b. Reformkonzept zur Grundsteuer

Die Finanzminister und -senatoren der Länder verständigten sich am Rande der Finanzministerkonferenz vom 14.11.2002 darauf, die Frage der Grundsteuerreform aufzugreifen. Anlässlich der Finanzministerkonferenz vom 27.02.2003 wurden die Länder Bayern und Rheinland-Pfalz beauftragt, Änderungsvorschläge zu erarbeiten, die im Ergebnis zu einem zustimmungsfähigen Gesetzentwurf führen können. Die Finanzministerkonferenz hat das inzwischen vorliegende Konzept[35] noch nicht förmlich gebilligt. Es wurde entschieden, dass es zunächst einer umfassenden Prüfung unterzogen werden müsse.

Im Zusammenhang mit der Diskussion um eine Grundsteuerreform schlägt der Bericht Bayerns und Rheinland-Pfalz vor allem Wege zur Vereinfachung des Verfahrens vor.

Die Grundsteuer A soll bundesgesetzlich abgeschafft werden. Grund ist der nach Darstellung des Berichts sehr hohe Verwaltungsaufwand für die Ermittlung der Besteuerungsgrundlagen, dem ein vergleichsweise geringes Aufkommen gegenübersteht (die Grundsteuer A hat nur einen Anteil von bundesweit 3,7 Prozent am Grundsteueraufkommen insgesamt). Als weitere Begründung wird angeführt, es sei widersinnig, eine als Sollertragssteuer ausgestaltete Abgabe zu erheben und gleichzeitig Prämien für Flächenstilllegungen zu zahlen. Mit Rücksicht auf einige Flächenländer, in denen der Anteil deutlich höher liegt (bis >10 Prozent), soll aber die Möglichkeit geschaffen werden, die Grundsteuer A auf landesgesetzlicher Grundlage zu erhalten.

Für die Grundsteuer B soll eine neue Bemessungsgrundlage geschaffen werden. Entsprechend der bisherigen Konzeption erfolgt sowohl ein Ansatz für den Grund und Boden als auch (soweit vorhanden) für das Gebäude. Die Berücksichtigung des Grund und Bodens soll auf der Grundlage der Bodenrichtwerte erfolgen. Dieser Wert wird bei unbebauten Grundstücken zu 100 Prozent und bei bebauten Grundstücken zu 70 Prozent angesetzt. Der Bodenrichtwert ist der durchschnittliche Lagewert des Bodens für eine Mehrheit von Grundstücken, für die im Wesentlichen gleiche Nutzungs- und Wertverhältnisse vorliegen.

Die Gebäude werden nach Gruppen differenziert und mit einer typisierenden Abstufung berücksichtigt. Es wird unterschieden zwischen Gebäuden gewerblicher und sonstiger Nutzung und Gebäuden mit Wohnnutzung. Die Gebäudekomponente erhebt nicht den Anspruch eines echten (d. h. verkehrswertnahen) Wertansatzes. Sinn und Zweck ist es lediglich, nach typisierenden Merkmalen eine Differenzierung zu erreichen zwischen in der Regel wertvolleren/ertragreicheren Gebäuden und weniger werthaltigen.

---

35 Bericht des Bayerischen Staatsministers der Finanzen und des Ministers der Finanzen des Landes RheinlandPfalz an die Finanzministerkonferenz, Reform der Grundsteuer, München und Mainz 2004.

4. Sonstige Kommunalsteuern

Die sog. Kleinen Gemeindesteuern, oft auch mit dem Begriff der Bagatellsteuern verknüpft, haben einen besonderen Stellenwert im gemeindlichen Steuersystem. Dies ist weniger in ihrer fiskalischen Bedeutung begründet; ihr Anteil an den gesamten gemeindlichen Steuereinnahmen beträgt mittlerweile weniger als 2 Prozent. Ihre Bedeutung gewinnen diese Steuern vielmehr als Ausdruck des gemeindlichen Steuerfindungsrechts nach Art. 106 Abs. 6, Satz 1 GG, in Verbindung mit den einschlägigen Regelungen der Landesverfassungen. Abgesehen von der Grunderwerbssteuer, die ohnedies nur noch im Ausnahmefall der kommunalen Ebene zufließt, zählen sie zu den örtlichen Aufwands- und Verbrauchssteuern, die das Grundgesetz ausdrücklich den Kommunen zuweist.[36] Besondere Gesetze bestehen dafür nur in einzelnen Ländern. In der Mehrzahl der Flächenländer basieren aber auch diese Steuern unmittelbar auf dem Kommunalabgabengesetz (KAG).

Anders verhält es sich allerdings mit der Grunderwerbssteuer, die durch Bundesgesetz geregelt wird. Abweichende Länder- oder Ortsregelungen sind für diese Steuer nicht zulässig.[37] Bei der Grunderwerbssteuer handelt es sich in Nordrhein-Westfalen um eine reine Landessteuer. Sie ist mit 4/7 ihres Volumens Bestandteil der Verbundgrundlagen zur Ermittlung der Verbundmasse im Steuerverbund. Die Grunderwerbssteuer ist eine auf den Kaufpreis eines Grundstücks bezogene Steuer, die von jedem Grundbesitzkäufer aufgrund eines notariell beurkundeten Kaufvertrages zu zahlen ist. Der Steuersatz beträgt z. Zt. 3,5 %.

Zumeist nehmen die Länder ihre Regelungsbefugnis aus Art. 105 Abs. 2a GG also nicht unmittelbar wahr, sondern ermächtigen in den Kommunalabgabengesetzen (KAG) die Gemeinden und Gemeindeverbände zum Erlass von Steuersatzungen (vgl. nur § 3 Abs. 1 KAG NRW). Bei der hieraus resultierenden Vielzahl erhebungsberechtigter Gebietskörperschaften ist es nicht verwunderlich, dass teilweise erhebliche regionale Unterschiede hinsichtlich des Vorkommens sowie der speziellen Art und Ausgestaltung örtlicher Verbrauchs- und Aufwandssteuern bestehen[38].

Im Laufe der Zeit ist eine Fülle verschiedener Steuern von den Kommunen erwogen, z. T. eingeführt und erhoben worden. Zu den traditionellen örtlichen Verbrauchs- und Aufwandssteuern gehören Getränke-, Hunde-, Vergnügungs- und Jagdsteuern. Gegenstand einer Getränkesteuer ist die entgeltliche Abgabe von Getränken zum Verzehr an Ort und Stelle. Eine Hundesteuer stellt auf das Halten eines Hundes ab. Von einer Vergnügungssteuer wird die entgeltliche Entgegennahme einer Vergnügung erfasst, wobei je nach Art der Vergnügung die Steuer zuweilen speziell tituliert wird: Spielgerätesteuer, Killerautomatensteuer, Musikapparatesteuer etc. Die Ausübung des Jagdrechts unterliegt in einigen Gegenden einer Jagdsteuer. Über die Erhebung traditioneller örtlicher Steuern hinaus ist es den Ländern, Gemeinden und Gemeindeverbänden gestattet, neue örtliche Verbrauchs- und Aufwandssteuern im Rahmen der auch für die traditionellen Steuern geltenden verfassungsrechtlichen und ggf. landesgesetzlichen Grenzen zu erfinden. So wurden Anfang der 70er Jahre erstmalig Zweitwohnungssteuern eingeführt, die auf das Innehaben zumindest einer weiteren Wohnung neben der Hauptwohnung

---

36 Schwarting, Gunnar, Kommunale Steuern, Berlin 1999, Rn. 197, S. 143.
37 Schwarting, Gunnar, Kommunale Steuern, Berlin 1999, Rn. 200, S. 146.
38 Vgl. Birk, Hans-Jörg, in: Driehaus, Hans-Joachim (Hrsg.), Kommunalabgabenrecht, Loseblattsammlung, 21. Ergänzungslieferung, Stand: September 1999, § 3 Rn. 21 ff. und 101 ff.

abstellten. Eine Verpackungssteuer, die an nicht wiederverwendbare Verpackungen und nicht wiederverwendbares Geschirr anknüpft, sofern Speisen und Getränke darin zum Verzehr an Ort und Stelle verkauft werden, wurde 1992 durch die Stadt Kassel in Kraft gesetzt. Bestehen oftmals auch bei traditionellen örtlichen Verbrauchs- und Aufwandssteuern Zweifel an ihrer verfassungsrechtlichen Zulässigkeit, so gilt dies erst recht bei neuen Steuern, wie insbesondere die Diskussionen um die Verfassungsmäßigkeit der Zweitwohnungssteuer und das gerichtliche Verbot[39] der Verpackungssteuer zeigen.[40]

Wenn die KAG der Länder den Gemeinden die Befugnis zur Regelung der herkömmlichen Verbrauchs- und Aufwandssteuern zuweisen, so lässt sich hieraus der Maßstab für die Auswahl von Steuergegenstand und Steuerpflichtigen, die Gestaltung von Bemessungsgrundlage und Steuersätzen ableiten.[41] Die Ermächtigung bleibt in der Tradition hergebrachter Steuern, also der Bagatellsteuern mit örtlich begrenztem Wirkungskreis, gebunden. Damit ist zugleich Art und Intensität des Grundrechtseingriffs umgrenzt. Die Weitergabe der Besteuerungsgewalt durch die KAG der Länder ist deshalb von Verfassungs wegen nicht zu beanstanden[42]. Die Begrenzung der kommunalen Besteuerungsgewalt auf die herkömmlichen kommunalen Steuern mit örtlich begrenztem Wirkungsgrad und begrenzter Besteuerungsintensität schließt deshalb nicht aus, dass der kommunale Satzunggeber innerhalb dieses Rahmens die Ausgestaltung der Steuern verändert und fortentwickelt. Nach diesen Vorgaben darf der Satzunggeber insbesondere den Lenkungszweck der Steuer deutlicher in den Vordergrund rücken und den Finanzierungszweck zurücktreten lassen[43].[44]

Die Kleinen Gemeindesteuern haben im Zeitablauf eine sehr wechselvolle Geschichte erlebt. Auf der einen Seite hat es aus fiskalischen, wie aus ordnungspolitischen Erwägungen Bestrebungen gegeben, den Kreis und/oder den Umfang der Abgaben zu erweitern. Auf der anderen Seite ist der Staat von Zeit zu Zeit mit dem Argument der Steuervereinfachung der Ausweitung örtlicher Steuern entgegengetreten. Damit zeigt sich allerdings eine fatale Tendenz: Die Kleinen Gemeindesteuern werden zum Objekt finanzpolitischer Grundsatzfragen. Weder eignet sich aber ihre Abschaffung für eine durchgreifende Steuervereinfachung, noch ist ihre Nutzung ein spürbarer Beitrag zur Linderung der kommunalen Finanznot. Sie sind nicht mehr und nicht weniger als ein Element kommunaler Finanzautonomie und Ausdruck örtlichen Gestaltungswillens. Eine Ausnahme bildet lediglich die Grunderwerbssteuer, deren Aufkommen von den Besonderheiten des örtlichen Immobilienmarktes geprägt ist.

Ob die Erhebung einer speziellen Steuer durch die Gemeinde im Einzelfall zulässig ist, hängt von verschiedenen Gesichtspunkten ab. Grundsätzlich kommen zum einen nur Abgaben mit einem örtlichen Bezug in Betracht; zum anderen dürfen sie nicht mit anderen Abgaben gleichartig sein, indem sie denselben ökonomischen Tatbestand der Besteuerung zugrunde legen wie eine bereits bestehende Steuer (Gleichartigkeitsverbot). Daneben sind auch die einschlägigen

39 BVerfG vom 07.05.1998, in: DÖV 1998, 642.
40 Lechelt, Rainer, Örtliche Verbrauch- und Aufwandssteuern, NWB, 47. Auflage, Nr. 34 vom 17.08.1998, Fach 12, 2705, S. 249.
41 BVerfGE 65, 325, 345 ff.
42 BVerfG vom 01.03.1997, in: DVBl. 1997, 1053, 1054.
43 BVerfG vom 01.03.1997, in: DVBl. 1997, 1053, 1054.
44 Henneke, Hans-Günter, Öffentliches Finanzwesen, Finanzverfassung, 2. Auflage, Heidelberg 2000, § 16 Rn. 896, S. 348.

landesrechtlichen Bestimmungen zu beachten, da die Gesetzgebungskompetenz für die örtlichen Aufwands- und Verbrauchssteuern nach Art. 105 Abs. 2a GG den Ländern zugewiesen ist. Schließlich hat jede Gemeinde zu prüfen, ob die Erhebung einer örtlichen Aufwands- oder Verbrauchssteuer – sofern nicht im Einzelfall gesetzlich vorgeschrieben – den zusätzlichen Verwaltungsaufwand rechtfertigt; denn das Besteuerungsverfahren obliegt ausschließlich der Gemeinde. Dies ist in jüngster Zeit vor allem hinsichtlich der Getränkeverpackungssteuer erörtert worden.[45]

---

45 Schwarting, Gunnar, Kommunale Steuern, Berlin 1999, Rn. 198, S. 144 f.

I Kommunaler Finanzausgleich

I. Sinn und Zweck des kommunalen Finanzausgleichs

1. Allgemeines[1]

Den öffentlichen Gebietskörperschaften, also Bund, Ländern und Kommunen, ist durch Gesetz die Erledigung zahlreicher öffentlicher Aufgaben übertragen. Jeder Träger öffentlicher Aufgaben muss auch mit den zur Finanzierung dieser Aufgaben erforderlichen Deckungsmitteln versehen sein.

Haupteinnahmequelle der Kommunen sind – ebenso wie beim Bund und bei den Ländern – Steuern, und zwar insbesondere die so genannten Realsteuern (Gewerbesteuer und Grundsteuer), deren Aufkommen nach Art. 106 Abs. 6 GG grundsätzlich den Gemeinden zusteht, und der Gemeindeanteil an der Einkommensteuer. Daneben stehen noch Gebühren, Beiträge und privatrechtliche Entgelte, Erträge aus wirtschaftlichen Unternehmen, Konzessionsabgaben, Vermögenserträge, Mittel aus Kreditaufnahmen und nicht zuletzt allgemeine oder zweckgebundene Finanzzuweisungen des Staates. Kreise und Landschaftsverbände finanzieren sich zu großen Teilen über Umlagen, die sie von ihren zugehörigen Kommunen erheben.

Die folgende Darstellung verdeutlicht die unterschiedlichen (durchschnittlichen) Anteile in einer Gemeinde:

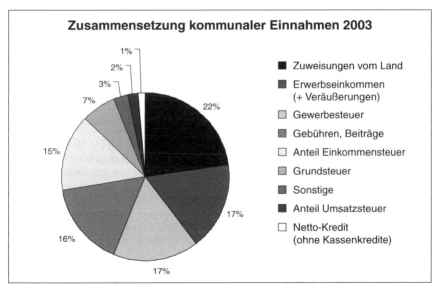

Quelle: Kommunalfinanzbericht des IM NRW vom Mai 2004)

---

1 Eine umfassende Darstellung der Strukturen und der Funktionsweise des kommunalen Finanzausgleichs gibt Dieter Bataille, Der Kommunale Finanzausgleich in Nordrhein-Westfalen, in: Praxis der Kommunalverwaltung, Beitrag E 1 NW. Das Ifo-Institut für Wirtschaftsforschung hat 1995 ein Gutachten zum kommunalen Finanzausgleich NRW vorgelegt, welches die Strukturen des Finanzausgleichs wissenschaftlich aufarbeitet.

Aufgabe des kommunalen Finanzausgleichs ist es, die kommunale Finanzmasse aufzustocken und die Aufteilung der Deckungsmittel zwischen den einzelnen Kommunen so zu steuern, dass aufgaben- und bedarfsgerecht Finanzmittel zur Verfügung stehen. Dies wird letztlich dadurch erreicht, dass zum einen Mittel des Steuerverbundes bedarfsbezogen verteilt werden und zum anderen Gebietskörperschaften, deren Einnahmen über den Bedarf hinausgehen, einen Teil ihrer Einnahmen an „bedürftige" Kommunen abgeben. Gerade bei den Zweckzuweisungen wird ergänzend die Lenkungsfunktion des Finanzausgleichs deutlich, da sie in der Regel an strukturelle Unterschiede und daraus folgende besondere Bedarfe anknüpfen.

Ähnlich wie beim Länderfinanzausgleich muss aber auch beim kommunalen Finanzausgleich eine Übernivellierung vermieden werden, da Anreize zur Ausgabendisziplin einerseits und zur Ausschöpfung des Einnahmepotentials andererseits erhalten bleiben sollen.

2. Verfassungsrechtliche Grundlagen des Finanzausgleichs

Art. 106 Abs. 5 Grundgesetz garantiert den Kommunen einen Anteil am Einkommenssteueraufkommen des Landes; Abs. 5 a trifft eine vergleichbare Regelung für das Aufkommen der Umsatzsteuer und der bereits erwähnte Abs. 6 spricht den Gemeinden das Aufkommen an den Realsteuern zu. Ausgangspunkt für den kommunalen Finanzausgleich auf Landesebene ist Art. 106 Abs. 7 Grundgesetz:

„Von dem Länderanteil am Gesamtaufkommen der Gemeinschaftssteuern fließt den Gemeinden und Gemeindeverbänden insgesamt ein von der Landesgesetzgebung zu bestimmender Hundersatz zu. Im Übrigen bestimmt die Landesgesetzgebung, ob und inwieweit das Aufkommen der Landessteuern den Gemeinden (Gemeindeverbänden) zufließt."

Die so genannten Gemeinschaftssteuern sind die besonders ertragreichen drei großen Steuerarten (Einkommens-, Körperschafts-, Umsatzsteuer). Den Auftrag zur Gewährleistung eines Finanzausgleichs präzisiert Art. 79 der nordrhein-westfälischen Landesverfassung.

„Die Gemeinden haben zur Erfüllung ihrer Aufgaben das Recht auf Erschließung eigener Steuerquellen. Das Land ist verpflichtet, diesem Anspruch bei der Gesetzgebung Rechnung zu tragen und im Rahmen seiner finanziellen Leistungsfähigkeit einen übergemeindlichen Finanzausgleich zu gewährleisten."

Die Umsetzung dieses Verfassungsauftrags erfolgt in Nordrhein-Westfalen durch die im Zusammenhang mit den Landeshaushalten verabschiedeten Gemeindefinanzierungsgesetze[2], die zum einen die zur Verteilung zur Verfügung stehenden Mittel festsetzen und zum anderen die Verteilungsparameter beschreiben. Die Gemeindefinanzierungsgesetze wurden bis zum Jahr 2003 stets jährlich verabschiedet. Mit dem Doppelhaushalt 2004/2005 des Landes wurde auch das GFG für zwei Jahre festgesetzt.

---

2 Die vollständige Bezeichnung des Gesetzes für die Jahre 2004/2005 lautet: Gesetz zur Regelung der Zuweisungen des Landes Nordrhein-Westfalen an die Gemeinden und Gemeindeverbände im Haushaltsjahren 2004 und 2005 und zur Regelung des interkommunalen Ausgleichs der finanziellen Beteiligung der Gemeinden am Solidarbeitrag zur Deutschen Einheit in den Haushaltsjahren 2004 und 2005 und des kommunalen Entlastungsausgleichs zugunsten der Kommunen der neuen Länder im Haushaltsjahr 2005 (GFG/SBG 2004/2005).

Gesetzgeberische Veränderungen an den Strukturen des GFG können erhebliche Umvertei-lungswirkungen auslösen. So ist es nicht verwunderlich, dass der kommunale Finanzausgleich wiederholt Gegenstand von Auseinandersetzungen vor dem Verfassungsgerichtshof NRW war. Nachfolgend die wichtigsten Entscheidungen des Verfassungsgerichtshofs zum Finanzausgleich in chronologischer Reihenfolge mit einem kurzen Hinweis auf den Streitgegenstand:

– Urteil vom 15.02.1985 – 17/83: Abschaffung der Auftragskostenpauschale

– Urteil vom 19.07.1985 – 22/83: Veränderung des Ausgleichsgrades

– Urteil vom 16.12.1988 – 9/87: Absenkung des Verbundsatzes auf 23 v. H.

– Urteil vom 06.07.1993 – 22/92: Staffelung bei den fiktiven Hebesätzen

– Urteil vom 09.07.1998 – 16/96 und 7/97: Umsetzung des Ifo-Gutachtens

– Urteil vom 01.12.1998 – 5/97: Gesamtfinanzvolumen

– Urteil vom 08.04.2003 – 2/02 und 5/02: Nichtberücksichtigung von Stationierungsstreit-kräften als Einwohner

– Beschluss vom 13.01.2004 – 16/02: Krankenhausinvestitionsumlage

Als generelle Tendenz der genannten Entscheidungen kann festgestellt werden, dass der Verfas-sungsgerichtshof dem Landesgesetzgeber einen sehr weiten Gestaltungsspielraum hinsichtlich der Frage einräumt, in welcher Art und in welchem Umfang er den gemeindlichen Finanzaus-stattungsanspruch erfüllt und nach welchem System er die Finanzmittel auf die Gemeinden ver-teilt. Dabei wird der Anspruch der Gemeinden auf Gewährleistung einer angemessenen Finanz-ausstattung immer durch die finanzielle Leistungsfähigkeit des Landes begrenzt. Schließlich hat der Gerichtshof stets betont, dass der Gesetzgeber nach Art. 78 Abs. 3 Landesverfassung nicht verpflichtet sei, gesonderte Kostendeckungsregelungen für Pflichtaufgaben der Gemeinden vor-zusehen. Insoweit haben sich allerdings mit der Einführung des strikten Konnexitätsprinzips im Jahr 2004 die verfassungsrechtlichen Grundlagen im Wesentlichen verändert.[3]

3. Arten von Zuweisungen

Das für den Finanzausgleich zur Verfügung stehende Finanzvolumen wird nicht insgesamt nach einheitlichen Parametern verteilt, sondern in verschiedene Blöcke aufgespalten, die nach unter-schiedlichen Gesichtspunkten und mit einem unterschiedlichen Maß von Vorgaben für die Mittelverwendung auf die Kommunen verteilt werden. Grundsätzlich wird unterschieden zwi-schen allgemeinen und zweckgebundenen Zuweisungen (vgl. hierzu die Abschnitte III und IV). Der weitaus größere Teil (i. d. R. über 90 %) des Ausgleichsvolumens entfällt auf allgemeine Zuweisungen, die den Kommunen i. d. R. ohne Antrag zur freien Verfügung gestellt werden. Dazu zählen insbesondere die für die Gemeinden, Kreise und Landschaftsverbände besonders wichtigen Schlüsselzuweisungen, besondere Sonderpauschalzuweisungen und die Bedarfszu-weisungen. Zu den allgemeinen Zuweisungen zählen auch die sog. Investitionspauschalen, obgleich ihre Gewährung mit der Auflage einer investen Verwendung durch die Zuweisungs-empfänger verbunden ist.

---

3   Gesetz zur Änderung der Verfassung für das Land Nordrhein-Westfalen und zur Regelung eines Kostenfolgeabschät-zungs- und eines Beteiligungsverfahrens gemäß Artikel 78 Abs. 3 der Verfassung für das Land Nordrhein-Westfalen vom 22. Juni 2004, GVBl. NRW. v. 09.07.2004.

Zweckgebundene Zuweisungen sind solche, mit denen das Land die Gemeinden und Gemeindeverbände bei der Durchführung von einzelnen Projekten unterstützt, die im kommunalen und landespolitischen Interesse liegen. Ein klassisches Beispiel sind die Mittel für die Stadterneuerung.

II. Die Ermittlung der Verbundmasse

1. Der allgemeine Steuerverbund in NRW

Der Umfang der für den kommunalen Finanzausgleich zur Verfügung stehenden Mittel wird aus der sog. Verbundmasse abgeleitet. Die Verbundmasse wird gebildet aus dem nordrhein-westfälischen Landesanteil an den Verbundssteuern (Einkommensteuer, Körperschaftssteuer und Umsatzsteuer; Art. 106 Grundgesetz) sowie aus 4/7 des Aufkommens der Grunderwerbssteuer, die vom Land traditionell freiwillig in die Verbundgrundlagen einbezogen werden. Die nachfolgende Grafik zeigt die Entwicklung der Verbundmasse in den letzten 10 Jahren.

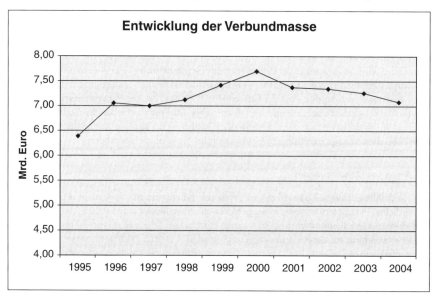

2. Der Verbundsatz

Der Verbundsatz ist derjenige prozentuale Anteil, mit dem die Gemeinden in Nordrhein-Westfalen jährlich an den Verbundssteuern beteiligt werden. Den höchsten Stand hatte der Verbundsatz in Nordrhein-Westfalen im Jahr 1981 mit 28,5 v. H. erreicht. Im Jahr 1982 wurde unter Berücksichtigung der schlechten Haushaltslage des Landes eine schrittweise Absenkung des

Verbundsatzes bis auf 23 v. H. im Jahr 1986 eingeleitet. Dieser Verbundsatz ist nach wie vor aktuell.

Eine Absenkung des Verbundsatzes ist freilich nicht das einzige Mittel des Landesgesetzgebers, den Landeshaushalt auf Kosten des GFG zu entlasten. Daneben besteht auch die Möglichkeit, bisher allein im Landeshaushalt etatisierte Zuweisungstatbestände an die Kommunen dem allgemeinen Steuerverbund zu übertragen. In diesem Fall spricht man von einer „Befrachtung" des Steuerverbundes. Ein markantes Beispiel für eine solche Befrachtung sind die rd. 324 Mio. €, welche den Kommunen für die Unterbringung und Versorgung von Asylbewerbern und von Kriegsflüchtlingen aus dem GFG statt aus dem Landeshaushalt zur Verfügung gestellt werden. Die kommunalen Spitzenverbände fordern seit Jahren eine Rücknahme dieser Befrachtung.

3. Ermittlung der Verbundmasse und Korrekturen

Zum Zeitpunkt der Aufstellung des jährlichen Gemeindefinanzierungsgesetzes steht natürlich noch nicht fest, wie sich die Verbundssteuern im Geltungszeitraum des Gesetzes tatsächlich entwickeln werden. Ausgangspunkt für die Ermittlung der Verbundmasse sind daher zunächst Annahmen, die aus den jeweils im Mai und im November stattfindenden bundesweiten Steuerschätzungen abgeleitet werden. Die tatsächlichen Steuereinnahmen können erst zu einem viel späteren Zeitpunkt berücksichtigt werden. Dies ist Aufgabe des Abrechnungssystems im Finanzausgleich (vgl. hierzu Ziffer 5).

Auf den sich aus der Steuerschätzung ergebenden Landesanteil an den Gemeinschaftssteuern wird durch Anwendung des Verbundsatzes die „originäre Verbundmasse" ermittelt. Die originäre Verbundmasse gibt noch nicht das zur Verteilung zur Verfügung stehende Finanzvolumen wieder. Vielmehr müssen zunächst noch verschiedene Bereinigungen und Korrekturen vorgenommen werden. So müssen z. B. vom Land in Vorjahren kreditierte Beträge (s. dazu Ziffer 4) von der Verbundmasse abgezogen werden. Ferner werden von der originären Verbundmasse Aufwendungen des Landes abgezogen, die das Land für die Gemeinden und Gemeindeverbände aufgrund gesetzlicher Vorschriften und vertraglicher Vereinbarungen zu entrichten hat (z. B. Tantiemen, Kirchenbaulasten usw.). Weitere Veränderungen ergeben sich durch Berücksichtigung des von den Kommunen zu leistenden Solidarbeitrags. Erst nach diesen Korrekturen ergibt sich die verteilbare Verbundmasse, die vom Gesetzgeber sodann auf die Blöcke allgemeine und zweckgebundene Zuweisungen zu verteilen ist.

4. Kreditierungen durch das Land

Es ist nicht untypisch, dass sich im Verlauf der parlamentarischen Beratungen zum kommunalen Finanzausgleich die Annahmen über die Steuerentwicklung verändern. Aus Gründen der Planungssicherheit hat der Landesgesetzgeber gelegentlich dennoch an den ursprünglichen Annahmen festgehalten und den fehlenden Betrag durch einen zinslosen „Kredit" aus dem Landeshaushalt zur Verfügung gestellt. So wurde 1995 der Steuerverbund um rd. 61 Mio. € und 1996 um 154 Mio. € aufgestockt. Im Jahr 2004 hat die kumulierte Kreditierung aus Vorjahren das Rekordniveau von 690 Mio. € erreicht. Die Kreditierungsbeträge mindern die verfügbare Verbundmasse des Finanzausgleichs in Folgejahren.

5. Das Abrechnungssystem des Finanzausgleichs

Die Festsetzungen der im Steuerverbund zur Verfügung stehenden Mittel beruhen zum Zeitpunkt der Verabschiedung eines Gemeindefinanzierungsgesetzes auf Schätzungen und können daher nur vorläufigen Charakter haben. Nach Vorliegen der Rechnungsergebnisse für ein Haushaltsjahr wird daher der komplette Finanzausgleich auf der Grundlage der dann bekannten tatsächlichen Steuereinnahmen neu berechnet. Je nachdem, ob die tatsächlichen Steuereinnahmen höher oder niedriger ausfallen als die ursprünglichen Schätzungen, kommt es zu Nachzahlungen oder Rückforderungen gegenüber den Kommunen. Die Abrechnung des Finanzausgleichs erfolgt jeweils im übernächsten Jahr. Indem für die Abrechnung auf die Kriterien des Gemeindefinanzierungsgesetzes zurückgegriffen wird, welches in dem betreffenden Jahr gegolten hat, ist sichergestellt, dass die finanziellen Vor- und Nachteile periodengerecht diejenigen Kommunen treffen, die zuvor von Überzahlungen profitiert haben oder durch Minderzahlungen benachteiligt waren.

III. Allgemeine Zuweisungen

1. Schlüsselzuweisungen

a. Allgemeines

Schlüsselzuweisungen sind allgemeine Zuweisungen, die nach einem im Gesetz festgelegten „Schlüssel" berechnet und den Gemeinden, Kreisen und Landschaftsverbänden zur Verfügung gestellt werden. Ihrem Sinn und Zweck nach sollte es sich um frei, also auch konsumtiv zu verwendende Finanzzuweisungen handeln. Um sich selbst weitere Spielräume bei der Neuverschuldung zu verschaffen, hat das Land im GFG 2003 diesen Grundsatz durchbrochen und einen Teil der Schlüsselzuweisungen als „investive Schlüsselzuweisungen" ausgewiesen, die zwingend in den kommunalen Vermögenshaushalten zu veranschlagen waren.

Die Grundidee des Schlüsselzuweisungssystems ist einfach: Für jede Gemeinde oder jeden Gemeindeverband wird anhand bestimmter Indikatoren ein einheitlicher Finanzbedarf ermittelt. Dem wird eine normierte Einnahmekraft für jede einzelne Kommune gegenübergestellt. Ist der fiktiv ermittelte Finanzbedarf höher als die normierte Steuerkraft, so wird die Differenz ausgeglichen; allerdings nicht in vollem Umfang, sondern nur zu (derzeit) 90 % (Ausgleichsgrad).

Ist die Steuerkraft einer Kommune höher als ihr fiktiver Bedarf, so erhält sie keine Schlüsselzuweisungen. In diesem Fall spricht man von einer „abundanten" Gemeinde.

Nachfolgend ist das Berechnungsverfahren für die Gemeinden vereinfacht schematisch dargestellt:

Berechnungssystem zur Ermittlung der Schlüsselzuweisungen in Nordrhein-Westfalen		
fiktive Bedarfsermittlung	**Ausgleich durch Schlüssel- zuweisungen**	**fiktive Steuerkraftermittlung**
Bedarfsindikator Einwohner (Hauptansatz) Einwohnerveredelung (Gemeinden bis 25.000 EW = EW 1) (größte Gemeinde = EW 1,57)	**Ausgleich 90 v. H.**	**Steuerkraft:** **Gemeindeanteil Einkommensteuer** (Berücksichtigung der tatsäch- lichen Steuereinnahmen) **Kompensationsleistungen Familienleistungsausgleich** (Berücksichtigung der tatsäch- lichen Einnahmen) **Gemeindeanteil Umsatzsteuer** (Berücksichtigung der tatsäch- lichen Steuereinnahmen) **Realsteuern** • Grundsteuer A u. B • Gewerbesteuer (Anrechnung mit einheitlichen fiktiven Hebesätzen)
Bedarfsindikator Schüler (Schüleransatz)		
Bedarfsindikator Dauerarbeitsloser (Soziallastenansatz)		
Bedarfsindikator sozialver- sicherungspfl. Beschäftigte (Zentralitätsansatz)		**abzüglich Gewerbesteuerumlage**

b. Die Ermittlung des Bedarfs

Der Finanzbedarf einer Gemeinde wird durch den sog. Gesamtansatz dargestellt, der sich aus einem Hauptansatz und mehreren Nebenansätzen zusammensetzt, die als Indikatoren für den Bedarf dienen. Hauptbedarfsindikator (= Hauptansatz) ist die Zahl der Einwohner einer Gemeinde. Der Hauptansatz im nordrhein-westfälischen Finanzausgleich wird allerdings nicht linear, sondern mit einer eingebauten Progression zugrunde gelegt. Dahinter steht die Überlegung, dass der Einwohner einer einwohnerstarken Gemeinde einen höheren Finanzbedarf auslöst als der Einwohner einer einwohnerschwachen Gemeinde. Diese Annahme beruht letztlich nicht auf quantifizierbaren Parametern oder Kennzahlen, sondern ist allein aus dem tatsächlichen Ausgabeverhalten der Kommune abgeleitet. Ob die höheren Ausgaben in einwohnerstarken Städten zwangsläufige Folge anderer Strukturbedingungen sind oder ob sie (zumindest auch) ein unterschiedliches Verhältnis zur Ausgabendisziplin in den politischen Vertretungsorganen widerspiegeln, war und ist Gegenstand intensiver Diskussion.

Die unterschiedliche Gewichtung von Einwohnern, die sog. Einwohnerveredelung, ist in der Hauptansatzstaffel festgelegt. Einwohner in Kommunen von bis zu 25.000 Einwohnern werden mit dem Faktor 1 gewichtet; am anderen Ende der 18-stufigen Skala steht die Stadt Köln mit einem Gewichtungsfaktor von 1,57.

Der Hauptansatz wird ergänzt über verschiedene Nebenansätze. Über den Schüleransatz fließen die durchschnittlichen Schulkosten je Schulform in die Ermittlung des Bedarfs ein. Anhand der landesdurchschnittlichen Schulkosten je Schüler und Schulform kann anhand der jeweiligen Schülerzahl jeder Gemeinde ein Einzelbedarf im Bereich Schulwesen zugeordnet werden. Seit dem Jahr 2003 werden integrativ beschulte Schülerinnen und Schüler mit einem höheren Satz berücksichtigt. Den Schüleransatz erhalten Gemeinden und Kreise für jeden Schüler der Schulen, deren Träger sie zu Beginn des Haushaltsjahres sind.

Als weiterer Nebenansatz berücksichtigt der Soziallastenansatz die Anzahl der gemeldeten Arbeitslosen, wobei eine Gewichtung in Abhängigkeit von der Dauer der Arbeitslosigkeit vorgenommen wird. Das alleinige Abstellen auf die Arbeitslosigkeit erklärt sich mit dem Fehlen belastbarer gemeindebezogener Daten über Sozialhilfeempfänger und -ausgaben. Im Zusammenhang mit den arbeitsmarkt- und sozialpolitischen Änderungen insbesondere durch Hartz IV wird die Sachangemessenheit des derzeitigen Soziallastenansatzes in Zukunft kritisch zu überprüfen sein.

Im Jahr 1996 neu eingeführt wurde als weiterer Nebenansatz der Zentralitätsansatz, welcher sich an der Zahl der sozialversicherungspflichtig Beschäftigten orientiert. Gegenüber dem stark pauschalierenden Hauptansatz sollen damit bestimmte Zentralitätsaspekte, wie z. B. höhere Lasten des öffentlichen Personennahverkehrs, gewürdigt werden.

Aus den dargestellten Indikatoren Hauptansatz, Schüleransatz, Soziallastenansatz und Zentralitätsansatz wird der normierte Bedarf in Form des Gesamtansatzes ausgewiesen.

Würde man die fiktive Bedarfsberechnung an dieser Stelle beenden, so ergäbe sich folgendes Problem: Wenn sowohl die Einnahmekraft der Kommunen als auch ihr fiktiver Finanzbedarf unabhängig von dem für die Schlüsselzuweisungen insgesamt zur Verfügung stehenden Betrag berechnet würden, dann würde dieser entweder überschritten oder nicht erschöpft. Damit centgenau der für Schlüsselzuweisungen reservierte Betrag an die Städte und Gemeinden ausgeschüttet werden kann, muss eine mathematische Verbindung zwischen dem Bedarf und der Schlüsselmasse insgesamt hergestellt werden. Dies geschieht über den so genannten Grundbetrag. Der Grundbetrag ist ein in Euro ausgedrückter Betrag, der im Zusammenhang mit der Berechnung des fiktiven Bedarfs dazu dient, die Punkte des Gesamtansatzes in einen echten Finanzbedarf umzuwandeln. Aus den feststehenden mathematischen Komponenten

– Höhe der Schlüsselmasse

– Summe der Gesamtansätze der Gemeinden

– Summe der Steuerkraftmesszahlen und

– dem Ausgleichsgrad

wird derjenige Grundbetrag errechnet, der sicherstellt, dass exakt das Volumen der Schlüsselmasse zur Auszahlung gelangen kann.

c. Die Ermittlung der eigenen Einnahmekraft der Gemeinde

Für die Ermittlung der Einnahmekraft wird in erster Linie auf die Steuerkraft abgestellt. Für die Realsteuern haben die Gemeinden das grundgesetzlich garantierte Recht, im Wege einer politischen Entscheidung Hebesätze festzulegen. Würde man für die Berechnung der Einnahmekraft allein die tatsächlichen Einnahmen der Kommunen zugrunde legen, so müsste befürchtet werden, dass einige Kommunen aus Wettbewerbsgründen bewusst niedrige Hebesätze festlegen im Vertrauen auf einen Ausgleich der fehlenden Mittel über das GFG. Um dem zu begegnen, basiert die Ermittlung der Einnahmekraft nicht auf den tatsächlichen, sondern auf für alle Gemeinden gleichermaßen gültigen fiktiven Hebesätzen. Diese betragen im GFG 2004/2005 403 Punkte für die Gewerbesteuer, 192 Punkte für die Grundsteuer A und 381 Punkte für die Grundsteuer B. Während bei der Ermittlung der Verbundmasse mit Schätzungen gearbeitet wird, ist bei der Ermittlung der Einnahmekraft ein anderer Weg gewählt worden: Ausgangspunkt für die tatsächlichen Einnahmen der Kommunen sind die Ist-Ergebnisse einer in der Vergangenheit liegenden Referenzperiode. So ist beispielsweise Referenzperiode für die Ermittlung der Steuerkraft für das Haushaltsjahr 2005 der Zeitraum vom 1. Juli 2003 bis 30. Juni 2004. Die fiktiven Steuereinnahmen werden in der Weise ermittelt, dass die Einnahmen in der Referenzperiode durch den tatsächlichen Hebesatz geteilt und sodann mit dem fiktiven Hebesatz multipliziert werden.

Der Steuerkraft bei den Realsteuern hinzugerechnet werden die Gemeindeanteile an der Einkommensteuer und der Umsatzsteuer. Die Summe dieser Steuereinnahmen wird schließlich reduziert um die Gewerbesteuerumlage, die ebenfalls auf der Basis der fiktiven Steuereinnahmen berechnet wird.

Die fiktiven Hebesätze im Gemeindefinanzierungsgesetz haben keinen für die kommunale Hebesatzentscheidung verbindlichen Charakter. Finanzausgleichstechnisch ist es freilich nicht ratsam, weit unterhalb der fiktiven Sätze zu bleiben, da für die Ermittlung der Schlüsselzuweisungen jedenfalls höhere Einnahmen zugrunde gelegt werden. Ohne Bedeutung sind diese Überlegungen natürlich für abundante Kommunen.

2. Sonstige allgemeine Zuweisungen

a. Investitionspauschalen

Neben den Schlüsselzuweisungen, die als allgemeine Deckungsmittel des Verwaltungshaushalts gedacht sind, erhalten die Gemeinden und Kreise auch pauschale Mittel für investive Maßnahmen und pauschale Mittel für besondere Zwecke, die in erster Linie dem Vermögenshaushalt zufließen, in Einzelfällen aber auch dem Verwaltungshaushalt zufließen können.

Wichtigster Einzelposten ist die sog. allgemeine Investitionspauschale, die den Kommunen zur pauschalen Förderung investiver Maßnahmen nach einem Schlüssel zufließt, der sich zu 7/10 nach der Einwohnerzahl und zu 3/10 nach der Gebietsfläche bemisst. Die früher gewährte Abwasserinvestitionspauschale wurde im Jahr 2002 abgeschafft. Zur Unterstützung kommunaler Aufwendungen im Schulbereich erhalten die Kommunen seit dem Jahr 2002 die so genannte Schulpauschale, welche die antragsgebundene Projektförderung im Schulbaubereich abgelöst hat. Bemessungsgrundlage für die Gewährung der Schulpauschale ist die Schülerzahl, wobei für jeden Schulträger ein Mindestbetrag von 175.000 € (Kreise: 300.000 €) gewährt wird. In das GFG 2004/2005 neu aufgenommen wurde eine der Schulpauschale nachgebildete Pauschale für investive kommunale Aufwendungen im Sportbereich, die nach der Einwohnerzahl berechnet wird. Die Mindestpauschale beträgt 40.000 €.

Für die Kommunen hat das pauschale Zuweisungssystem erhebliche Vorteile gegenüber der antragbezogenen Projektförderung, da zumindest mittelfristig Planungssicherheit gegeben ist und zudem die Möglichkeiten der Mittelverwendung flexibler sind, was z. B. die Verwendung von PPP-Modellen erleichtern kann.

b. Besondere Bedarfszuweisungen

Die besonderen Bedarfszuweisungen werden – wie der Name zum Ausdruck bringt – nicht pauschal an alle Kommunen, sondern nur bei Vorliegen besonderer Bedarfslagen gewährt. Die Zuweisungsempfänger sind entweder im Zuweisungstatbestand genannt oder werden in einem Anhang zum Gesetz namentlich aufgeführt. Das GFG 2004/2005 enthält folgende Bedarfszuweisungen:

– Zuweisungen an die Stadt Bonn zum Ausgleich besonderer Belastungen durch Dienststellen des Bundes

– Pauschale Zuweisungen an Kurorte

– Pauschale Zuweisungen an Gemeinden zum Ausgleich besonderer Härten bei der Erhebung von Abwassergebühren

– Pauschale Zuweisungen an die Landschaftsverbände im Zusammenhang mit der landschaftlichen Kulturpflege

– Pauschale Zuweisungen zur Milderung von Aufwendungen im Zusammenhang mit der Stationierung von Gaststreitkräften

Gegen den erbitterten Widerstand der betroffenen Gemeinden, des Städte- und Gemeindebundes und des Landkreistages wurde mit dem GFG 2002 die Bedarfszuweisung zum Ausgleich besonderer Belastungen mit notwendigen Schülerfahrkosten abgeschafft. Diese wenig sachgerechte Entscheidung hat dazu beigetragen, gerade bei einigen ländlichen Kommunen mit einem hohen Anteil einpendelnder Schüler die Haushaltssituation dramatisch zu verschärfen.

IV. Zweckzuweisungen

1. Allgemeines

Zweckgebundene Zuweisungen unterscheiden sich von den allgemeinen Zuweisungen dadurch, dass sie in der Regel projektbezogen und auf Antrag gewährt werden. In den Gemeindefinanzierungsgesetzen der letzten Jahre finden sich immer wieder Beispiele dafür, dass ursprünglich im Landeshaushalt veranschlagte Zuweisungstatbestände in den Steuerverbund übernommen (Befrachtung) und später teilweise wieder in den Landeshaushalt zurückgeführt wurden (Entfrachtung). Ein aktuelles Beispiel im Finanzausgleich 2004/2005 ist die Befrachtung des Steuerverbundes mit der Förderung kommunaler Orchester und Musikschulen in Höhe von 4 Mio. €.

Zuständig für die Bereitstellung der Mittel sind größtenteils die Fachressorts im Einvernehmen mit dem Innenministerium und dem Finanzministerium.

2. Einzelne Zweckzuweisungen

Im GFG 2004/2005 finden sich folgende zweckgebundene Zuweisungen:

– Zuweisungen zu Maßnahmen der Stadterneuerung

Dies ist mit einem Volumen von rd. 142 Mio. € in 2004 quantitativ die mit Abstand bedeutendste Zweckzuweisung. Die weite Zweckbestimmung gibt dem zuständigen Ministerium für Stadtentwicklung, Kultur und Sport erhebliche politische Handlungsspielräume. 15 % der Mittel können zudem zur Unterstützung von Maßnahmen für Stadtteile mit besonderem Erneuerungsbedarf eingesetzt werden.

– Zuweisungen zu Maßnahmen der Denkmalpflege

Diese Mittel sind zur Förderung denkmalpflegerischer Maßnahmen und zur Förderung bodendenkmalpflegerischer Maßnahmen bestimmt und können bis zu 40 % auch zur Förderung kleinerer privater Denkmalpflegemaßnahmen pauschal zur Verfügung gestellt werden.

– Die Zuweisungen zu kommunalen Museumsbauten sind zur Förderung von Neu-, Um- und Erweiterungsbauten und des Erwerbs von kommunalen Museen bestimmt.

– Mit der Schaffung der Sportpauschale ist die frühere Zweckzuweisung für Sportstättenbauten entfallen. Der im GFG 2004/2005 etatisierte Betrag dient lediglich zur Ausfinanzierung bereits bewilligter Förderungen.

– Zuweisungen zur ökologischen Gestaltung des Emscher-Lippe-Raumes

– Zuweisungen zur Gefährdungsabschätzung und Sanierung von Altablagerungen und Altstandorten

– Zuwendungen für die kommunale Theaterförderung, kommunale Orchester und kommunale Musikschulen

– Zuweisungen zur Entwicklung entbehrlicher Flächen im Bahnflächenpool Nordrhein-Westfalen

V. Kreise und Landschaftsverbände im kommunalen Finanzausgleich

Für die Kreise und Landschaftsverbände gelten die vorstehend dargestellten Grundsätze des Finanzausgleichs mit einigen Modifikationen, die sich aus ihrer Aufgabenstruktur und ihrer Eigenschaft als Umlageverbände ergeben. Die Kreise finanzieren sich in erster Linie über die von den kreisangehörigen Gemeinden erhobene Kreisumlage, die Landschaftsverbände über die von den Kreisen und kreisfreien Städten erhobene Landschaftsverbandsumlage.

Im Rahmen der Berechnung der Schlüsselzuweisungen tritt deshalb an die Stelle der Ermittlung einer fiktiven Steuerkraft die Ermittlung der fiktiven Umlagekraft der 31 Kreise. Auf die Summe der Steuerkraft der kreisangehörigen Gemeinden, ihrer Schlüsselzuweisungen, der Kompensationsleistungen für den Familienleistungsausgleich und der Ausgleichsbeträge nach dem Solidarbeitragsgesetz wird ein fiktiver Umlagesatz angewendet, der im GFG 2004/2005 mit 32 Prozentpunkten bemessen ist. Dem wird – wie bei den Städten und Gemeinden – ein fiktiv ermittelter Bedarf gegenübergestellt, der bei den Kreisen aus dem Hauptansatz „Einwohner" und dem Schüleransatz als einzigem Nebenansatz gebildet wird. Am Hauptansatz der Kreise erfolgt keine Staffelung; jeder Einwohner wird mit dem Faktor 1 berücksichtigt. Ein Unterschied besteht bei der Höhe des Ausgleichsgrades. Während der Ausgleichsgrad bei den gemeindlichen Schlüsselzuweisungen lediglich 90 % beträgt, wird der Unterschied zwischen Finanzbedarf und Einnahmekraft bei den Kreisen voll ausgeglichen.

Nach dem gleichen System funktioniert die Berechnung der Schlüsselzuweisungen für die beiden Landschaftsverbände. Die fiktive Bedarfsermittlung erfolgt hier ausschließlich nach der Zahl der Einwohner. Nebenansätze kommen nicht zum Tragen.

VI. Die Beteiligung der Kommunen an den Lasten der Deutschen Einheit

Die aus der Verwirklichung der Deutschen Einheit resultierenden Finanzlasten für den Gesamtstaat werden vom Bund, den alten Bundesländern und den Gemeinden der alten Bundesländer solidarisch getragen. Im Verhältnis zwischen Bund und Ländern ist die Lastenverteilung über Veränderungen an Steueranteilen geregelt worden. Für die Beteiligung der Kommunen mussten gesonderte Regelungen geschaffen werden, die zum einen die Gesamtbeteiligung der Kommunen festlegen und zum anderen eine gerechte Aufteilung innerhalb der kommunalen Gemeinschaft gewährleisten. Diesem Zweck dient der Art. 2 des jährlichen Gemeindefinanzierungsgesetzes, der die Überschrift „Solidarbeitragsgesetz" trägt.

1. Die Ermittlung des kommunalen Solidarbeitrags

Die Leistungen der nordrhein-westfälischen Kommunen zur Finanzierung der Einheitslasten setzen sich aus mehreren Komponenten zusammen:

– Die Finanzausstattung der neuen Länder bis zum Ende des Jahre 1994 wurde durch den „Fonds Deutsche Einheit" gewährleistet. Bis zur Tilgung der überwiegend kreditfinanzierten Fondsleistungen sind die alten Bundesländer und ihre Kommunen mit der Aufbringung des Schuldendienstes belastet.

– Ab 1995 wurde der bundesstaatliche Finanzausgleich insgesamt neu geregelt, wobei die Leistungen des Landes Nordrhein-Westfalen in den Finanzausgleich auch von den nordrheinwestfälischen Kommunen mitgetragen werden müssen.

Die Beteiligungsquote der Kommunen wird errechnet, indem ihre Finanzkraft nach dem amtlichen Jahresergebnis der vierteljährlichen Kassenstatistik ins Verhältnis gesetzt wird zur Finanzkraft des Landes. Das Solidarbeitragsgesetz 2004/2005 legt den kommunalen Anteil an dem vom Land NRW zu leistenden Solidarbeitrag mit 42,6 v. H. fest. Technisch wird die Beteiligung der Kommunen auf zwei Wegen erreicht: Zum einen wird die von den Kommunen an Bund und Land zu entrichtende Gewerbesteuerumlage erhöht (2005: 29 Umlagepunkte für den Länderfinanzausgleich + 8 Umlagepunkte für die Tilgung des Fonds Deutsche Einheit). Der nicht über die Gewerbesteuerumlage abgedeckte Teil des kommunalen Solidarbeitrags wird dadurch erbracht, dass von der originären Verbundmasse des Steuerverbundes ein Vorwegabzug vorgenommen wird. Sofern die erbrachte Gewerbesteuerumlage den zu erbringenden kommunalen Solidarbeitrag übersteigt, wird die Verbundmasse entsprechend aufgestockt.

Das Solidarbeitragsgesetz 1992 war Gegenstand gerichtlicher Auseinandersetzungen. Einige – insbesondere abundante – Gemeinden hatten wegen der Abschöpfung ihrer gemeindlichen Finanzkraft geklagt.

Der 8. Senat des Bundesverwaltungsgerichts hat die klageabweisenden Entscheidungen der Vorinstanzen bestätigt. Er sah die Erhebung des streitigen kommunalen Solidarbeitrags als eine vom Grundgesetz in Art. 106 vorgesehene sog. „horizontale Umlage" an. Derartige interkommunale Umlagen seien zulässig, wenn sie einen übergemeindlichen Finanzausgleich anstreben und ihr Aufkommen – wie hier – im kommunalen Bereich verbleibe. Sie stehen nach Auffassung des Bundesverwaltungsgerichts weder im Widerspruch zu der Gewährleistung der kommunalen Finanzausstattung durch Art. 106 GG noch zur Garantie der kommunalen Finanzhoheit in Art. 28 GG. Die Umlage führe im vorliegenden Fall auch nicht zu einer rechtswidrigen Nivellierung der Gemeinden. Ihre Zielsetzung, die Gemeinden an den Lasten der Wiedervereinigung im Verhältnis des Gemeindeanteils am Gesamtsteueraufkommen des Landes gleichmäßig zu beteiligen, sei mit dem Grundgesetz vereinbar. Die Erhebung des Solidarbeitrags sei auch nicht deshalb zu beanstanden, weil das Solidarbeitragsgesetz unter Bezugnahme auf bestimmte Regelungen des nordrhein-westfälischen Gemeindefinanzierungsgesetzes 1992 u. a. Gemeinden mit mehr als 150.000 Einwohnern stärker belastet als kleinere Gemeinden. Diese Ungleichbehandlung hat das Bundesverwaltungsgericht im Anschluss an eine entsprechende Entscheidung des nordrhein-westfälischen Verfassungsgerichtshofs für das Jahr 1992 noch für verfassungsgemäß angesehen.

Ab dem Jahr 2005 tritt neben die eingangs genannten Komponenten noch eine dritte Säule, die systematisch den Einheitslasten zugerechnet werden muss.

Im Zuge der Verhandlungen zwischen Bund und Ländern über die Arbeitsmarktreformen (Hartz IV) Ende 2003 wurde festgestellt, dass die Kommunen in den neuen Bundesländern durch die beabsichtigte Zusammenlegung von Arbeitslosen- und Sozialhilfe weniger Entlastung erfahren als die Kommunen in den alten Bundesländern.

Als Bestandteil der Beschlüsse zur Arbeitslosen- und Sozialhilfe haben sich Bund und Länder darauf verständigt, den neuen Bundesländern zum Ausgleich von Sonderlasten durch die strukturelle Arbeitslosigkeit und der daraus entstehenden überproportionalen Lasten bei der Zusammenführung von Arbeitslosen- und Sozialhilfe Sonderbedarfs-Bundesergänzungszuweisungen zu gewähren, die in den Jahren 2005 bis 2009 jeweils 1 Mrd. Euro betragen und über deren Fortführung im Jahr 2008 zu entscheiden ist (Art. 30 des 4. Gesetzes für moderne Dienstleistungen am Arbeitsmarkt vom 24.12.2003). Zugleich ist beschlossen worden, dass die Länder in entsprechender Höhe Umsatzsteueranteile an den Bund abgeben sollen.

Das GFG/SBG 2004/2005 sieht hierzu vor, dass der NRW-Umsatzsteueranteil an der Festbe-tragregelung jährlich 220 Mio. Euro beträgt und allein von den Kommunen getragen werden soll. Der vollständigen Abwälzung dieser Mindereinnahmen des Landes auf die Städte und Gemeinden haben die kommunalen Spitzenverbände nachdrücklich, aber leider vergeblich mit dem Argument widersprochen, dass es sich bei den Beschlüssen des Vermittlungsausschusses über die Sonderzuweisungen an die ostdeutschen Länder dem Wesen nach um eine Art zusätz-lichen Solidarbeitrag handelt. In der Vergangenheit bestand stets Konsens darüber, dass Trans-ferleistungen an die neuen Bundesländer eine solidarische Gemeinschaftsaufgabe von Bund, alten Bundesländern und deren Kommunen sein müssen. Eine vollständige Abwälzung der Umsatzsteueranteile auf die Städte und Gemeinden für die Jahre 2005 bis 2009 und womöglich darüber hinaus ist aber mit dem Solidaritätsgedanken nicht vereinbar.

Ungeachtet dessen hat der Gesetzgeber mit dem GFG 2004/2005 die Belastung von 220 Mio. Euro durch entsprechende Kürzungen des Steuerverbundes auf die Kommunen abgewälzt.

2. Der interkommunale Ausgleich

Der kommunale Anteil von 42,6 % an den vom Land NRW zu tragenden Einheitslasten beschreibt zunächst nur den von den Kommunen insgesamt zu erbringenden Betrag. Der indi-viduelle Solidarbeitrag, den eine Gemeinde aufzubringen hat, bemisst sich nach ihrem Anteil an der Finanzkraft aller Gemeinden. Durch das Solidarbeitragsgesetz wird gewährleistet, dass im Wege der Festsetzung von Ausgleichsbeträgen letztlich jede Kommune genau den auf sie entfallenden Solidarbeitrag leistet. Dazu wird ihr rechnerisch ermittelter Anteil dem gegenüber-gestellt, was sie in Form der Gewerbesteuerumlage oder verminderter Schlüsselzuweisungen tatsächlich geleistet hat. Die entsprechenden Berechnungen des Landesamtes für Datenver-arbeitung und Statistik weisen dann entweder eine Nachforderung oder einen Rückzahlungs-betrag aus.

Die vorzunehmenden Berechnungen für den Solidarbeitrag insgesamt wie auch für den inter-national auszugleichenden Solidarbeitrag sind zunächst vorläufig, da sie auf Einnahme- bzw. Ausgabeerwartungen beruhen. Ebenso wie bei den Schlüsselzuweisungen erfolgt die endgültige Festsetzung aufgrund der tatsächlichen Ergebnisse der Haushaltsrechnung erst im übernächsten Jahr.

J Haushaltsrecht und NKF

I. Einleitung

Das kommunale Haushaltsrecht regelt die Planung, Verwaltung, Verwendung und Kontrolle der öffentlichen Finanzen. Das Haushaltsrecht ist der Rahmen der kommunalen Finanzautonomie, die Bestandteil der kommunalen Selbstverwaltung ist[1], und steckt letztlich den Handlungsspielraum ab, den die Städte und Gemeinden bei der eigenen Verwaltung und Planung ihrer Finanzen haben. Ein zentraler Aspekt des Haushaltsrechts ist die interne Steuerung des Verwaltungshandelns. Diese Steuerung erfolgt zum einen durch den Rat als den politisch für den Haushalt Verantwortlichen. So regelt der Rat in der Haushaltssatzung verbindlich, für welche Verwaltungsaufgaben welche finanziellen Mittel zur Verfügung gestellt werden. Die Verwaltung als der haushaltsausführende Teil kann anhand des Haushaltsrechts andererseits ihre Ausgaben planen, tätigen und überwachen.

Ein weiterer wichtiger Aspekt, der in jüngster Zeit unter dem Schlagwort „Bürgerhaushalt" diskutiert wird, ist die Herstellung von Transparenz des finanzwirtschaftlichen Handelns der Stadt oder Gemeinde gegenüber ihren Bürgerinnen und Bürgern. Im Idealfall sollen die Bürgerinnen und Bürger das finanzwirtschaftliche Handeln ihrer Kommune mitverfolgen, mitdiskutieren und mit beeinflussen.

Um den zuletzt genannten Aspekt weiter in den Vordergrund zu rücken, hat das Innenministerium des Landes NRW im November 2000 das Modellprojekt „Kommunaler Bürgerhaushalt" gestartet. In insgesamt sechs ausgewählten Projektkommunen werden verschiedene Modelle erprobt, um herauszufinden, wie die Bürgerinnen und Bürger im Dialog mit Politik und Verwaltung in Entwurf und Gestaltung eines Haushalts einbezogen werden können. Ziele des Projekts sind, den Bürgerinnen und Bürgern den kommunalen Haushalt verständlicher zu machen und Wege zu finden, sie bei der Haushaltsaufstellung mitwirken bzw. mitgestalten zu lassen, ohne den Gemeinderat als das gewählte Organ der Bürgerschaft in seinem Haushaltsrecht einzuschränken.[2]

Das aktuelle kommunale Haushaltsrecht basiert so wie das staatliche Haushaltsrecht auf dem Prinzip der Einnahme- und Ausgaberechnung, also der sog. Kameralistik. Der Haushaltsplan als das entscheidende Steuerungsinstrument ist eine Geldeinnahme- und Geldverbrauchsplanung, wobei Erfolgskriterium der Rechnung der Haushaltsvollzug ist. Im Vordergrund steht der rechnerische Ausgleich von Einnahmen und Ausgaben.

Die Stärke des kameralen Rechnungswesens liegt in der systematischen Dokumentation des Haushaltsvollzugs. Es ermöglicht eine einfache Verknüpfung von Haushaltsvollzug und Mittelbewirtschaftung mit dem Kassenwesen.

---

1 Vgl. Art. 28 II 3 GG.
2 Auf der Webseite www.buergerhaushalt.de können der aktuelle Zwischenbericht des Projektes und weiter gehende Informationen zu dem Projekt heruntergeladen werden.

Ein gravierender Mangel der Kameralistik ist aber, dass außerhalb der kostenrechnenden Einrichtungen[3] die kalkulatorischen Kosten (wie Abschreibungen und Verzinsung) nicht erfasst werden. Diese Nachteile führen aktuell zu einem grundsätzlichen Infragestellen der Kameralistik. So hat sich die Innenministerkonferenz dazu entschieden, für die kommunale Ebene ein neues Haushaltsrecht in Anlehnung an das kaufmännische Rechnungswesen (Doppik) einzuführen. Für Nordrhein-Westfalen sind die Vorbereitungen weit gediehen. Das Gesetzgebungsverfahren zur Einführung eines Neuen Kommunalen Finanzmanagements für die Städte und Gemeinde in Nordrhein-Westfalen soll noch im Jahr 2004 zum Abschluss gebracht werden, so dass das Gesetz mit einer Übergangsfrist von voraussichtlich drei Jahren zum 01.01.2005 in Kraft treten wird.[4]

II. Rechtsgrundlagen

Die Normierung des Haushaltsrechts fällt in die Kompetenz der Bundesländer. Die wesentlichen Vorschriften finden sich für Nordrhein-Westfalen im 8. Teil der Gemeindeordnung (Haushaltswirtschaft, §§ 75 bis 94), im 9. Teil (Sondervermögen, Treuhandvermögen, §§ 95 bis 100), im 10. Teil (Rechnungsprüfung (§§ 101 bis 106) sowie in der Verordnung über die Aufstellung und Ausführung des Haushaltsplans der Gemeinden (Gemeindehaushaltsverordnung – GemHVO). Die Regelungen über die Gemeindekasse finden sich in der Gemeindekassenverordnung wieder. Daneben gibt es eine Vielzahl von Erlassen und Verwaltungsvorschriften zur Ausführung des kommunalen Haushalts- und Kassenrechts in Nordrhein-Westfalen.

Ab dem 01.01.2005 wird das Gesetz über ein „Neues Kommunales Finanzmanagement" eine Änderung im Gemeindehaushaltsrecht bringen. Mit dem NKFG NRW werden die haushaltsrechtlichen Vorschriften der GO novelliert, zudem werden Gemeindehaushalts- und Gemeindekassenverordnung in eine neue Gemeindehaushaltsverordnung überführt und an die Anforderungen des kaufmännischen Rechnungswesens angepasst. Nach einer voraussichtlichen Übergangsfrist von drei Jahren wird das „Neue Kommunale Finanzmanagement" ab dem 01.01.2008 für alle Städte und Gemeinden in Nordrhein-Westfalen verbindlich Geltung erlangen.

III. Haushaltsgrundsätze

Die Grundsätze, nach denen die Gemeinde ihre Haushaltswirtschaft zu planen und zu führen hat, sind in § 75 GO normiert.

1. Stetige Sicherung der Aufgabenerfüllung

Oberstes Prinzip der gemeindlichen Haushaltswirtschaft (also Vorbereitung, Aufstellung und Ausführung des Haushaltsplans, Beschaffung von Deckungsmitteln einschließlich Krediten,

---

3 Bereiche der Verwaltung, die überwiegend aus Beiträgen und Gebühren finanziert werden, z. B. Müllabfuhr, Straßenreinigung, Abwasserbeseitigung.
4 Siehe unten, Punkt 7.

Vermögensverwaltung, Rechnungslegung und Rechnungsprüfung) ist die dauerhafte Sicherung der Aufgabenerfüllung. Diese Anforderung ist Ausdruck des Nachhaltigkeitsprinzips, welches von dem Grundsatz ausgeht, dass die Erwirtschaftung der für öffentliche Ausgaben in einer bestimmten Periode erforderlichen Mittel nicht zu Lasten nachfolgender Generationen in die Zukunft verlagert werden darf. Es geht bei der Betrachtung folglich nicht allein um das laufende Haushaltsjahr, sondern um eine längerfristige Betrachtung. Zumindest für den Zeitraum der 5-jährigen Finanzplanung (vgl. § 83 GO) und des Investitionsprogramms einschließlich aller sich daraus ergebenden Folgekosten hat dieser Grundsatz Vorrang vor allen anderen Haushaltsgrundsätzen. Falls sich bei der Planung ergibt, dass neue Aufgaben nicht finanzierbar sind, ist zunächst sicherzustellen, dass die bereits wahrgenommenen Aufgaben in angemessener Weise fortgeführt werden können, soweit sie sich nach einer aufgabenkritischen Betrachtung nicht reduzieren lassen.

2. Gesamtwirtschaftliches Gleichgewicht

Die Gemeinden haben den Erfordernissen des gesamtwirtschaftlichen Gleichgewichts Rechnung zu tragen. Diese Vorschrift ist Folge von § 16 des Stabilitäts- und Wachstumsgesetzes, wonach auch die Gemeinden verpflichtet sind, bei ihrer Haushaltswirtschaft die gesamtwirtschaftlichen Ziele zu beachten. Ihre Einbindung in das finanzielle Gesamtsystem wird in jüngster Zeit im Rahmen der Diskussion über einen Stabilitätspakt zur Erfüllung der sog. „Maastricht-Kriterien" deutlich, wenngleich die Gemeinden aufgrund des Finanzsystems der Länder und der ausgesprochen prozyklischen Verhaltensweise der Länder bei der Bemessung der Finanzausgleichsmassen dieser Zielsetzung allerdings kaum gerecht werden können.

3. Grundsatz der Sparsamkeit und Wirtschaftlichkeit

Die Gemeinden sind verpflichtet, ihre Haushaltswirtschaft sparsam und wirtschaftlich zu führen, das heißt, dass die Ausgaben in Relation zu dem angestrebten Zweck so gering wie möglich zu halten sind. Es ist die jeweils kostengünstigste – nicht die billigste – Alternative zu wählen. Mit den vorhandenen Mitteln ist der größtmögliche Nutzen zu erzielen. Hintergrund dieser Prämisse ist, dass die Gemeinde zur Erfüllung ihrer Aufgaben in erster Linie auf Steuermittel zurückgreifen muss, so dass sie auf die Belastbarkeit der Abgabenpflichtigen in besonderem Maß Rücksicht nehmen muss. Der Grundsatz der Sparsamkeit betrifft das Verhältnis von Einnahmen und Ausgaben und bedeutet, dass nur solche Aufgaben wahrgenommen und finanziert werden sollen, die bei vernünftiger Betrachtung als angemessen angesehen werden können.

4. Haushaltsausgleich

Die Forderung nach einem jährlichen Haushaltsausgleich ist die logische Konsequenz aus dem Postulat der stetigen sowie sparsamen und wirtschaftlichen Aufgabenerfüllung. Sowohl der Verwaltungshaushalt als auch der Vermögenshaushalt müssen für sich genommen in jedem Jahr ausgeglichen sein. Darüber hinaus gilt die Ausgleichsverpflichtung nicht nur für die Aufstellung des Haushaltsplans, sondern auch für die Ausführungen des Haushaltsplans und die Jahresrechnung. Außer- und überplanmäßige Ausgaben (vgl. § 82 GO) dürfen deshalb den Ausgleich nicht gefährden. Einnahmeausfälle sind durch entsprechende Maßnahmen auf der Ausgaben- oder der Einnahmeseite zu kompensieren.

Von einem „strukturellen Haushaltsausgleich" spricht man, wenn die Ausgaben durch die laufenden Einnahmen gedeckt werden, das heißt, wenn der Ausgleich herbeigeführt werden kann, ohne Vermögensbestandteile zu veräußern.

Technisch gesehen ist der Haushalt aber auch dann noch ausgeglichen, wenn zwar die Ausgaben die regelmäßigen Einnahmen übersteigen, aber die verbleibende Differenz durch Zuführungen aus der allgemeinen Rücklage oder durch Erlöse aus Vermögensveräußerungen ausgeglichen werden kann. Dieser Zustand ist für sich genommen noch kein Anlass zur Sorge, da Einnahmen konjunkturabhängig Schwankungen unterworfen sind und über ein System von Zuführungen zur und Rückführungen aus der Rücklage eine Verstetigung der Ressourcen erreicht werden kann. Problematisch wird die Situation allerdings dann, wenn die Auflösung von Rücklagen und die Veräußerung von Vermögen in mehreren aufeinander folgenden Jahren und in erheblichem Umfang erforderlich werden, ohne dass die Aussicht auf einen strukturell ausgeglichenen Haushalt vorhanden wäre. Vermögensveräußerungen sind Eingriffe in die Substanz, die naturgemäß nicht wiederholbar sind.

IV. Haushaltssatzung und Haushaltsplan

1. Haushaltssatzung

Gemäß § 77 Abs. 1 GO hat die Gemeinde für jedes Haushaltsjahr eine Haushaltssatzung zu erlassen. Die Haushaltssatzung ist die Rechtsgrundlage der Gemeinde für ihre Haushaltswirtschaft in Form einer Ortssatzung[5], die zwingend vom Rat verabschiedet werden muss (vgl. § 41 Abs. 1 Satz 2 Buchstabe g GO).

Die elementaren Inhalte der Haushaltssatzung sind in § 77 Abs. 2 GO festgeschrieben. Danach enthält die Haushaltssatzung die Festsetzung des Haushaltsplans (vgl. unten, Buchstabe c.) unter Angabe des Gesamtbetrages der Einnahmen und der Ausgaben des Haushaltsjahres, der vorgesehenen Kreditaufnahmen für Investitionen und Investitionsförderungsmaßnahmen. Außerdem sind die Verpflichtungsermächtigungen enthalten. Hierbei handelt es sich um Ermächtigungen zum Eingehen von Verpflichtungen, die künftige Haushaltsjahre mit Ausgaben für Investitionen und Investitionsförderungsmaßnahmen belasten. Weiterhin wird in der Haushaltssatzung der Höchstbetrag der Kassenkredite festgelegt.

Von zentraler Bedeutung ist die Festsetzung der Höhe der Hebesätze der örtlichen Realsteuern (Gewerbesteuer und Grundsteuer). Die Höhe der Steuersätze der anderen gemeindlichen Steuern – wie etwa der Hundesteuer oder der Vergnügungssteuer – wird nicht in der Haushaltssatzung, sondern in den gesonderten Steuersatzungen (Hundesteuersatzung, Vergnügungssteuersatzung etc.) festgelegt.

Die Haushaltssatzung tritt kraft Gesetzes zu Beginn des Haushaltsjahres in Kraft, so dass sie grundsätzlich rechtzeitig vorher verabschiedet werden muss. Dies entspricht allerdings vor dem Hintergrund der häufig sehr späten Bekanntgabe wesentlicher Informationen für die Haus-

---

5   Das Satzungsrecht der Gemeinden ist in § 7 GO normiert.

haltsaufstellung durch die Landesregierung (gemeint ist die Höhe der Zuweisungen nach dem Gemeindefinanzierungsgesetz) nicht unbedingt der kommunalen Wirklichkeit. In den letzten Jahren hat sich vielmehr die Praxis herausgebildet, die Haushaltssatzung erst im Laufe der ersten Monate des lfd. Haushaltsjahres zu verabschieden. Ohne eine gültige Haushaltssatzung kann die Gemeinde nur im Rahmen der strengen Vorschriften über die vorläufige Haushaltsführung (§ 81 GO)[6] wirtschaften. Bei einer verspäteten Verabschiedung und Bekanntmachung der Haushaltssatzung schon während des laufenden Haushaltsjahres bewirkt eine gesetzliche Rückwirkungsvorschrift das rückwirkende In-Kraft-Treten der Haushaltssatzung mit Beginn des Haushaltsjahres.

2. Verfahren des Erlasses der Haushaltssatzung

Das Verfahren des Erlasses der Haushaltssatzung ist in § 79 GO geregelt. Der Kämmerer stellt den Entwurf auf und legt ihn dem Bürgermeister zur Feststellung vor. Dieser leitet den von ihm festgestellten Entwurf dem Rat zu. Wenn sich Kämmerer und Bürgermeister über den Entwurf nicht einig werden können, ist dem Rat die abweichende Stellungnahme des Kämmerers zur Kenntnis zu geben. Der Kämmerer hat darüber hinaus auch das Recht, bei den Beratungen eine abweichende Meinung zu vertreten. Die Einbringung des Entwurfs der Haushaltssatzung ist üblicherweise mit einer Haushaltsrede des Bürgermeisters verbunden.

Nach der Einbringung des Entwurfs ist dieser an sieben Werktagen öffentlich auszulegen; über innerhalb von 14 Tagen nach der Auslegung eingegangene Einwendungen entscheidet der Rat in öffentlicher Sitzung.

Das politische Verfahren der Haushaltsberatungen ist von Kommune zu Kommune unterschiedlich. Üblicherweise bereiten die Fachausschüsse die Teile des Haushalts vor, die sie betreffen. Der Finanzausschuss fasst die Ergebnisse zusammen und bereitet die abschließende Beratung im Rat vor.

3. Der Haushaltsplan

Der Haushaltsplan als solcher ist keine Satzung. Obwohl er nach seiner äußeren Form lediglich eine Anlage zur Haushaltssatzung ist, stellt er doch deren wesentlichen und unverzichtbaren Inhalt dar. Er enthält alle im Haushaltsjahr voraussichtlich zu erwartenden Einnahmen, zu leistenden Ausgaben sowie die notwendigen Verpflichtungsermächtigungen (vgl. § 78 Abs. 1 GO).

Der Haushaltsplan wird in einen Verwaltungshaushalt und einen Vermögenshaushalt gegliedert. Im Verwaltungshaushalt werden die Einnahmen und Ausgaben der laufenden Verwaltung und im Vermögenshaushalt die vermögenswirksamen Ausgaben und ihre Finanzierung dargestellt. Die nähere Ausgestaltung der Abgrenzung überlässt § 78 GO der GemHVO, die in den §§ 1 und 2 die entsprechenden Bestimmungen enthält. Entscheidendes Abgrenzungskriterium ist demnach stets das Merkmal der „Vermögenswirksamkeit", woraus sich die folgende Prüfungsreihenfolge ergibt:

---

6   Siehe unten zu Punkt 6.

Zunächst ist die Zuordnung zum Vermögenshaushalt zu prüfen (§ 1 Abs. 1 GemHVO); ergibt sich danach keine Vermögenswirksamkeit, so ist die Einnahme bzw. Ausgabe dem Verwaltungshaushalt zuzuordnen (§ 1 Abs. 2 GemHVO).

Die Aufteilung in einen Verwaltungs- und einen Vermögenshaushalt wird durch einen Gliederungs- und Gruppierungsplan ergänzt, durch den die Aufgabenbereiche beziehungsweise die Einnahme- bzw. Ausgabearten abgebildet werden. Der Gliederungs- und Gruppierungsplan folgt einem einheitlichen, vom Innenministerium herausgegebenen und aus Gründen der Vergleichbarkeit gem. § 130 Abs. 3 GO für verbindlich erklärten Muster[7].

Die Anlagen zum Haushaltsplan sind zum einen der Stellenplan (vgl. § 78 Abs. 2 Satz 2 2. Halbsatz GO), der Vorbericht, die Übersichten über Schuldenstände, Bürgschaften und Rücklagen oder der Finanzplan mit dem ihm zugrunde liegenden Investitionsprogramm.

V. Das Haushaltssicherungskonzept

Der kommunale Finanzbericht des Innenministeriums NRW für das Jahr 2004 beschreibt ein äußerst düsteres Bild der Kommunalfinanzen in Nordrhein-Westfalen. Hiernach könnten im Jahr 2003 182 der 427 Städte, Gemeinden und Kreise in Nordrhein-Westfalen ihre Haushalte trotz rigider Sparpolitik nicht mehr ausgleichen und somit der Vorgabe des § 75 Abs. 3 GO nicht mehr entsprechen. Der vom Gesetz eigentlich als Regelfall ausgestaltete Haushaltsausgleich ist also längst nicht mehr überall, sondern nur noch in gut der Hälfte der Kommunen zu verzeichnen.

Für den Fall, dass der Haushaltsausgleich nicht erreicht werden kann, sieht die GO das Instrumentarium des Haushaltssicherungskonzepts vor, vgl. § 75 Abs. 4 GO. Hiernach ist ein Haushaltssicherungskonzept für den Verwaltungs- und Vermögenshaushalt aufzustellen, wenn der Haushaltsausgleich nicht erreicht wird. In dem Haushaltssicherungskonzept ist der Zeitpunkt zu bestimmen, bis zu dem der Haushaltsausgleich wieder erreicht wird. Das Gesetz schreibt vor, den Haushaltsausgleich zum nächstmöglichen Zeitpunkt wieder herzustellen.

Das Haushaltssicherungskonzept dient dem Ziel, im Rahmen einer geordneten Haushaltswirtschaft die künftige, dauernde Leistungsfähigkeit der Gemeinde zu erreichen. Das Haushaltssicherungskonzept bedarf der Genehmigung der Aufsichtsbehörde, d. h. bei den kreisangehörigen Städten und Gemeinden des Kreises und bei den kreisfreien Städten der Bezirksregierung. Die Genehmigung darf nur dann erteilt werden, wenn aus dem Haushaltssicherungskonzept hervorgeht, dass spätestens im vierten auf das Haushaltsjahr folgenden Jahr die Einnahmen die Ausgaben decken werden. Bei dieser Betrachtung wird die Abdeckung von Fehlbeträgen aus Vorjahren nicht mit berücksichtigt. Dieser maximale Zeitraum orientiert sich an der Finanzplanung, da der Gesetzgeber davon ausging, dass sich Einnahmen und Ausgaben jenseits des Finanzplanungszeitraums kaum noch verlässlich schätzen lassen.

---

7 Vgl. Runderlass des IM vom 27.11.1995 - SMBl. NW. 6300.

Die Genehmigung des Haushaltssicherungskonzeptes kann unter Bedingungen und mit Auflagen erteilt werden. Mit dieser Vorschrift wird der Kommunalaufsicht Einfluss auf die Ausgestaltung der Haushaltsplanung eingeräumt.

Gemäß § 41 Abs. 1 Buchstabe h GO gehört die Aufstellung eines Haushaltssicherungskonzepts zu den Angelegenheiten, für die der Rat ausschließlich zuständig ist und die er nicht auf andere Entscheidungsträger in der Verwaltung übertragen kann. Die ausschließliche Zuständigkeit des zentralen Willenbildungsorgans der Kommune führt zu einer Selbstbindung des Rates an die vorgegebenen Spar- und Konsolidierungsmaßnahmen.

Für die Kreise existiert keine eigenständige gesetzliche Regelung zur Aufstellung eines Haushaltssicherungskonzepts in der Kreisordnung (KrO). Gemäß § 53 Abs. 1 KrO gelten für die Haushalts- und Wirtschaftsführung der Kreise die Vorschriften des 8. bis 11. Teils der GO und die dazu erlassenen Rechtsverordnungen aber entsprechend, soweit nicht in der KrO eine andere Regelung getroffen ist. Dies bedeutet, dass die Kreise entsprechend § 75 Abs. 4 GO ein Haushaltssicherungskonzept aufzustellen haben, wenn der Haushaltsausgleich nicht erreicht werden kann.[8]

Über die Vorschrift des § 75 Abs. 4 GO hinausgehende verbindliche gesetzliche Regelungen zu den Voraussetzungen der Genehmigung von Haushaltssicherungskonzepten existieren nicht. Das Innenministerium NRW hat jedoch einen „Handlungsrahmen zur Genehmigung von Haushaltssicherungskonzepten" gemeinsam mit den Bezirksregierungen erarbeitet. Dieses Prüfungsraster ist mit Erlass vom 06.10.1999 an die Bezirksregierungen übersandt worden. Der Handlungsrahmen enthält in einem ersten Absatz elf „Prüfpunkte im HSK" und befasst sich in einem zweiten Absatz mit dem Thema „Haushaltssicherungskonzept und Haushaltsaufstellung":

Handlungsrahmen zur Genehmigung von Haushaltssicherungskonzepten

Die Erfüllung der kommunalen Aufgaben ist nur im Rahmen der finanziellen Leistungsfähigkeit möglich. Die Wiedererlangung des Haushaltsausgleichs macht es daher zwingend erforderlich, dass die Kommunen umgehend alle hierfür notwendigen Maßnahmen ergreifen.

Im Haushaltssicherungskonzept (HSK) sind die Maßnahmen darzustellen, durch die der Haushaltsausgleich einschließlich der Abdeckung der Altfehlbeträge aus den Vorjahren wieder erreicht wird. Nach der Rechtslage ist ein HSK genehmigungsfähig, wenn – zumindest – der jahresbezogene Haushaltsausgleich (ohne Abdeckung der Fehlbeträge aus den Vorjahren und ohne atypische Veranschlagungen wie z. B. „Rückzuführungen" gem. § 22 Abs. 3 GemHVO) spätestens im vierten auf das Haushaltsjahr folgenden Jahr erreicht wird. Die Fehlbeträge aus den Vorjahren müssen innerhalb von höchstens 5 Jahren seit Erreichen des jahresbezogenen Haushaltausgleichs abgedeckt werden. Der Konsolidierungszeitraum beginnt mit der erstmaligen Genehmigung des HSK und soll nicht ausgedehnt werden. Abweichungen sind nur bei rechtlich oder tatsächlich zwingenden Änderungen der Planungsgrundlagen zulässig.

---

8 Vgl. Kirchhof in Held u. a., Kommunalverfassungsrecht NRW, § 53 KrO S. 2.

I. Prüfpunkte im HSK

Zu jedem der nachfolgend dargestellten Prüfpunkte hat die Kommune in ihrem HSK Stellung zu nehmen und Einsparpotentiale/Verbesserungen der Einnahmesituation darzustellen.

1. *Der Ausgabeanstieg (bereinigte Gesamtausgaben[9]) soll bis zur Wiedererlangung des Haushaltsausgleichs deutlich unter den landesweiten Orientierungsdaten bleiben. Eine Nettoneuverschuldung ist zu vermeiden. Die Zinsbelastung ist so gering wie möglich zu halten. Die eingesetzten Finanzierungsinstrumente müssen mit dem Prinzip der Haushaltsicherung vereinbar sein.*

2. *Bei den Personalausgaben sind alle Einsparungsmöglichkeiten auszunutzen. Ziel muss eine Senkung der Personalkosten sein. Hierzu ist ein nachvollziehbares Konzept vorzulegen. Grundsätzlich sind folgende Maßnahmen unverzichtbar:*

   a) Wiederbesetzungs-und Beförderungssperre von mindestens 12 Monaten. Vor einer Wiederbesetzung ist zudem zu prüfen, ob die Stelle überhaupt noch notwendig ist oder in eine solche mit niedriger Besoldungs- bzw. Tarifgruppe umgewandelt werden kann. Zudem ist vor einer Neueinstellung zu prüfen, ob nicht eine Besetzung durch hausinterne Umsetzung ggf. nach entsprechenden Fortbildungs-/Qualifizierungsmaßnahmen erfolgen kann.

   b) Abbau/Einschränkung von Überstunden und Bereitschaftsdiensten.

   c) Die städtische Verwaltungsorganisation ist mit dem Ziel eines Personalkostenabbaus zu optimieren. Nicht konkurrenzfähige städtische Hilfsbetriebe, wie Gebäudereinigung, zentrale Werkstätten, Druckerei, Gärtnerei usw., sind aufzugeben. Soweit die Weiterführung der Aufgaben durch Vergabe an Dritte erfolgt, sollen die dadurch entstehenden sächlichen Ausgaben höchstens 75 % der durch die Ausgliederung eingesparten Personal- und Sachkosten betragen. Ggf. sind Standards und Leistungsmerkmale entsprechend zu vermindern.

   d) Im Einzelfall sind städtische Einrichtungen, wie z. B. Altenheime, Bäder, Sporthallen, Hotels/Gaststätten/städtische Saalbauten, Park- und Gartenanlagen usw., völlig aufzugeben.

   Wird das Ziel der Personalkostenreduzierung auf andere Weise erreicht, kann von den oben genannten Maßnahmen ganz oder teilweise abgesehen werden.

3. *Bei den pflichtigen Aufgaben sind alle Möglichkeiten einer Kostenreduzierung auszuschöpfen. Bei Art, Umfang und Ermessensausübung der Aufgabenwahrnehmung sind die Haushaltsgrundsätze der Sparsamkeit und Wirtschaftlichkeit verstärkt zu berücksichtigen. Gesetzliche Ansprüche sind mit dem Ziel zu überprüfen, sie auf kostengünstige Weise zu erfüllen. Dazu gehören auch Kooperationen mit anderen Kommunen in pflichtigen Bereichen wie Brandschutz, Veterinärwesen, Rettungsdienst usw.*

4. *Wenn bei pflichtigen Aufgaben gespart werden muss, können freiwillige Leistungen bei der Konsolidierung nicht außer Betracht bleiben. Sie sind in vertretbarer Weise zu reduzieren. Vorhandene freiwillige Leistungen, die nicht aufgegeben/privatisiert werden sollen, sind auf Kostenreduzierung durch ein verstärktes Bürgerengagement zu prüfen (z. B. Bewirtschaftung*

---

9 Die bereinigten Gesamtausgaben sind die Bruttoausgaben abzüglich bewirtschafteter Fremdmittel und ohne die haushaltstechnischen Verrechnungen und besonderen Finanzierungsvorgänge.

von Bürgerhäusern durch Vereine). Während des Konsolidierungszeitraumes darf sich die Kommune nicht vertraglich zu freiwilligen Leistungen verpflichten. Es ist eine Liste über die freiwilligen Leistungen zu erstellen, fortzuschreiben und der Aufsichtsbehörde jeweils zusammen mit dem HSK vorzulegen. Als freiwillig sind auch Erstattungen, Zuschüsse etc. anzusehen, die im Rahmen pflichtiger Aufgaben über die rechtlich festgelegten Leistungen hinaus gewährt werden (z. B. Zuschüsse auf die Eigenanteile der freien Träger nach dem GTK oder die Übernahme der Fahrkosten von Schülern, die ihren Wohnsitz nicht in NRW haben).

5. *Der Zuschussbedarf der kostenrechnenden Einrichtungen ist konsequent durch Ausgabereduzierung und/oder Einnahmeerhöhungen zu begrenzen. In den klassischen Gebührenhaushalten dürfen keine Unterdeckungen entstehen. Dabei müssen sich die Kalkulationsgrundlagen an den betriebswirtschaftlich und rechtlich zulässigen Möglichkeiten ausrichten. Das gilt z. B. im Unterabschnitt 70 für die kalkulatorischen Abschreibungen, die kalkulatorischen Zinsen und die öffentlichen Straßenentwässerungsanteile und im Unterabschnitt 75 für den öffentlichen Grünflächenanteil.*

6. *Die Konsolidierung muss auch alle Beteiligungen der Gemeinde einbeziehen. Auf die Beteiligungen sind die Maßstäbe der Haushaltskonsolidierung der Gemeinden konsequent anzuwenden. Die Möglichkeiten zur Zuschussreduzierung bzw. zur Erzielung angemessener Gewinne für den kommunalen Haushalt sind bei der Aufgabenwahrnehmung, der Preisgestaltung und der Bilanzierung auszuschöpfen. Der gesamte Zuschussbedarf im Haushalt für alle Beteiligungen muss im Konsolidierungszeitraum schrittweise reduziert werden.*

7. *Deckungsreserven für über- und außerplanmäßige Ausgaben dürfen nicht ausgewiesen werden. Über- und außerplanmäßige Ausgaben, die sich nicht umgehen lassen, müssen durch Einsparungen an anderer Stelle kompensiert werden.*

8. *Das vorhandene Vermögen der Gemeinde ist daraufhin zu untersuchen, inwieweit es für öffentliche Zwecke noch benötigt wird. Soweit auf anderem Wege die Vorlage eines genehmigungsfähigen HSK nicht möglich und eine Veräußerung wirtschaftlich vertretbar ist, ist das Vermögen zu veräußern und der Erlös gem. § 22 Abs. 3 GemHVO dem Verwaltungshaushalt zuzuführen.*

9. *Im Rahmen der Konsolidierung ist es nicht vertretbar, große „Schattenhaushalte" neben dem laufenden Haushaltsplan zu bewirtschaften. Der Rat muss vor dem Hintergrund der zwischenzeitlich schlechteren Finanzlage auch bereits früher anfinanzierte Projekte, für die Ausgabereste gebildet wurden, erneut auf den Prüfstand stellen. Ggf. ist auf eine weitere Realisierung zu verzichten oder die Bildung selbstständig nutzungsfähiger kleinerer Abschnitte vorzusehen bei zeitlicher Aufschiebung anderer Abschnitte. Noch nicht begonnene Maßnahmen sind zurückzustellen, es sei denn, dass ihre Durchführung auf einer Rechtspflicht beruht. Ersparte Ausgaben sind abzusetzen. Die Haushaltsresteliste ist dem Rat zur Beratung über die Verwendung der Haushaltsreste vorzulegen. Die entsprechenden Ratsbeschlüsse sind der Aufsichtsbehörde unverzüglich vorzulegen.*

Die Verfügbarkeit von Ausgaberesten des Vermögenshaushaltes für Maßnahmen, die noch nicht begonnen worden sind, ist auf ein Jahr zu beschränken. Werden die Maßnahmen noch als notwendig angesehen, sind die Mittel neu zu veranschlagen.

10. Die Hebesätze für Gewerbe- und Grundsteuern müssen bezogen auf die Gemeindegrößenklassen deutlich über dem Landesdurchschnitt liegen.

11. Mehreinnahmen, die ggf. bei der Ausführung des Haushaltsplanes gegenüber den Ansätzen bei den kommunalen Steuern, den allgemeinen Landeszuweisungen und den Erwerbseinnahmen des Verwaltungshaushaltes entstehen, sind zur Reduzierung des Fehlbedarfs des Verwaltungshaushaltes einzusetzen.

II. HSK- und Haushaltsaufstellung

Für die Aufstellung des nächsten Haushaltes und HSK's bitte ich Folgendes zu beachten:

1. Der Haushalt und das HSK sind gem. § 79 Abs. 5 GO spätestens Ende November, d. h. einen Monat vor Beginn des Haushaltsjahres vorzulegen. Die Vorschriften über die vorläufige Haushaltsführung sind strikt zu beachten. Sie sind restriktiv auszulegen. Der Hauptverwaltungsbeamte hat alle Bediensteten der Gemeindeverwaltung darauf hinzuweisen, dass Verstöße gegen diese Vorschriften disziplinarrechtliche Maßnahmen nach sich ziehen können.

2. Alle Konsolidierungsmaßnahmen sind gem. § 75 Abs. 4 GO im HSK detailliert und nicht durch Verweise auf den restlichen Haushaltsplan zu beschreiben. Sie sind im bekannt zu machenden Haushaltsplan und zumindest für ein weiteres Jahr im HSK haushaltsstellenscharf darzustellen. Bei Kreisen und kreisangehörigen Gemeinden sollen die Maßnahmen auch für die restliche Konsolidierungszeit haushaltsstellenscharf dargestellt werden.

3. Dem HSK ist eine Aufstellung der Haushaltsreste mit dem jeweiligen Bewirtschaftungsstand und eine Aufstellung des vorhandenen Gemeindevermögens beizufügen.

4. Zum Vorlagezeitpunkt ist ein Bericht über die Umsetzung des zuletzt genehmigten HSK`s beizufügen.

In diesem Zusammenhang ist darauf hinzuweisen, dass die Ausgestaltung des HSK eine Angelegenheit der kommunalen Selbstverwaltung ist und die Entscheidungsträger vor Ort festlegen müssen, wie sie die Vorgaben des § 75 Abs. 4 GO einhalten können. Der Handlungsrahmen des IM NRW sowie die von einzelnen Bezirksregierungen separat erlassenen Handreichungen können dabei nur als Anhaltspunkte dienen. Die Besonderheiten jeder einzelnen Stadt oder Gemeinde verbieten es, verbindliche Vorgaben abstrakt zu formulieren.

VI. Vorläufige Haushaltsführung

Grundsätzlich muss die Haushaltssatzung zu Beginn eines Haushaltsjahres in Kraft sein, vgl. § 79 Abs. 5 GO. Trotz dieses gesetzlichen „Normalfalls" kommt es nicht selten vor, dass die Haushaltssatzung erst nach Beginn des Haushaltsjahres erlassen wird, sei es, dass sich die Beratungen im Rat zu lange hingezogen haben, oder aber, dass die Prüfung eines vorgelegten Haushaltssicherungskonzepts durch die Aufsichtsbehörde die Bekanntgabe verzögert hat. Es kann jedoch auch sein, dass für das gesamte Haushaltsjahr eine genehmigte Haushaltssatzung nicht vorliegt, etwa wenn ein Haushaltssicherungskonzept von der Aufsichtsbehörde nicht genehmigt worden ist.[10]

---

10 Vgl. zur Haushaltssicherungskonzept-Genehmigung Abschnitt 5.

Für diese Fälle trifft die Gemeindeordnung in § 81 eine Regelung. Die Vorschrift über die vorläufige Haushaltsführung soll sicherstellen, dass die Gemeinde in der haushaltslosen Zeit bis zum rückwirkenden In-Kraft-Treten der Satzung bzw. bis zum Vorliegen eines genehmigungsfähigen Haushaltssicherungskonzepts nicht handlungsunfähig ist. Die Kommune muss einmal die Möglichkeit haben, diejenigen Ausgaben zu leisten, zu denen sie gesetzlich verpflichtet ist oder die keinen Aufschub dulden. Zum anderen muss sie in der Lage sein, sich die erforderlichen finanziellen Deckungsmittel zu verschaffen. In der vorläufigen Haushaltsführung darf die Kommune insbesondere Baumaßnahmen, Beschaffungen und sonstige Leistungen des Vermögenshaushalts, für die im Haushaltsplan des Vorjahres Ansätze oder Verpflichtungsermächtigungen vorgesehen waren, fortsetzen. Dies ist zum einen aus Sicht der Vertragspartner der Städte und Gemeinden geboten, da diese keine Schuld an einem verspäteten In-Kraft-Treten der Haushaltssatzung trifft. Zum anderen liegt es im wirtschaftlichen Interesse der Kommune, wenn z. B. Baustellen nicht stillgelegt werden müssen, nur weil die Haushaltssatzung nicht in Kraft treten kann. Selbstverständlich sind auch laufende Verpflichtungen wie etwa die Auszahlung von Löhnen und Gehältern zu erfüllen.

Um die Finanzsituation nicht noch weiter zu verschärfen, ist der Kommune die Erhebung von Einnahmen in der vorläufigen Haushaltsführung möglich. Durch § 81 Abs. 1 Nr. 2 GO wird auch ohne gültige Haushaltssatzung die Rechtsgrundlage geschaffen, Grundsteuer und Gewerbesteuer nach den für das Vorjahr geltenden Hebesätzen zu erheben. Dadurch wird eine Kontinuität auf der Einnahmeseite sichergestellt. Für andere Einnahmen bedarf es keiner besonderen Ermächtigung.

§ 81 Abs. 2 GO ermöglicht den Gemeinden, im Rahmen der vorläufigen Haushaltsführung Kredite bis zu einem Viertel des Gesamtbetrages der in der Haushaltssatzung des Vorjahres festgesetzten Kreditmittel aufzunehmen. Diese Kreditaufnahmen sind jedoch nur insoweit zulässig, als andere Deckungsmittel nicht ausreichen, d. h. zunächst muss auf eventuelle Einnahmereste aus dem Vorjahr und auf die laufenden Einnahmen zurückgegriffen werden. Die Kreditaufnahme bedarf der aufsichtsbehördlichen Genehmigung, welche unter dem Gesichtspunkt einer geordneten Haushaltswirtschaft erteilt werden soll. Die Kreditaufnahme ist in der Regel zu versagen, wenn sie mit der dauernden Leistungsfähigkeit der Gemeinde nicht im Einklang steht.

Noch nicht ausgeschöpfte Verpflichtungsermächtigungen und Ermächtigungen zur Aufnahme von Kassenkrediten gelten während der Zeit der vorläufigen Haushaltsführung weiter (vgl. § 84 Abs. 3 u. 87 Satz 2 GO).

Das Innenministerium hat den Kommunalaufsichtsbehörden für die Behandlung von Kommunen ohne genehmigtes Haushaltssicherungskonzept in der vorläufigen Haushaltswirtschaft nach § 81 GO einen Runderlass[11] mit Hinweisen an die Hand gegeben. Die in Zusammenarbeit mit den Bezirksregierungen konzipierten Hinweise dienen vor allem dazu, die Rechtsvorschriften für die vorläufige Haushaltswirtschaft nach § 81 GO mit den aktuellen praktischen Erfordernissen der Kommunen und der Kommunalaufsicht in einem Rahmen zu regeln, der eine Gleichbehandlung der davon betroffenen Kommunen gewährleisten soll. Die Hinweise dienen der Abstimmung innerhalb der Kommunalaufsicht, eine unmittelbare rechtliche Außenwirkung gegenüber den Kommunen entfalten sie ausdrücklich nicht. Sie orientieren sich

---

11 Vgl. Runderlass des IM vom 04.06.2003, Az.: 3-33-44.10-9354/03(1).

einerseits an der Notwendigkeit, den unabweisbar erforderlichen Konsolidierungskurs in Kommunen ohne ein genehmigtes HSK nachhaltig zu fordern und zu fördern. Andererseits liegt ihnen die Erkenntnis zugrunde, dass die Kommunalaufsicht Städten und Gemeinden, die sich über einen längeren Zeitraum – unter Umständen viele Jahre – in der vorläufigen Haushaltswirtschaft bewegen, mit der strikten Durchsetzung des rechtlichen Rahmens, den die GO bietet, nicht in jedem Fall gerecht werden kann.

Vor diesem Hintergrund hat die Kommunalaufsicht nach dem Runderlass die Möglichkeit, Handlungen von Kommunen ohne genehmigtes Haushaltssicherungskonzept, die sich innerhalb des durch diese Hinweise gesteckten Rahmens bewegen, nicht zu beanstanden. Im Juni 2004 hat das Innenministerium dann noch eine Ergänzung zu diesem Runderlass herausgegeben, der eine Erweiterung des sog. Beförderungskorridors[12] durch budgetartige Begrenzung der Personalausgaben vorsieht. Die Ergänzung sieht vor, dass im Interesse eines höheren Anreizes zur Konsolidierung der gesamten Personalausgaben und unter Berücksichtigung der besonderen Auswirkungen des § 81 GO auf die Beschäftigtengruppe der kommunalen Beamtinnen und Beamten die zuständige Kommunalaufsichtsbehörde weitere Beförderungen von Beamtinnen oder Beamten dulden kann, die über den „Beförderungskorridor" hinausgehen, wenn die Gemeinde in einem Konzept darlegt, wie sie ihre gesamten Personalausgaben konsolidiert (budgetartige Begrenzung der Personalausgaben). Das Personalausgabenkonzept ist als Bestandteil des Haushaltssicherungskonzeptes der Kommunalaufsicht vorzulegen.

VII. Rechnungsprüfung

Die Kontrolle der öffentlichen Finanzen, welche auch Teil des kommunalen Haushaltsrechts ist, obliegt der Rechnungsprüfung, vgl. §§ 101 bis 106 GO. Die örtliche (interne) Rechnungsprüfung erfolgt durch den Rechnungsprüfungsausschuss und das Rechnungsprüfungsamt. Der Rechnungsprüfungsausschuss prüft, ob der Haushaltsplan eingehalten ist, die einzelnen Rechnungsbeträge sachlich und rechnerisch vorschriftsmäßig begründet und belegt sind, bei den Einnahmen und Ausgaben nach den geltenden Vorschriften verfahren ist und die Vorschriften über Verwaltung und Nachweis des Vermögens und der Schulden eingehalten sind. Der Rechnungsprüfungsausschuss erstellt einen Schlussbericht, der das Ergebnis der Prüfung zusammenfasst.

Die laufende Kontrolle der Prüfung der Rechnung sowie der Kassenvorgänge und Belege zur Vorbereitung der Jahresrechnung sowie die dauernde Überwachung der Kassen der Gemeinde und ihrer Sondervermögen sowie die Vornahme der Kassenprüfungen und die Prüfung von Vergaben übernimmt das Rechnungsprüfungsamt, vgl. § 103 GO. Das Rechnungsprüfungsamt ist zwingend einzurichten in kreisfreien Städten, großen und mittleren kreisangehörigen Städten. Die übrigen Gemeinden sollen es einrichten, wenn ein Bedürfnis hierfür besteht und die Kosten in angemessenem Verhältnis zum Umfang der Verwaltung stehen.

Die überörtliche Prüfung (externe Finanzkontrolle) obliegt der Gemeindeprüfungsanstalt NRW mit Sitz in Herne, vgl. §§ 105, 106 GO. Bis Ende 2002 war die überörtliche Prüfung noch bei den Bezirksregierungen und Kreisen angesiedelt. Anlass für die Errichtung der

---

12 2,5%-Grenze gem. Erlass v. 04.06.2003.

Gemeindeprüfungsanstalt, für die sich gerade auch der Städte- und Gemeindebund NRW immer eingesetzt hatte, war eine seit langem vorgebrachte Kritik bezüglich der Arbeitsweise, Effizienz und Verwertbarkeit der Ergebnisse der 36 Gemeindeprüfungsämter der Kreise und Bezirksregierungen. Die Kritik konzentrierte sich insbesondere auf eine fehlende praxisgerechte Funktionsbestimmung. So war bislang die Beratung in Fragen der Organisation und Wirtschaftlichkeit bisher gesetzlich nicht vorgesehen, obwohl in der Praxis erwünscht und dringend notwendig. Des Weiteren fehlten einheitliche Prüfungsstrategien hinsichtlich der Prüfungsinhalte, Prüfungsdichte und Prüfungszeiträume, und es gab erhebliche Informations- und Kommunikationsdefizite.[13]

Die Besetzung des Verwaltungsrates der GPA mit je drei Vertretern von Städte- und Gemeindebund NRW, Landkreistag und Städtetag NRW garantiert die notwendige Nähe der GPA zur kommunalen Praxis.

VIII. Neues Kommunales Finanzmanagement (NKF)

Im Haushalts- und Rechnungswesen steht für die Städte und Gemeinden in Nordrhein-Westfalen ein tief greifender Wandel an. In den Kommunen soll das jahrhundertealte kamerale Rechnungswesen ersetzt werden durch ein – an die Bedürfnisse der öffentlichen Hand angepasstes – kaufmännisches Rechnungswesen. Die Reform des kommunalen Haushaltsrechts in NRW soll durch die Einführung des „Neuen Kommunalen Finanzmanagements" (NKF) umgesetzt werden. Mit der Entscheidung für das NKF wird eine Grundsatzentscheidung für das kaufmännische Rechnungswesen als Referenzmodell getroffen, soweit die spezifischen Ziele und Aufgaben des Rechnungswesens einer Gemeinde dem nicht entgegenstehen. Es erfolgt insoweit eine Orientierung am Handelsgesetzbuch (HGB) und an den Grundsätzen ordnungsmäßiger Buchführung (GoB). Der Haushalt bleibt jedoch das zentrale Steuerungs- und Rechenschaftsinstrument in der kommunalen Verwaltung.

Die aktuelle Reformdiskussion geht in das Jahr 1999 zurück. Mit Beschlüssen vom 11.06.1999 und 24.11.2000 hat die Innenministerkonferenz (IMK) Konzeption und Eckpunkte für die Reform des Gemeindehaushaltsrechts festgelegt. In Nordrhein-Westfalen wurde im Anschluss ein Modellprojekt seitens des Innenministeriums gestartet, welches kreisangehörige sowie kreisfreie Städte und einen Kreis in die Erprobung und Erarbeitung eines Neuen Kommunalen Finanzmanagements einbezog. Nach Abschluss des Modellprojekts Ende 2003 ist im Sommer 2004 der Gesetzentwurf in den Landtag eingebracht worden.[14] Nach Beratung und Beschlussfassung dieses Gesetzentwurfs im Landtag mit seinen Gremien wird das Gesetz über ein „Neues Kommunales Finanzmanagement" (NKFG NRW) am 01.01.2005 in Kraft treten. Nach einer Übergangsfrist, die im Gesetzentwurf mit drei Jahren angegeben ist, werden alle Städte und Gemeinden in Nordrhein-Westfalen verpflichtet, ihr Haushalts- und Rechnungswesen nach den Grundsätzen des NKF zu führen.

---

13 Weiter gehend zu den Hintergründen der Einrichtung der GPA NRW: Wohland in Articus/Schneider, Gemeindeordnung Nordrhein-Westfalen, 2. Auflage, § 105 S. 439 ff.
14 LT-Drucksache 13/5567 vom 25.06.2004.

Bereits jetzt gibt es einige Städte und Gemeinden in Nordrhein-Westfalen, die ihren Haushalt vollständig auf das NKF umgestellt haben.[15]

1. Ziele der Einführung des NKF

Die Städte und Gemeinden in Deutschland haben Anfang der 90er Jahre unter dem Schlagwort „Neues Steuerungsmodell" eine Reform ihrer Verwaltungen eingeleitet, womit die Steuerung der Verwaltungen von der herkömmlichen Bereitstellung von Ausgabeermächtigungen (Input-Steuerung) auf eine Steuerung nach Zielen für die gemeindlichen Dienstleistungen (Output-Steuerung) umgestellt wird. Da das kamerale Haushalts- und Rechnungswesen die erforderlichen Informationen über Ressourcenaufkommen und Ressourcenverbrauch für eine in dieser Weise veränderte Verwaltungssteuerung und Haushaltswirtschaft nur unzureichend darstellt, ergab sich die Notwendigkeit für eine grundlegende Reform des gemeindlichen Haushaltsrechts.

Das neue Haushaltssystem erfasst hingegen Aufwendungen und Erträge und bildet den tatsächlichen Werteverzehr über Abschreibungen ab. So ist den Gemeinden erstmals die Erfassung des Ressourcenverbrauchs bei der Wahrnehmung ihrer Aufgaben möglich. Die Ausrichtung der kommunalen Finanzpolitik auf das Prinzip der intergenerativen Gerechtigkeit soll erreichen, dass der gesamte Ressourcenverbrauch einer Periode regelmäßig durch Erträge derselben Periode gedeckt wird, um nachfolgende Generationen nicht zu überlasten.

Erstmalig erhalten die Gemeinden durch eine gemeindliche Bilanz einen vollständigen Überblick über ihr Vermögen und ihre Schulden. Diese steuerungsrelevante Informationsbasis ist unabdingbar, um eine komplexe Organisation wie eine Gemeinde mit unter Umständen zahlreichen Ausgliederungen und Beteiligungen nach wirtschaftlichen Grundsätzen führen zu können.

Schließlich soll durch das NKF das Wirtschaften in den Gemeinden transparenter für die Bürgerinnen und Bürger werden. Dadurch sollen nicht nur verwaltungsintern, sondern auch für den Rat neue Steuerungspotentiale eröffnet werden, die den Gemeinden eine effizientere Wahrnehmung ihrer Aufgaben ermöglichen. So kann etwa die Vereinbarung messbarer Ziele und Kennzahlen oder die Einführung des Produkthaushalts und einer Kosten- und Leistungsrechnung helfen, bessere Grundlagen für die konkreten Entscheidungen vor Ort zu erhalten. Für die Bürgerinnen und Bürger soll das doppische Haushalts- und Rechnungswesen einen wesentlichen Gewinn an Informationen bringen, der zu einer verstärkten Beteiligung genutzt werden kann.

2. Wesentliche Inhalte des NKF

Ein zentraler Bestandteil des NKF ist der Schritt vom Geldverbrauchskonzept hin zum Ressourcenverbrauchskonzept. Wurden bislang im kommunalen Rechnungswesen lediglich die Einnahmen und Ausgaben erfasst, d. h. die Erhöhungen und Verminderungen des Geldvermögens,

---

15 So z. B. die Gemeinde Hiddenhausen oder die Gemeinde Morsbach, weiter gehende Informationen in Städte- und Gemeinderat, Ausgabe Juli/August 2004.

stellen künftig die Erträge und Aufwendungen die zentralen Steuerungsgrößen im kommunalen Finanzmanagement dar. Betrachtet werden somit die Veränderungen des kommunalen Eigenkapitals. So wird der vollständige Werteverzehr durch Abschreibungen offen gelegt und berücksichtigt.

Das NKF stützt sich für die Planung, Bewirtschaftung und den Abschluss auf drei Bestandteile:

a. Der Ergebnisplan und die Ergebnisrechnung:

Die Ergebnisrechnung entspricht der kaufmännischen Gewinn- und Verlustrechnung und beinhaltet die Aufwendungen und Erträge. Als Planungsinstrument ist der Ergebnisplan wichtigster Bestandteil des neuen Haushalts. Das in der Ergebnisrechnung ausgewiesene Jahresergebnis (Überschuss der Erträge über die Aufwendungen oder der Fehlbetrag) geht in die Bilanz ein und bildet unmittelbar die Veränderung des Eigenkapitals der Gemeinde ab. Das Jahresergebnis umfasst die ordentlichen Aufwendungen und Erträge, die Finanzaufwendungen und -erträge sowie außerordentliche Aufwendungen und Erträge und bildet den Ressourcenverbrauch der Gemeinde somit umfassend ab.

b. Die Bilanz:

Sie ist Teil des Jahresabschlusses und weist das Vermögen und dessen Finanzierung durch Eigen- oder Fremdkapital nach. Grundlage der Bilanz ist die Erfassung und Bewertung des kommunalen Vermögens. Auf der Aktivseite der kommunalen Bilanz finden sich in enger Anlehnung an das HGB im Wesentlichen das Anlage- und Umlaufvermögen der Gemeinde. Auf der Passivseite werden im Wesentlichen das Eigenkapital sowie Rückstellungen und Verbindlichkeiten ausgewiesen. Auch die Regeln für die Bilanzierung orientieren sich an kaufmännischen Normen. Die besondere Struktur der kommunalen Bilanz spiegelt die kommunalen Besonderheiten, zum Beispiel das Infrastrukturvermögen (Straßen, Schulen etc.), wider.

c. Der Finanzplan und die Finanzrechnung:

Diese Rechnungswerke beinhalten alle Einzahlungen und Auszahlungen. Der Liquiditätssaldo aus der Finanzrechnung (der Überschuss der Einzahlungen über die Auszahlungen oder – mit negativem Vorzeichen – der Überschuss der Auszahlungen über die Einzahlungen) bildet die Veränderung des Bestands an liquiden Mitteln der Gemeinde in der Bilanz ab. Die Pflicht zur Aufstellung des Finanzplans bzw. der Finanzrechnung ist insbesondere aus den Besonderheiten der öffentlichen Haushaltsplanung und Rechenschaftslegung hergeleitet und knüpft im Übrigen an internationale Rechnungslegungsvorschriften für Kapitalgesellschaften an.

Der Ergebnis- und der Finanzplan enthalten jeweils einen Gesamtplan, der die entsprechenden Rechengrößen auf der Ebene der gesamten Gemeinde abbildet. Für den Haushaltsplan ist zudem eine Mindestgliederung in 17 Produktbereiche verbindlich vorgegeben, so dass ergänzend in 17 Teilplänen, die jeweils Teilergebnis- und Teilfinanzpläne enthalten, aussagekräftige Informationen über die gemeindlichen Aufgaben, z. B. Schulträgeraufgaben, soziale Hilfen etc. enthalten sind. Eine noch weiter gehende Untergliederung des Haushaltsplans in Produktgruppen oder Produkte als Teilpläne oder eine Untergliederung nach Verantwortungsbereichen ist den Gemeinden nach ihren örtlichen Bedürfnissen freigestellt. Insofern kann vor Ort eine flexible Lösung gefunden werden.

d. Kosten- und Leistungsrechnung:

Als zusätzliches Instrument zur verbesserten Steuerung des Verwaltungshandelns soll eine Kosten- und Leistungsrechnung geführt werden, deren Ausgestaltung die Gemeinden selbst bestimmen können.

3. Haushaltsausgleich im NKF

Der Haushaltsausgleich wird im NKF der Ausrichtung auf den Ressourcenverbrauch angepasst. Der Haushalt ist danach ausgeglichen, wenn der Ergebnisplan ausgeglichen ist, wenn also die Erträge die Aufwendungen decken. Übersteigen die Aufwendungen die Erträge, so verringert sich das kommunale Eigenkapital. Dieses darf nicht aufgezehrt werden, das heißt, die Gemeinde darf sich nicht überschulden.

Ein verbindlich festgelegter Teil des in der Eröffnungsbilanz ausgewiesenen Eigenkapitals kann als Ausgleichsrücklage bestimmt werden, die von der Kommune zum Ausgleich eines Fehlbedarfs in Anspruch genommen werden darf. In diesem Fall gilt der Haushalt als ausgeglichen. Durch Zuführung von Jahresüberschüssen kann die Ausgleichsrücklage wieder aufgefüllt werden.

Ein nicht ausgeglichener Haushalt hat zunächst eine Genehmigungspflicht wegen der Verringerung des Eigenkapitals zur Folge. Ist die Verringerung des Eigenkapitals erheblich oder länger andauernd oder droht gar die Überschuldung der Gemeinde, so hat diese ein Haushaltssicherungskonzept aufzustellen.

4. Die Umsetzung in der Praxis

Der Termin des In-Kraft-Tretens des NKFG am 01.01.2005 mit der Übergangsfrist von voraussichtlich drei Jahren bedeutet, dass die politische Verantwortung für die vollständige Umstellung des kommunalen Haushaltsrecht auf NKF in die Amtsperiode der im September 2004 neu gewählten Stadt- und Gemeinderäte sowie Bürgermeisterinnen und Bürgermeister fällt. Die jetzt im Amt befindlichen Ratsmitglieder und Verwaltungschefs sind für den vollständigen Umstellungsprozess zuständig.

Der Verwaltungsaufwand in der Umstellungsphase darf nicht unterschätzt werden, auch wenn die Pilotkommunen etliche Vorbereitungsmaßnahmen getroffen und Erkenntnisse gewonnen haben, die den jetzt nachfolgenden „Nachahmern" eine Hilfestellung sein können. Der Städte- und Gemeindebund NRW hat sich stets dafür eingesetzt, die Anforderungen des NKF so zu gestalten, dass die Kommunen die Umstellung mit eigenen Bordmitteln bewerkstelligen können, ohne kostenträchtige Aufträge nach außen vergeben zu müssen. Gleichwohl kann es im Einzelfall geboten sein, externen Sachverstand zuzukaufen.

Die Aufgaben, die für die Verwaltungen in naher Zukunft anstehen – falls nicht schon begonnen –, lassen sich in folgende drei Bereiche gliedern:

a. Aus- und Fortbildung des Personals

Zunächst ist zu prüfen, ob es in der Verwaltung Mitarbeiterinnen und Mitarbeiter gibt, die für die Bewältigung des Umsetzungsprozesses besonders geeignet sind. Hier ist z. B. auf solche Mitarbeiter zurückzugreifen, die bei der Einrichtung von Eigenbetrieben Erfahrungen gesammelt haben. Des Weiteren ist Personal mit einer kaufmännischen bzw. betriebswirtschaftlichen Ausbildung sicherlich hilfreich. Die Inhalte des NKF werden seit einiger Zeit auch bei der Fachhochschule für öffentliche Verwaltung gelehrt, so dass die Absolventen der Fachhochschule für den gehobenen Dienst in Zukunft entsprechendes Know-how mitbringen.

b. Software-Lösung

Es sind verschiedene Angebote von Software-Lösungen für das NKF auf dem Markt. Die Entscheidung für eine Software-Variante haben fast alle Kommunen mittlerweile getroffen. Ein großer Teil der Städte und Gemeinden ist mit ihren Software-Anwendungen ohnehin eingebunden in kommunale Rechenzentren, so dass die Auswahl einer Software-Lösung bereits vorgegeben ist.

c. Vermögenserfassung und -bewertung

Die Kommune ist nach dem NKF verpflichtet, in Anlehnung an die §§ 238 ff. HGB eine körperliche und eine buchmäßige Bestandsaufnahme (Inventur) durchzuführen. Bei der körperlichen Inventur werden dabei physisch vorhandene Vermögensgegenstände durch Zählen, Messen, Wiegen und Schätzen erfasst. Bei der buchmäßigen Inventur werden nicht physisch vorhandene Vermögensgegenstände und Schulden anhand von Buchführungsaufzeichnungen ermittelt.

Durch die Bestandsaufnahme werden Vermögen und Schulden der Kommune festgehalten und die Ergebnisse nach Art, Menge und Wert aufgelistet. Diese Auflistung ist dann das Inventar.

Um den Verwaltungsaufwand für die Bewertung des Vermögens in der Eröffnungsbilanz zu minimieren, wurde als eine Abweichung vom kaufmännischen Buchungs- und Rechnungssystem geregelt, dass die Bewertung des Vermögens in der Eröffnungsbilanz zu vorsichtig geschätzten Zeitwerten erfolgen kann.

Eine Umfrage des Städte- und Gemeindebundes NRW[16] hat ergeben, dass bereits eine große Anzahl von Kommunen mit der Vermögenserfassung begonnen und diese weit vorangetrieben hat. Bei der Erfassung kann dabei in großem Umfang auf bereits in der Verwaltung vorhandene Daten über Vermögensbestandteile zurückgegriffen werden. So verfügt das Liegenschaftsamt

---

16 Zusammenfassung der von Erich Stukenbrock, Kämmerer der Gemeinde Beelen, ausgewerteten Studie zur Einführung des NKF in Kommunen bis 50.000 Einwohner - abgedruckt in Städte- und Gemeinderat, Ausgabe Juli/August 2004, S. 18 ff.

bzw. das Gebäudemanagement über eine Aufstellung der städtischen Grundstücke und Gebäude, das Schulverwaltungsamt über eine Aufstellung der Schulgebäude, das Sportamt über eine Aufstellung der gemeindlichen Sportstätten etc. Die Bewertung wird in der Praxis u. a. mit Hilfe der kommunalen Bewertungsstellen der Kreise durchgeführt.

5. Fazit

Der Umstellungsaufwand von der Kameralistik auf die Doppik wird eine große Herausforderung für die Städte und Gemeinden in Nordrhein-Westfalen sein. Die Erfahrungen aus dem Modellprojekt NKF zeigen jedoch, dass sich der Verwaltungsaufwand auch von kleineren Kommunen weitgehend mit eigenen Kräften bewältigen lässt. Nach der Umstellung wird es eine größere Transparenz für die Verantwortlichen in Politik und Verwaltung sowie eine bessere Steuerungsmöglichkeit geben. Für die Akzeptanz des neuen Rechnungswesens in den Kommunen wäre es sicherlich von Vorteil, wenn das Land NRW nicht nur die Sinnhaftigkeit einer Umstellung in den Städten, Gemeinden und Kreisen betonen würde, sondern auch eine klare politische Aussage zur Einführung des neuen Finanzmanagements für das gesamte Land träfe.

STICHWORTVERZEICHNIS

Stichwortverzeichnis

Stichwortverzeichnis

Stichwortverzeichnis